M. GLESS 1973

LE VICOMTE
DE BEZIERS

ROMAN HISTORIQUE

PAR FRÉDÉRIC SOULIÉ,

Auteur des DEUX CADAVRES du PORT DE CRETEIL, de CLOTILDE, etc., etc.

I.

PARIS,

DUMONT, | CHARLES GOSSELIN,
PALAIS-ROYAL, 88. | RUE ST.-GERMAIN-DES-PRÉS, 9.

1835.

LE VICOMTE
DE BEZIERS.

TOME I.

OUVRAGES DU MÊME AUTEUR.

Les Deux Cadavres. . . . . . . 2 vol.
Le Port de Créteil. . . . . . . 2 vol.
Le Magnétiseur. . . . . 2 vol.
Le comte de Toulouse. . . . 2 vol.
Le conseiller d'État. . . . . . 2 vol.
Contes pour les Enfans. . . . 2 vol.
Roméo et Juliette. . . . . . . 1 vol.
Christine. . . . . 1 vol.
La famille de Lusigny. . . . . 1 vol.
Clotilde. . . . . 1 vol.
Une Aventure sous Charles IX. 1 vol.

CORBEIL, IMPRIMERIE DE CRÉTÉ.

LE VICOMTE DE BEZIÈRS,

PAR

FRÉDÉRIC SOULIÉ,

AUTEUR

DES DEUX CADAVRES, DU PORT DE CRÉTEIL, ETC.

Deuxième Édition.

TOME PREMIER.

PARIS,

CHARLES GOSSELIN, | DUMONT,
RUE SAINT-GERMAIN-DES-PRÉS, N° 9. | PALAIS-ROYAL, D° 88.

1835.

SUR LA SECONDE ÉDITION.

Lorsque ce livre a paru, on lui a fait quelques reproches auxquels j'ai d'abord voulu répondre par la meilleure de toutes les justifications, la vérité. J'ai entrepris un travail de notes et de citations pour donner les preuves de certains faits taxés d'invraisemblance. Quelque aride que fût ce travail, je l'aurais poursuivi avec zèle. Deux observations m'ont arrêté, ou plutôt découragé: la première a rapport à ce livre, la seconde regarde le comte de Toulouse, que je viens de publier. Un ami, un compatriote, homme fort distingué, me parlant un jour du vicomte de Beziers, me disait : Il y a de bonnes choses dans votre livre, mais il s'y trouve des inventions qui sont véritablement trop fortes; par exemple, celle de la prise de Carcassonne, dont tous les habitans s'échappent par un souterrain.

— Le fait, lui répondis-je, est sans doute extraordinaire ; mais il est vrai. D'ailleurs, j'ai pris soin de le mettre à l'abri de tout reproche en citant la chronique contemporaine d'où je l'ai tiré.

— Ah ! reprit mon ami en riant, je sais : cette note en patois d'hier, que vous avez mise à la suite du chapitre. Le tour est assez bon, mais pour y faire croire, vous auriez dû vieillir un peu les expressions.

— C'est donc que vous pensez, lui dis-je, que j'ai inventé ce récit.

— Je le pense, parce que c'est vrai.

Il fallut que je lui fisse lire la chronique elle-même, pour qu'il voulût bien croire, non seulement à la vérité du fait, mais encore à l'existence de cette chronique écrite il y a cinq siècles dans une langue qu'on parle encore aujourd'hui.

La même chose m'est arrivée pour le comte de Toulouse. Un homme, qui tient un rang fort élevé dans la littérature, m'écrivait : « J'ai lu votre livre avec plaisir jusqu'au chapitre où le conseil des comtes de Toulouse s'assemble dans les caveaux des Cordeliers. Mais cette invention de ces cadavres qui ont l'air de vivans m'a semblé si *romanesque*, que cela m'a gâté tout le reste ; je n'ai plus cru à rien de ce qui suivait. » J'ai répondu à cette critique par un extrait des divers auteurs qui parlent de l'existence de ces cadavres, et enfin par ce passage des mémoire de l'académie de Toulouse, qui sert en même temps d'explication au miracle qui se passe ensuite dans l'église de Saint-Étienne. « M. de Puymaurin, qui a pesé plusieurs de ces momies, n'en a pas trouvé au dessus du poids de douze livres (Il s'agit de corps qui, d'après leur taille, eussent dû peser au moins cent cinquante livres). Les cent trente-huit livres avaient disparu sans que le corps eût perdu de sa forme; l'effet des passions se peignait encore sur ces cadavres. Chez quelques uns, la contraction des muscles figurait une sorte de rire hideux. »

Maupertuis, qui les visita plusieurs fois, dit en les voyant : « Ces momies qui ricanent se moquent apparemment de nous qui vivons. »

Il semble sans doute que ces deux observations soient plutôt une raison de faire des notes que de m'en abstenir. Mais, après réflexion, je me suis demandé s'il y avait quelque chose à faire contre des lecteurs qui ne croient pas aux faits d'un livre, et qui poussent l'incrédulité jusqu'à supposer inventés les témoignages qu'on invoque; je me suis demandé encore s'il ne fallait pas subir sans murmure l'indifférence du public pour les livres qui lui sont offerts. A quoi bon des notes? ou on ne les lit pas, ou on n'y croit pas. J'ai donc supprimé celles que j'avais déjà rassemblées.

Un jour, quand le *Comte de Foix*, qui doit clore cette série de volumes sur la guerre des Albigeois, quand le comte de Foix sera publié, je tenterai un travail complet sur mon livre et sur l'époque qu'il a la prétention de faire connaître. Alors seulement je saurai s'il en vaut la peine ou s'il faut le laisser parmi toutes ces œuvres destinées à mourir quand le papier des volumes est usé. Jusque-là je travaillerai avec conscience et du mieux que je pourrai. Qu'on me pardonne de dire que c'est au moins du courage.

Toutefois, et avant d'entrer dans cette œuvre de détail et de citations de textes, il me sera sans doute permis de dire que tous les personnages importans du vicomte de Beziers et du comte de Toulouse sont tirés de l'histoire, et je ne parle pas ici de ceux dont le nom est incontestablement un gage de leur existence. Je parle de ceux qu'on pourrait accuser l'auteur d'avoir frauduleusement introduits dans son œuvre. Ainsi, pour ne parler que du vicomte de Beziers, Catherine Rebuffe, Étiennette de Pénaultier, le viguier Raymond Lombard, Pierre Mauran, et jusqu'à Pernette Abrial, tous ces personnages ont existé. Ainsi la nuit du château d'Omélas, l'élection de Bozon, le travestissement de Vidal en loup, tous ces faits secondaires sont exacts. Je ne parle pas des événemens de premier ordre : on ne m'a supposé, je pense, l'audace de les inventer. Quant aux coutumes auxquelles je fais allusion, je les justifierai toutes, si l'approbation du public m'y encourage. Jusque-là je le prierai de croire, sinon à mon talent, du moins à ma bonne foi.

A MES COMPATRIOTES.

Voici un livre que j'adresse à mes compatriotes. J'ai tâché de le rendre intéressant; je puis dire qu'il est consciencieux. Après la publication des *Deux Cadavres*, encouragé par quelques amis à essayer une peinture des mœurs de la France, j'y ai mis tout ce que je pouvais de soins et d'études. Un désir bien facile à comprendre m'a fait choisir parmi toutes les histoires de nos provinces, celle

de la province où je suis né. Ce choix, il faut
le dire, je l'ai fait d'amour plutôt qu'à bon
escient. J'ai été récompensé de mon bon sentiment, en trouvant à l'œuvre, qu'avec plus de
savoir je n'aurais pu mieux m'adresser. J'ai lu
avec passion cette histoire féconde en grands événemens et en hommes remarquables; et je me
suis décidé à peindre une époque plus connue
par son nom que par ses circonstances. Si j'a-
vais cru être à la hauteur de la tâche que j'ai
entreprise, j'aurais ajouté au titre de *Vicomte
de Beziers* celui de *Première partie de la guerre
des Albigeois*, et j'aurais continué mon ouvrage en deux autres livres appelés le *Comte
de Toulouse et le comte de Foix*. Mais j'ai eu
peur d'avoir trop osé, et, je l'avoue, je ne me
permettrai d'achever le roman de cette grande
histoire que si j'y suis encouragé par quelques
suffrages; je désire surtout ceux de mes compatriotes. S'ils me savaient quelque gré d'a-
voir tenté de faire sortir de l'oubli les fastes
de notre belle province; d'avoir voulu lui rendre cette nationalité qu'elle conserve encore,
dans sa langue, après plusieurs siècles de réunion à la mère-patrie; si quelques uns me disaient le *macte animo* qui soutient l'homme

studieux dans ses arides recherches, je compléterais le tableau que j'ai commencé et je les prierais d'en agréer la dédicace.

Un mot maintenant en ma faveur. Ce projet que je viens d'avouer sera peut-être une excuse à plusieurs défauts de ce livre. Si quelques faits y sont longuement exposés, c'est qu'ils devaient servir à l'intelligence d'événemens bien plus compliqués que ceux qui sont enfermés dans ce premier ouvrage. Si quelques caractères y sont à peine ébauchés, quelques portraits incomplets et quelques grands noms oubliés, c'est que je les ai pour ainsi dire ménagés pour ce qui me restait à écrire. Je ne les citerai pas. On ne peut m'en vouloir de ne pas montrer par où l'on peut m'attaquer.

Une dernière observation. Ce livre va paraître au moment où ce qu'on appelle la littérature facile est menacée de crouler sous les coups de quelques critiques sévères. Un ami bienveillant, Janin, s'est servi de mon premier livre pour défendre cette littérature. Je ne sais quel sort ni quelle classification attend celui-ci, mais tout ce que je puis dire, c'est que si cet ouvrage est de la littérature facile pour ceux qui le lisent, cette littérature n'est pas facile pour ceux qui la font, et j'ose espérer de la justice de ces critiques même qu'ils me tiendront compte du temps, sinon du talent, que j'ai mis à rassembler des faits épars dans un grand nombre de chroniques.

LIVRE PREMIER.

LE VICOMTE DE BEZIERS.

I.

Le Marché.

Dans une salle haute du château de Carcassonne étaient réunis trois hommes, dont le silence était assurément la suite d'une violente discussion.

Le plus âgé, qui n'avait pas moins de cinquante ans, était assis sur un large fauteuil en racine d'olivier, inégalement sculpté; car l'un des pieds de devant représentait un gros serpent roulé en spirale, et l'autre une sainte

Vierge avec une sorte de couronne carrée. Cet homme était vêtu d'une longue robe de serge brune, serrée à la taille par une ceinture de cuir à laquelle pendaient une épée large et haute et un poignard court et étroit. Il tenait ses regards sévèrement attachés sur un jeune homme de vingt-quatre ans tout au plus, assis comme lui, mais sur une pile de coussins, et qui, le menton dans le creux de ses mains, tordant sa moustache blonde du bout de ses doigts, et les yeux fixés à terre, semblait dévorer sa colère.

L'aspect de cette chambre présentait le singulier contraste de la rusticité des Goths et de la mollesse orientale. En effet, elle n'était autre chose qu'une de ces salles octogones si communes dans les constructions de cette époque. Chacun de ses côtés était marqué par un pilier à arêtes tranchantes surmonté d'un chapiteau d'où partait le cintre en ogive qui soutenait la voûte. Il n'y avait que deux ouvertures à cette salle: une porte qui ouvrait sur une pièce à peu près semblable, et en face une fenêtre profonde de toute l'épaisseur du mur extérieur, qui n'avait pas moins de huit à neuf pieds. Le jour qui pénétrait par cette fenêtre arrivait donc comme un rayon vivement tranché, et séparait, pour ainsi dire, l'obscurité en deux. Il laissait alors dans l'ombre les deux hommes dont nous venons de parler, l'un sur son fauteuil, l'autre sur ses coussins, et tombait d'aplomb sur un troisième personnage dont l'immobilité avait un caractère particulier d'indifférence. Celui-ci était debout à l'entrée de la porte, les bras croisés sur sa poitrine. Sa peau d'un noir jaune et luisant, et ses larges bracelets d'or rivés à ses bras, annonçaient que c'était un de ces esclaves que les croisades avaient amenés en Carcassez, à la suite des nobles de ce pays qui avaient été combattre dans la Terre-Sainte. Ses yeux étincelans, fixés devant lui, étaient immobiles comme son corps, et son regard était si insensible et si perdu, que l'on peut dire que s'il voyait quelque chose, à coup sûr il ne regardait rien.

Du reste l'ameublement aussi bien que cette figure étrangère attestaient l'introduction alors très-commune du luxe de l'Orient parmi les rusticités du vieux marquisat de Gothie. Des tapis venus de Tripoli ou de Pise couvraient le sol et étaient cloués aux murs; et, pour que toutes les époques de l'histoire de cette belle province, aujourd'hui française, fussent représentées dans ce petit espace, on remarquait dans un coin un trépied d'or massif du modèle antique le plus pur, et qui remontait au temps de cette riche Narbonnaise dont Rome était si fière.

Le silence régnait toujours, lorsque le jeune homme, las de tordre ses moustaches et de compter de l'œil les bigarrures de ses tapis, releva la tête et rencontra le regard sévère de son vieux compagnon. Il parut blessé de cette investigation de sa pensée, exercée sur les mouvemens de sa figure, et il se leva fièrement en disant d'une voix plutôt irritée que résolue:

— Je te dis, Saissac, qu'il me faut cet argent.

— Invente donc un moyen d'en fabriquer, répondit celui-ci, car les produits de tes mines de Villemagne sont absorbés jusqu'à la Nativité, et, si je ne me trompe, c'était Pâques il y a un mois; le juif Bonnet tient dans ses mains le revenu de tes meilleures terres pour gage de son dernier prêt, et je ne pense pas que tu espères faire payer deux fois à nobles bourgeois ou serfs le droit de queste pour le maintien de la paix que tu as signée avec ton oncle de Toulouse.

— Je n'ai pas habitude d'exactions ni de violence envers mes hommes, chevaliers, bourgeois ou serfs, répondit aigrement le jeune homme, et s'il faut que quelqu'un soit dépouillé en cette circonstance, ce sera moi.

Puis, se tournant du côté de l'esclave, il ajouta :

— Holà, Kaëb! qu'on fasse venir Raymond Lombard.

L'esclave noir sortit sans qu'aucun signe de ses yeux ou de sa tête eût témoigné qu'il avait entendu ou compris cet ordre, et celui que le jeune homme avait appelé Saissac se leva à son tour comme frappé de consternation.

— Raymond Lombard! s'écria-t-il; oh! Roger, mon enfant, tu m'avais promis de ne plus consulter ce misérable; il te poussera à quelque mauvaise action dont tu te repentiras un jour.

— Pourquoi ne pas le consulter? répondit sèchement le jeune Roger; n'est-il pas après nous le premier du pays de Carcassez, le bayle de l'honneur du comtat? et n'a-t-il pas été régulièrement élu par l'évêque de Carcassonne, selon le droit qui lui en a été cédé durant ma minorité par mon digne et prudent tuteur, le châtelain de Saissac?

— Tu me reproches bien cruellement une concession faite pour me racheter d'une violence commise dans ton intérêt, reprit le châtelain ; mais je n'y prendrai pas garde si ce reproche me prouve que tu connais le danger de perdre l'un de tes droits, et surtout le malheur qu'il y a à les voir passer aux mains des évêques de tes villes. J'aimerais mieux te voir vendre la justice de tes domaines du Carcassez à un homme de race juive, comme tu as fait à Samuel pour ceux d'Alby, malgré les canons du concile de Lombers ; je préfèrerais voir admettre au nombre de tes sergens et de tes arbalétriers tous les hérétiques et vaudois du comté, au mépris de la censure du légat du Saint-Père, que de penser que tu feras un marché ou un accord avec Béranger, ton évêque, surtout si ce Raymond Lombard s'en mêle.

— Ne crains rien, Saissac, répliqua Roger avec dédain. Je ne lui céderai pas ma justice pour les actes passés sous ma minorité ; et le fait de l'élection de Bozon ne sera pas recherché.

Un vif mécontentement se peignit sur le visage du vieux chevalier. Cependant il garda le silence, et suivit quelque temps des yeux la promenade active que faisait le jeune homme, de la porte à la fenêtre et de la fenêtre à la porte, tout en sifflant un air de chanson. Saissac semblait discuter en lui-même s'il devait encore essayer une dernière objection contre une résolution qui semblait si invariablement prise. Cependant, après un moment d'hésitation et après avoir prononcé tout bas un nom qu'il semblait invoquer, il releva la tête, prit sa toque de drap qu'il avait déposée sur le trépied d'or, s'avança solennellement en face de Roger, et se plaça fièrement devant lui. Roger s'arrêta de même, le sourcil froncé et l'œil menaçant. Le châtelain lui dit alors d'un ton ferme et grave :

— Vicomte de Beziers, car je n'ai plus rien à dire à mon pupille, voici deux fois que tu me rappelles avec aigreur un fait dont l'absolution m'a été depuis long-temps accordée par jugement de l'évêque de Narbonne. Tu étais bien jeune à l'époque de ce jugement, et presque enfant lorsque je commis la violence dont il fallut me faire absoudre. Il y a si long-temps qu'on ne parle plus ni de l'un ni de l'autre, que j'en ai cru le souvenir éteint dans la mémoire des hommes. Mais puisque je le trouve si présent dans ton esprit, il faut que tu saches ce qui me détermina à cette époque, et tu jugeras si j'ai trahi tes intérêts et abandonné tes droits. En 1197, tu avais alors douze ans, Pons d'Amely, abbé d'Alet, fit entourer sa ville et son monastère de murailles, contrairement à tes droits de suzeraineté. Je me préparais à l'en punir lorsqu'il mourut. Les religieux d'Alet, selon leur règle canonique, élurent leur abbé dans la nuit qui suivit la mort de Pons d'Amely; mais, au mépris de ton pouvoir temporel, ils firent cette élection en rebelles, portes closes et herses levées. Le choix qu'ils firent de Bernard de Saint-Féréol m'éclaira encore plus sur leurs desseins que l'irrégularité de son élection, car je le savais vendu aux intrigues du comte de Foix, à qui il avait promis l'hommage du monastère d'Alet, de son château et de ses faubourgs, du moment qu'il en serait abbé. Je mandai aux religieux de procéder à une nouvelle élection, et sur l'heure même je me rendis avec trente chevaliers pour prévenir une nouvelle révolte; et assurément bien me prit d'arriver le premier, car à deux lieues d'Alet je rencontrai le sire de Terrides, bayle du château de Mirepoix, qui marchait vers Alet avec quinze lances, pour en prendre sans doute possession. Je lui fis demander par mon écuyer, lances basses et visières baissées, pourquoi il mettait le pied et chevauchait ainsi sur le territoire du vicomte de Beziers ; il répondit en biaisant, comme un homme surpris à faire une mauvaise action, qu'il s'était laissé aller à la poursuite de quelques routiers qui désolaient le pays, mais qu'il était prêt à sortir du pays sur ma réclamation. Ainsi fit-il, et nous relevâmes nos lances. Nous entrâmes dans Alet, et sans quitter nos selles, au grand trot de nos chevaux, nous envahîmes le monastère. Il était temps, car déjà les créneaux étaient garnis d'arbalétriers, et les sergens de la garde abbatiale étaient requis de défendre leur seigneur. Ma diligence prévint la rebellion des religieux. Au moment où j'entrai dans l'église, Bernard s'asseyait sur son siége, et s'apprêtait à recevoir l'hommage des habitans d'Alet, et à le rendre au comte de Foix en la personne de son bayle, le sire de Terrides. Juge de son effroi lorsqu'au lieu de celui-ci il nous vit entrer moi et mes lances. Je marchai droit à lui, je l'arrachai de ma propre main de son siége usurpé. Sans désemparer, je fis extraire de son caveau et de sa bière le corps de Pons d'Amely : il fut assis comme vivant dans la chaire abbatiale qui, d'après les saints canons, ne peut rester vacante, et moi, l'épée nue à côté de ce cadavre, et chacun de mes chevaliers, l'épée nue à côté de l'un des moines, nous fîmes faire une nouvelle élection. C'est ainsi que Bozon a été nommé abbé d'Alet; voilà le fait que tu me reproches, tel qu'il s'est passé. Certes, si quelque plainte s'éleva alors, elle ne partit ni des nobles de tes comtés, ni des chapitres de tes bourgeois, car tous m'approuvèrent. Béranger seul, ton évêque de Carcassonne, voulut maintenir l'élection de Bernard, et casser celle de Bozon; j'appelai de sa décision à son évêque métropolitain de Narbonne, et l'élection de Bozon fut maintenue, et ma conduite approuvée. A cette époque, Imbert, légat de Célestin III, parcourait les provinces, réglant les différends des seigneurs et des religieux, et je fus averti que Béranger voulait porter devant lui la cause de Bozon et de Bernard. D'après ce que j'appris des démarches du comte de Foix auprès de ce légat, je fus assuré qu'il jugerait en faveur de Bernard, et je compris que la ville d'Alet était perdue pour toi. En cette circonstance, je pensai que je pouvais transiger pour prévenir ce jugement, et ce fut à cette occasion que je cédai à Béranger le droit de nommer le viguier de Carcassonne, à condition qu'il ne contesterait plus l'élection de Bozon. Voilà ce fait auquel tu viens de faire allusion à deux fois différentes, et je te demande en quoi tu le trouves répréhensible ou de mauvaise tutelle, parce qu'à l'heure de nous séparer je ne veux pas que tu puisses dire à quelqu'un que j'ai laissé usurper tes droits ou que je les ai abandonnés.

Après ces paroles, le châtelain se tut, attendant la réponse de Roger. Celui-ci, qui l'avait impatiemment écouté, porta alors sa main sur la poignée de la large épée de Saissac; puis, la prenant et la tirant du fourreau, il l'éleva au dessus de sa tête, et, frappant d'un coup terrible le fauteuil d'olivier que Saissac venait de quitter, il le fendit dans toute sa hauteur; il considéra ensuite la lame, et, la remettant à Saissac, il lui dit:

—Cette épée était cependant assez forte pour briser une mître d'évêque aussi bien qu'une mître d'abbé, si elle eût été dans une bonne main.

— Tu es fou, Roger, répondit doucement le châtelain; ton bras est jeune et ton épée bien forte; mais crains de la briser contre le bâton blanc de quelque pauvre religieux. Une violence de plus m'eût coûté à cette époque une concession de plus. Tes nobles t'aiment comme le plus brave d'entre eux, tes bourgeois ont confiance en ta parole, tes comtés sont riches, tes chevaliers nombreux, tes châteaux épais et bien munis; mais ils ne te défendront ni d'un anathème, ni d'une trahison, et tu te les attireras par le mépris que tu fais de l'Église et de ses serviteurs. Pourquoi faire venir Raymond Lombard?

— Parce qu'il me faut de l'argent, répliqua avec rage le jeune vicomte, et que celui-là m'en trouvera.... Celui-là que je foulerai aux pieds comme un reptile qu'il est, s'il me résiste.

— Encore quelque violence dont le bruit retentira jusqu'à la cour du Saint-Père. Prends garde, Roger! Ta ville d'Alby est le refuge de tous les hérétiques. Pierre de Castelnau s'en est plaint à toi, et tu n'as tenu compte de ses remontrances.

— Pierre de Castelnau est mort et ses remontrances avec lui.

— Le légat Mison les renouvellera bientôt; il arrive, dit-on.

— Faut-il donc que je me fasse le questionneur de chacun de mes bourgeois et de mes serfs sur les articles de la foi? et, si par hasard je découvre qu'ils portent des sandales au lieu de chaussures couvertes, dois-je les faire brûler pour ce crime? Je n'ai ni assez de bois, ni assez d'hommes pour ce jeu-là, et je le laisse à mon oncle de Toulouse. Quant à ce que j'attends de Béranger et de son viguier, ce n'est point une taxe forcée, mais un marché amiable, un marché qu'ils désirent depuis long-temps.

— Alors, reprit gravement Saissac, entre dans son église, renverse son tabernacle, prends ses vases sacrés et fais-les fondre plutôt; car un marché fait avec Béranger, et par l'intermédiaire de Raymond Lombard, c'est un piége, à coup sûr, un piége où tu laisseras les plus belles fleurs de ta couronne de comte.

— Je te dis, Saissac, qu'il me faut de l'argent, s'écria Roger hors de lui; pour de l'argent à cette heure, vois-tu, je vendrais mon château de Beziers, mes armures d'acier trempées à Ponte-Loches, et mon cheval Algibeck; je te vendrais, toi, si tu valais un marc d'argent fin.

Cette apostrophe irrita le vieux chevalier au point qu'il ne garda plus de mesure, et répondit avec une colère égale à celle de Roger:

— Il te faut de l'argent, vicomte de Beziers,

pour payer des baladins et des jongleurs, n'est-ce pas? et les faire danser la nuit dans tes salles parfumées, au bruit des instrumens et des cithares! il te faut de l'argent pour courir avec une troupe de jeunes libertins dans la rue Chaude de Montpellier, pour y ramasser de maison en maison toutes les ribaudes auxquelles Pierre d'Aragon donne asile; pour les vêtir de soie et de velours, et les chasser devant vous jusqu'à l'église, où vous les ferez seoir dans les bancs des plus nobles dames et des plus riches bourgeoises, qui seront ainsi forcées d'écouter la messe debout ou à genoux sur la pierre, comme le menu peuple et les serfs! Voilà pourquoi il te faut de l'argent.

Cette accusation, au lieu d'éveiller la fureur de Roger, comme il semblait que cela dût arriver, le fit seulement devenir triste. Car, répondant à Saissac, et en même temps sans doute à quelque pensée secrète, il lui dit doucement:

—Tu as raison, car elle me l'a aussi reproché.

A qui s'adressait ce souvenir? Quelle voix si bien gravée au cœur de Roger lui avait fait ce reproche? Les amis de Roger eussent pu en nommer cent et ne pas se rencontrer; car la rêverie qui suivit ce mot fut si profonde, qu'elle venait assurément de quelque amour puissant, de l'un de ces amours qu'on cache et qu'on ne jette pas au flux des paroles d'une cour.

A ce moment Kaëb rentra et Roger se contenta de le regarder. Au coup d'œil qu'ils échangèrent le vicomte comprit que ses ordres avaient été exécutés. Le silence revint et chacun demeura à la place qu'il occupait; Saissac, ne pouvant se résoudre malgré sa colère à quitter la partie, tant que sa présence pouvait être un obstacle à la conclusion du marché; et Roger, n'osant pas chasser de sa présence celui que pendant dix ans il avait considéré comme son père.

Enfin Saissac, avec cette obstination d'ami qui ne se fatigue ni des refus, ni des insultes, ni du silence, comprenant qu'il fallait consentir à quelque chose pour obtenir quelque chose à son tour, et voulant au moins par la forne diminuer le danger de la concession qui allait être faite, Saissac se hasarda à demander quels droits, quelle justice Roger voulait céder à l'évêque. Le vicomte, décidé qu'il était à en finir malgré ses observations, était prêt à lui répondre, lorsqu'un quatrième personnage entra sans se faire annoncer. C'était Raymond Lombard.

Quoique bayle, ou viguier de l'honneur du

comtat, et par conséquent, bien que ses fonctions fussent plutôt celles d'un chevalier que celles d'un juge, il portait cependant le costume des viguiers et bayles de simple justice, c'est-à-dire, une longue robe d'un drap brun, garnie au bas, aux revers des manches et à la poitrine d'épaisses fourrures, et serrée à la ceinture par une corde de laine. Il était sans armes d'aucune espèce, et, contre l'ordinaire des nobles de cette époque, il portait toute sa barbe. Cette apparence pacifique, Raymond Lombard l'affectait dans sa personne comme dans son costume. Ainsi il entra les yeux baissés, se courba humblement devant Roger et devant Saissac, et, d'une voix manifestement étudiée, il dit qu'il se rendait aux ordres qu'il avait reçus. Saissac détourna la tête devant son salut et Roger ne le lui rendit pas. Lombard parut ne pas le remarquer et attendit qu'on lui adressât la parole. En considérant cet homme, il semble que d'inspiration chacun eût pu le nommer, *le mensonge.* En effet cette tête et ces membres qu'il venait de courber étaient si athlétiquement dessinés, cette main qui allait manier une plume était si large et si musculeuse; cette voix flûtée pouvait devenir si retentissante, et quand il relevait ses paupières d'un brun rouge, le regard qui s'échappait de ses yeux gris était si aigu, qu'il était impossible de ne pas reconnaître sous son enveloppe hypocrite le tigre souple comme le serpent, fort comme le lion. Le dédain que lui témoignaient Roger et Saissac était à la fois une preuve qu'ils connaissaient ce caractère et une preuve qu'ils ne le connaissaient pas. Ainsi donc ils le méprisaient parce qu'ils le savaient un homme fourbe et sans loyauté ; mais ils lui montraient ce mépris et marchaient imprudemment sur son orgueil parce qu'ils le croyaient incapable de relever la tête.

Après un court silence, Roger prit la parole le premier, et, s'adressant à Lombard, mais espérant prévenir les objections de Saissac, il dit d'un ton amer :

— Sire Raymond Lombard, je vous ai fait mander pour achever avec vous un marché commencé depuis trop long-temps. Il y a douze ans, n'est-ce pas Saissac qu'il y a douze ans, mon digne tuteur a cédé à Béranger, notre évêque, le droit d'élire le viguier de l'honneur de ce comtat? Mais ce droit est bien vain, si cet élu ne peut juger qu'en notre nom, et si, sa justice relevant de la nôtre, il peut voir casser tous ses arrêts par notre refus de les approuver. Cet état de choses embarrasse le cours des affaires et il doit cesser; il faut que la justice du Carcassez appartienne tout entière au comte ou à l'évêque, n'est-ce pas votre avis?

— Oui, seigneur, répondit froidement Lombard.

— Sans doute, s'écria Saissac, et si pour la racheter il faut à l'évêché de l'or, des donations, des vœux, qu'il dise ses prétentions, et parmi tes chevaliers et tes bourgeois, Roger, nous trouverons des hommes qui engageront leurs biens et leur parole pour toi. Et le premier de tous ces hommes ce sera moi, fallût-il livrer mon château et ses terres et devenir chevalier citadin, sans domaine ni châtellenie, avec ma seule lance et ma ceinture militaire pour toute distinction et toute fortune.

A ces mots, Roger se tourna vers Saissac et lui dit : — Donc, pour ceci, tu saurais me trouver des gages et de l'or.

— Pour tout ce qui est de l'honneur de ton comté, repondit Saissac, des gages et de l'or, du sang même s'il le faut, tu peux tout demander, mais pour tes profusions et tes caprices de jeune homme, rien! tu n'obtiendras rien!

Cette réponse rendit à Roger toute sa colère, et il s'écria vivement : — Et vous, messieurs les nobles de mes comtés et les bourgeois de mes villes, vous vous ferez juges de mes actions et dans vos chapitres vous direz : Allons, on peut bien donner un sol d'argent à cet enfant pour jouer et s'acheter un mail ou un bracelet de jaï, car il a été sage et rangé; ou bien si vous trouvez les franges d'or de ma robe trop longues à votre goût, ou si j'ai taché ma bavette de vin de Limoux, vous arrêterez mes folles dépenses et me mettrez en pénitence! Ah! certes, messieurs, il n'en sera pas ainsi. La tutelle vous a gâté la main, sire de Saissac. Faites-vous maître d'école si l'envie de régenter vous tient encore. Sire Lombard, quelle est la justice attachée à votre viguerie?

— Le droit de justice, pour les crimes d'homicide, d'adultère et de vol, sur tous les habitans de Carcassonne et de ses faubourgs, répondit Lombard.

— Je te les cède, et tu en fixeras le prix.

— Vous ne le pouvez pas, dit vivement Saissac; la justice appartient bien plus à ceux à qui on la fait qu'à ceux qui la rendent; que les ecclésiastiques acceptent leur évêque pour juge, cela se peut; mais les bourgeois et les chevaliers ne peuvent relever que de votre autorité.

— Ce ne sont pas mes chevaliers ni mes bourgeois que je livre à Béranger, ce sont les voleurs, les homicides et les adultères, et ceux-là ont besoin de juges rigoureux.

— Jésus-Christ n'a pas dit cela, mon fils, ajouta Saissac tristement.

Roger ne s'arrêta pas à cette réflexion et ajouta : — Quel prix Béranger mettra-t-il à cette justice ?

— Six mille sols melgoriens par an.

— Je la lui cède pour un an.

Saissac respira. Roger se promena vivement, puis il ajouta en se tournant vers Raymond Lombard : — Il me faut encore de l'argent. Voyons, sire viguier, qu'avez-vous encore à demander ?

— La justice souveraine sur les hérétiques vaudois, cathares et patarins.

— Oh! oh! reprit Roger, Béranger se fait glouton parce qu'il a une dent sur nos droits. Non, non, beau sire, vous n'obtiendrez pas cette justice. L'homicide, l'adultère et le vol sont crimes qu'il faut prouver et qui apparaissent par quelque acte; mais l'hérésie, messieurs du chapitre ecclésiastique, l'hérésie, c'est un crime qu'on commet, à votre dire, en éternuant à gauche plutôt qu'à droite. L'hérésie, ce serait pour vous une vache à lait, que vous pourriez bien traire jusqu'au sang. Ne vois-je pas ce que Foulques de Toulouse tire de l'hérésie? Avec elle il paie ses créanciers et les ornemens dont il charge son église; et ne tient-il pas en prison, sous accusation d'hérésie, onze bourgeois propriétaires de franc-alleu, parce qu'ils ont refusé de lui céder le droit de vendre seul son vin sur le port de Toulouse le jour de la foire de Saint-Saturnin? et n'a-t-il pas voulu faire brûler ce pauvre Vidal, parce qu'au milieu de sa folie il s'est souvenu que Foulques avait été trouvère et jongleur, et que ses vers étaient mauvais? Oh! messieurs, vous seriez trop à l'aise avec la justice sur l'hérésie; Béranger serait homme à rôtir tous les Juifs de Carcassonne, s'ils se plaignaient qu'il fait métier d'usure à leur préjudice, et qu'en outre il rogne d'un denier chaque sol qui sort de ses coffres. Toi-même Lombard, ferais hérétiques et condamnerais au feu tous les galans qui passent sous ta fenêtre pour y voir ton esclave Foë, ta noire

Africaine, ta belle maîtresse aux yeux de feu, que tu rends, j'en suis sûr, la plus malheureuse des femmes.

— Et que vous voudriez bien consoler, ajouta Lombard, s'efforçant à sourire tandis que ses dents claquaient de colère.

— Pas moi! répondit étourdiment Roger.

Un regard de Kaëb brisa la parole sur les lèvres de Roger, et Lombard s'écria:

— Qui donc?

Il promena alors ses yeux perçans sur Saissac, qui, plongé dans une profonde méditation, ne paraissait pas avoir entendu; il les arrêta longtemps sur Kaëb, qui, l'œil fixé sur le sien, garda cette immobilité étrange et glacée, derrière laquelle il ne semblait y avoir ni intelligence, ni pensée. Après cet examen, Lombard crut, ou fit semblant de croire qu'il ne soupçonnait aucune personne présente, et il dit froidement à Roger:

— Cependant, vicomte, je suis autorisé à ne pas vous offrir moins de cinquante mille sols melgoriens en monnoie septenne pour cette justice.

— Pour rien au monde, messire, pour rien vous ne l'obtiendriez; quand Béranger m'offrirait tout l'or que l'Arriège peut fournir en mille ans et que je serais sans asile ni pain, je ne lui céderais pas cette justice. N'en parlons donc plus, et voyez si vous avez d'autres propositions à me faire.

— J'en ai d'autres. Béranger demande à se racheter des droits de chevauchées extérieures et intérieures pour lesquelles il vous doit cinquante hommes lorsque vous portez la guerre hors de vos comtés, et cent lorsque vous combattez sur vos terres.

— Je l'affranchis de la première; s'il me plaît d'aller chercher querelle à mes voisins, c'est à moi à me suffire; mais je ne diminuerai pas d'un archer le nombre des hommes que j'ai droit d'appeler à la défense de notre territoire. Demandez-vous autre chose?

— Béranger souhaite encore s'affranchir du droit d'albergue pour lequel il doit logement et nourriture à cinquante de vos chevaliers toutes les fois que vous venez dans votre ville de Carcassonne.

— C'est un service que je rends à mes chevaliers en leur cherchant un autre gîte. Je ne sache pas de manant qui ne leur donne meilleure table et meilleur asile. Que m'offrez-vous pour toutes ces concessions?

— Encore six mille sols melgoriens.

— Et quand me seront-ils comptés? reprit Roger.

— A l'instant même, répondit Lombard.

— Dressez donc l'acte, et finissons-en, continua Roger.

— Il nous faut des témoins. Qui nous en servira? dit le viguier en regardant autour de lui.

— Ce n'est pas moi du moins, dit Saissac en s'avançant vers la porte. Puis s'arrêtant et se tournant vers son ancien pupille, il lui dit solennellement:

— A toi Roger, vicomte de Beziers, je te déclare dégager ma châtellenie de ta suzeraineté, n'ayant ni épée ni lance au service de celui qui n'a plus au mien ni asile ni justice.

— Et où chercheras-tu asile et justice, Saissac? cria Roger en l'arrêtant violemment par le bras.

— Saissac est un château bien haut placé pour ton vol, jeune homme, répondit le châtelain en se dégageant de la main de Roger.

— Les flèches de mon esclave l'atteindraient

du premier coup, dit Roger avec mépris. Voyons, Kaëb, montre à mon tuteur jusqu'où tu peux aller dénicher un vautour.

Kaëb prit à ces paroles un arc fait de bois d'ébène, et, le tendant de toutes ses forces, il visa le sommet du clocher de Saint-Nazaire, et frappa au sommet l'immense croix dorée qui le dominait.

— C'est un coup d'enfant, dit Saissac avec mépris; quand j'avais ton âge, esclave, j'aurais arrêté cette flèche au vol. À peine elle passerait la largeur de mes fossés. Donne-moi cet arc, je vais te montrer à quelle hauteur est le nid du vieux vautour.

Le châtelain prit l'arc, le tendit à son tour, et sans but marqué il enleva une flèche à une hauteur si prodigieuse qu'elle disparut un moment dans l'azur du ciel, et retomba à quelques pieds de la croisée avec un sifflement aigu.

Le viguier sourit à ces deux essais. L'on peut dire que la main lui démangeait de s'emparer à son tour de l'arc et des flèches, et peut-être eût-il cédé à la tentation malgré son affectation à ne savoir faire usage d'aucune sorte d'armes, lorsque Roger le prévint. A son tour il ajusta une flèche sur l'arc qu'il avait arraché à Saissac, puis il sembla chercher au ciel quelque but éloigné. Aussitôt et sans qu'il parût en avoir trouvé un, la flèche partit si rapidement que l'œil ne put la suivre, et qu'on l'eût dite disparue comme par enchantement; et même, pendant quelques instans, Saissac et Lombard attendirent qu'elle retombât. Enfin un point noir qui semblait immobile dans l'espace s'agita tout-à-coup, il approcha en grossissant, et l'on vit descendre en se débattant un aigle percé de la flèche de Roger. Le visage de Lombard se rembrunit, et Saissac baissa la tête.

— Kaëb, dit alors Roger en mesurant son tuteur et le viguier d'un œil colère, va me chercher une plume de cet aigle. C'est avec elle que je veux signer ce traité, afin qu'il en reste bon souvenir à ceux qui l'improuvent comme à ceux qui vont le conclure.

Après ces paroles, Saissac sortit et Lombard se mit en devoir d'écrire.

II.

La vicomtesse de Beziers.

————

Quelques heures après la scène que je viens de rapporter, le château de Carcassonne était tout en mouvement. On voyait qu'il s'agissait des apprêts d'un départ, car les valets rangeaient les armures dans les étuis, et les chevaliers en longue robe, le chaperon sur l'oreille, couraient dans les cours et corridors appelant leurs domestiques à haute voix: ceux là recommandant bien qu'on visitât les fers du cheval qu'ils voulaient monter, d'autres désignant le costume qu'ils comptaient mettre en route; tous joyeux et rians, et se promettant joie et plaisir pour bientôt, car le vicomte Roger avait fait annoncer aux chevaliers de sa lance qu'ils allaient à Montpellier où les attendait Pierre d'Aragon, seigneur de cette ville, qui devait les recevoir et les fêter, ainsi que le comte de Toulouse et ses hommes nobles. Sur quoi chacun préparait ses plus magnifiques habits, car sans doute il y aurait cour plenière, et ce serait une magnifique réunion. Au milieu de toute cette agitation qui animait du sommet à la base le vieux château de Carcassonne, Roger était resté seul dans la chambre où nous l'avons laissé. Il avait quitté son magnifique costume du matin, et n'était vêtu que d'un justaucorps fort simple et d'un pantalon de couleur brune; il n'avait d'autre coiffure qu'un petit couvre-chef en feutre noir, et avait tout-à-fait la tournure de quelque jeune bourgeois, ou d'un écolier de la savante ville de Toulouse. Il n'avait ni épée ni poignard; mais à une petite chaîne attachée à sa ceinture pendait un énorme couteau fermé, et il était appuyé sur un long bâton garni de fer à ses deux extrémités. Il paraissait attendre l'arrivée de quelqu'un avec impatience. Le jour était près de finir, et Roger suivait avec anxiété les ombres qui voilaient déjà les objets les plus éloignés de la campagne. Enfin Kaëb entra suivi de plusieurs hommes ployés sous le poids de sacoches de cuir pleines d'argent. Au même moment un homme à figure chétive et jaune se présenta, il avait un énorme trousseau de clefs à la ceinture et regarda les sacoches d'un air de bonne humeur.

— Peillon, lui dit le vicomte, voici de l'argent pour défrayer nos hommes à Montpellier; tu partiras demain matin en escorte de mes chevaliers, et prends garde d'égarer quelque sac en chemin, comme cela t'est arrivé à notre dernière visite à Beaucaire, car je te fais vendre au marché comme un âne ou un bouc si cela t'arrive.

— Qui voulez-vous qui achète un misérable comme moi, dit l'argentier en souriant du mieux qu'il put, et que pourriez-vous en tirer?

— Celui qui t'achèterait, vilain, lui dit le vicomte moitié riant moitié sérieux, je le connais et toi aussi.

— Qui serait-ce donc? reprit Peillon d'un air qui affectait la niaiserie.

— Qui? répliqua Roger. Toi! beau sire, et si tu donnais pour ne pas tomber aux serres de quelques malandrins la moitié de ce que tu m'as volé, j'aurais fait une plus belle affaire que de vendre à notre évêque ma justice sur les voleurs et les homicides.

— Vous avez vendu votre justice sur les voleurs? dit Peillon d'un ton surpris.

— Tu as peur pour ta peau, argentier d'enfer, dit Roger en riant; que Dieu soit donc en aide à toi et aux tiens, car j'ai cédé aussi à Béranger ma justice sur les adultères, et j'espère bien te voir un jour pendu à une branche d'orme, et ta femme promenée nue par les faubourgs. Va-t-elle toujours se confesser à Ribian l'Esperou, le beau chanoine de Saint-Jacques?

— Quelquefois encore, répondit avec un sourire indicible le vieux hibou; puis ils vont ensemble pleurer et prier sur la tombe de madame la comtesse Adélaïde votre mère.

— Mercéant, s'écria Roger plus pâle qu'un mort, prends cet argent, il y a là douze mille sols melgoriens; s'il y manque un denier, n'oublie pas que je n'ai vendu ni mon bâton ni mon couteau. Sors.

Quand l'argentier eut fait enlever les sacoches, et qu'il fut parti, Roger se prit à se promener activement, et sous l'impression que lui avaient causée les dernières paroles de Peillon, il se laissa aller à parler tout haut.

— Ah! je mériterais, moi, d'être pendu et promené la hart sur le cou pour la sotte intempérance de ma langue. J'ai attiré à la mémoire de ma mère une injure de ce misérable. Et l'infâme savait qu'il me rendait un coup de poignard pour un coup d'épingle.

Kaëb, à ce mot de poignard, fit un geste significatif à Roger en lui montrant le court damas qu'il portait à son côté.

— Punir cette injure, dit Roger, ce serait la comprendre. Va, Kaëb, mène nos chevaux à la poterne: dans une demi-heure, je suis à toi.

Kaëb et Roger descendirent de la tour, l'un continua jusqu'au rez-de-chaussée, le vicomte s'arrêta et entra dans les vastes salles du premier étage. Une foule de valets y étaient en mouvement, ils s'arrêtèrent à l'aspect du vicomte, et formèrent la haie. A mesure qu'il s'avançait, chacun, serf, ou libre bourgeois, ou noble de ceux qui habitaient le château, venaient se ranger sur son passage, et il les salua tous de leur nom avec un air de courtoisie et de bienveillance dont chacun paraissait charmé. Ainsi de salle en salle, partout accueilli par les témoignages d'une affection sincère, Roger arriva jusqu'à une vaste chambre où son entrée fut le signal de vives acclamations. Mille questions se pressèrent en foule, et l'on interpella le vicomte de tous côtés.

— Oui, compagnons, leur répondit-il joyeusement, nous serons sous deux jours à Montpellier chez notre beau frère le roi d'Aragon avec notre oncle le comte de Toulouse. Il y aura bals et banquets durant les nuits, tournois et carrousels durant le jour. Holà! mes chevaliers, j'ai compté sur vos épées pour l'honneur du jour, comptez sur moi pour l'éclat des nuits. J'ai de l'or à faire damner la belle Constance l'hermite de la montagne noire. Préparez-vous, je veux que vous soyez beaux, mes chevaliers, et que les filles nobles et bourgeoises de Montpellier nous jettent des fenêtres leurs branches de lilas qu'elles baiseront en nous regardant.

Et les jeunes chevaliers, après cette harangue, s'enfuirent en applaudissant et appelant plus fort que jamais leurs valets et leurs esclaves pour soigner les apprêts de leur départ. Un seul demeura pensif dans l'embrasure d'une croisée. C'était un jeune homme de vingt ans au plus, pâle et brun, frappé au cœur d'un malheur solennel ou d'une passion profonde et sans espoir. Roger le considéra un moment, il contempla en silence ce beau et jeune visage, si triste et si résigné. Dans son regard, plein d'une tendre compassion, on pouvait deviner que Roger se retraçait l'histoire des douleurs de cette jeune existence, car une larme vint presque à ses yeux, et il lui dit, d'une voix émue :

— Sire Pons de Sabran, vous me suivrez, n'est-ce pas ?

— C'est un devoir en guerre, seigneur vicomte, répondit gravement le jeune homme.

— Ce serait amitié en partie de plaisir, reprit affectueusement Roger.

— Amitié! répéta le jeune homme avec un triste sourire. Amitié!

— Pons, reprit le vicomte en lui tendant la main, viens-y, je t'en supplie. Viens-y. Puis, hésitant un moment, il ajouta : Le comte Aimer de Narbonne y sera.

— Et sans doute Étiennette avec lui, murmura le jeune chevalier en chancelant et le regard égaré.

— Étiennette y sera, reprit Roger en assurant sa voix; la belle Étiennette, la louve de Penaultier, consent à suivre son suzerain, le comte de Narbonne, et à quitter ses montagnes pour la cour du roi d'Aragon.

— Et pour l'amour du vicomte Roger, reprit froidement le jeune Pons.

— Et pour l'amour de toi si tu veux ne plus être un enfant, et ne pas t'effaroucher de ce nom de louve qui lui sert de masque aux yeux des sots et des fous.

— Et où sont les sots et les fous? s'écria impétueusement le sire de Sabran, en portant la main sur la garde de son épée.

— Le premier des sots est son mari; le plus grand des fous c'est toi, qui vous laissez prendre à ses grimaces et à ses colères, répliqua doucement le vicomte.

— Oh! tais-toi, Roger, dit le jeune homme, tais-toi! L'avoir aimée deux années entières; à chaque heure, à chaque minute de ces deux années, avoir fait d'elle ma vie, mon culte, ma croyance; l'avoir vénérée jusqu'à n'oser penser qu'elle était belle, jusqu'à craindre de lui faire injure en baisant la place où ses pieds s'étaient posés, et savoir que, dans une nuit d'orgie, toi, Roger, tu l'as conduite délirante et folle, et pendue à tes lèvres, de la salle du festin jusqu'à ton lit, où elle s'est épuisée d'amour dans tes bras : non, c'est souffrir l'enfer que d'y penser. Que serait-ce si je la voyais?

— Ce serait ton tour, enfant, si tu la voyais.

— Ah! ne me dis pas cela, Roger, ne me fais pas croire qu'elle se donnerait à moi comme elle a fait à toi, car alors elle serait une débauchée, ouvrant ses bras aux caresses de tout amant : dis-moi que c'était une nuit de sabbat; que tu l'as fascinée, trompée; dis-moi que tu l'as enivrée, rendue folle, égarée, perdue; mais ne me dis pas que pour moi aussi elle retrouverait ces brûlans baisers et ces instans d'amour que tu nous as si cruellement racontés; car ce serait vice alors et non plus folie, ce serait crime, et je la mépriserais.

— Et tu ne l'aimerais plus au moins? dit doucement Roger.

— Oh! ajouta Pons avec un regard d'une inexprimable douleur, je l'aimerais toujours; et il cacha sa tête dans ses mains.

Roger le quitta et entra dans une vaste chambre magnifiquement meublée. A son aspect des femmes, richement vêtues, se levèrent et laissèrent voir leur surprise de la venue du vicomte; l'une d'elles s'avança pour soulever le rideau de la porte qui conduisait aux appartemens plus éloignés.

— C'est inutile, dit Roger, avertissez Arnauld de Marvoill que je l'attends. Ne dites pas à la vicomtesse que je suis ici.

Puis il se mit à se promener activement, selon sa coutume. De rapides réflexions se pressaient dans son esprit et venaient successivement s'écrire sur son front où se succédaient de vives physionomies d'impatience et de colère; il semblait qu'il redoutât l'entretien qu'il allait avoir, et qu'il s'irritât par avance des remontrances qu'il prévoyait. Il était si absorbé dans cette sorte de discussion anticipée, qu'il ne vit pas entrer la personne qu'il attendait.

Arnauld de Marvoill avait été le poète le plus célèbre de son époque; il avait passé en outre pour l'un des hommes les plus remarquables par sa grâce et sa beauté; mais à l'époque de cette histoire, de jeunes rivaux lui avaient succédé dans la faveur des princes et des dames, et ce n'était qu'avec un violent chagrin qu'il avait vu arriver ce changement. Cependant il avait retenu, autant que possible, les souvenirs du passé. Son costume presque romain se composait encore de la tunique et de la toge du siècle précédent. Des bandelettes pourpres, croisées sur les jambes, y attachaient cette sorte de pantalon qu'avait adopté la mollesse du Bas-Empire; il portait les cheveux courts, et sa barbe encore noire était soigneusement peignée et parfumée. Il attendit un moment que Roger lui adressât la parole; enfin il lui parla le premier.

— Vicomte Roger, vous m'avez fait demander?

— J'ai à te parler Arnauld, répondit le jeune homme sans arrêter sa promenade.

— Je le crois, dit Arnauld.

— Sais-tu ce que j'ai à te dire?

— Je crains de le deviner.

Roger examina Arnauld; il vit que le poète s'était préparé à ne pas fléchir dans la discussion qu'il prévoyait, et une teinte d'humeur et de chagrin se montra sur son visage. Il reprit sa marche, et, se parlant à lui-même, il s'exalta peu à peu.

— Toujours des obstacles, dit-il; des hommes qui se nomment mes amis et qui s'arment contre moi de ma condescendance. Écoute, Arnauld, je viens de voir Saissac, le vieux fou m'a quitté en me menaçant et en se dégageant de ma suzeraineté.

— C'est que vous avez fait quelque chose de mal, dit Marvoill en interrompant le vicomte.

— Peux-tu parler ainsi? dit Roger, Saissac est ton ennemi.

— Sans doute, mais il est votre ami.

— Eh bien! s'écria Roger, ami ou ennemi, Saissac m'a résisté et m'a bravé; il a épuisé tout ce que j'ai de patience. Écoute-moi donc et obéis.

— J'écouterai d'abord, répondit froidement Arnauld.

Roger le mesura de son regard de feu; mais le poète, comme pour échapper à cette puissance, tenait les yeux baissés; et le vicomte continua.

— Demain tu partiras pour Montpellier avec cette enfant dont tu as réclamé le soin.

— Quelle enfant? dit Arnauld.

— Quelle enfant? reprit tristement Roger Cette enfant à laquelle toi et ma mère m'avez lié pour la vie. Cette fille au berceau dont vous avez fait ma femme, toi et ma mère, pendant que votre volonté était la mienne, pendant que

Saissac perdait d'un autre côté mes priviléges.

— Lorsque ta mère, moi et le conseil de tes tuteurs nous t'avons fait épouser Agnès, le testament de Guillaume, qui lui assurait le comté de Montpellier pour héritage, existait encore.

— Oui, répliqua avec dérision le vicomte, Pierre d'Aragon vous l'affirmait, et pendant ce temps il épousait Marie, la sœur aînée d'Agnès, la pauvre déshéritée, comme il la nommait. Puis, lorsque Guillaume est mort, il ne s'est plus trouvé de testament. Le roi d'Aragon a eu le comté, et moi j'étais marié avec une femme au maillot.

— Elle a grandi, seigneur, dit Marvoill.

— Et ma haine pour elle aussi, répondit séchement Roger.

— Pourquoi la haïssez-vous? Vous ne la connaissez pas.

— Je ne la connais pas et ne veux pas la connaître. Je la hais comme je hais toute chaîne qui m'a été imposée et qui met obstacle à mes volontés. N'est-elle pas aujourd'hui l'écueil où se brisent tous mes projets? Sans elle, Sancie m'apportait le comté de Comminges. Il y a un an, je pouvais choisir entre Ermengarde Doulcet, filles d'Aymery de Lora, et Narbonne m'appartenait, ou Conserans était à moi. Mais non ; on m'a fait épouser à douze ans une fille en nourrice, et lorsque pendant ma minorité on a laissé briser le testament qui lui assurait le comté de Montpellier, lorsqu'on l'a laissé lâchement retourner à Marie sa sœur, et par suite à Pierre d'Aragon, l'époux de Marie, il faudra que toute ma vie je trouve cette enfant à mon encontre comme une barrière à mes désirs : non, c'est assez, et je veux en finir.

Arnauld regardait attentivement Roger, un imperceptible sourire d'incrédulité agitait ses lèvres pendant qu'il l'écoutait, et il lui répondit doucement avec une légère teinte d'ironie :

— Je ne savais pas que le vicomte Roger fit conquête de domaines et de suzerainetés à la pointe d'une plume de sénéchal ou de notaire. Je croyais qu'il laissait ce métier à son oncle de Toulouse, qui épouse et répudie par spéculation, et qui en est, je crois, à sa cinquième femme et à son cinquième comté, et qui en sera bientôt au sixème, je suppose.

Ces derniers mots frappèrent le vicomte, mais il feignit de ne pas les avoir entendus, et s'il murmura tout bas ces mots, — pas encore, bel oncle, pas encore, il répondait plutôt à lui-même qu'à Marvoill. Celui-ci continua donc.

— Et peut-on savoir maintenant, pour expliquer cette résolution d'en finir qui vous est si soudainement venue, quelle alliance se présente si glorieuse? il s'agit sans doute d'un duché ou d'un marquisat.

— Il s'agit, dit Roger d'un air sombre, que je le veux. Je te l'ai dit, Arnauld, Saissac à épuisé ma patience. Songe à m'obéir; demain tu partiras avec cette enfant pour Montpellier.

— Je ne partirai pas, sire vicomte, répliqua sérieusement Arnauld; je n'emmènerai pas votre épouse hors du territoire de vos domaines; je ne la conduirai pas à Montpellier où Pierre d'Aragon et Raymond sont prêts à trafiquer de répudiations. Qu'ils chassent de leurs lits leurs épouses pour en prendre de nouvelles, ce ne sera chose bien étrange pour aucune. Marie de Montpellier n'est-elle pas à son troisième mariage? et Éléonore d'Aragon a dû apprendre sans doute que son frère, en la donnant à Raymond, lui gardait une chance assez prochaine de liberté : aussi toutes deux ont assuré leurs riches douaires. Mais Agnès est une fille livrée à votre merci, qui tombera demain dans la misère d'une esclave, si vous la répudiez, ici parmi vos chevaliers et vos bourgeois, qui lui ont rendu hommage comme à leur vicomtesse. Un tel acte vous épouvante, et vous n'osez le faire: mais à Montpellier, sous l'influence de Pierre et de Raymond loin de toute remontrance et de tout frein, vous le feriez, Roger, et Agnès serait perdue. Je ne la conduirai pas à Montpellier.

Le vicomte regarda Arnauld d'un air stupéfait, puis il s'écria violemment:

— Ces hommes sont fous et ne comprennent rien. As-tu entendu que je t'ai dit, Arnauld, qu'il fallait qu'Agnès me suivît à Montpellier ? Pour quels desseins ? que t'importe ? La seule chose que tu doives bien entendre, c'est que je le veux, et que ce mot est inflexible et sans retour. Ne vas-tu pas faire comme Saissac qui, par ses refus, m'a forcé à demander de l'argent à Raymond Lombard ? Faudra-t-il que ce qui aurait pu être un simple et facile accord des deux parts, tourne encore de ce côté en violence et folie ? et veux-tu que j'appelle quelques archers qui emporteront Agnès en croupe comme une proie, et me la jetteront à Montpellier, comme une fille de basse-cour ramassée sur le chemin.

— Vous ne le ferez pas, Roger, dit Arnauld alarmé de la colère qu'il mettait dans ses paroles.

— Je le ferai, s'écria le vicomte.

— Cependant...

— Cependant,.... reprit Roger, en répétant ce mot avec rage, et en paraissant défier Arnauld d'achever sa phrase.

A ce moment une main blanche et mêle souleva légèrement la portière de damas qui cachait l'entrée des autres appartemens; et une voix, si profondément émue qu'on l'entendit à peine, prononça ces paroles :

— Sire de Marvoill, nous partirons demain pour Montpellier.

Roger tourna vivement ses regards vers l'endroit où cette voix inconnue s'était fait entendre mais il ne vit rien que le balancement de la tenture qui était retombée. Il se sentit confus et regarda Arnauld comme pour l'interroger ; mais, après un moment d'hésitation, il se décida à sortir, et courut vers la poterne, où l'attendait Kaëb.

III.

L'Esclave.

———

La nuit commençait et les sommets des Pyrénées se perdaient dans les brumes qui s'élevaient à l'horizon, lorsque Roger arriva à la poterne. Deux chevaux étaient préparés, non point bardée de fer et le frontail en tête comme pour une bataille, mais tous deux avec une étroite couverte en fourrure de renard, retenue par une seule sangle sans étriers ni caparaçons.

Un filet suffisait à les gouverner. Tous deux de taille moyenne, tous deux de pure race arabe; l'un noir et luisant comme le plumage d'un corbeau; l'autre de ce bai brun ondulé comme l'écorce des châtaignes mûres. A l'approche de Roger les chevaux pointèrent leurs courtes oreilles, et le beau coursier noir hennit à diverses fois en relevant la tête et en piétinant.

— Bien, Algibeck, dit Roger en le flattant, tu es beau, mon cheval; alerte! cette nuit nous allons voir Catherine.

Et il sauta sur le noble animal, qui partit comme un trait; et Roger, calmant sa fougueuse rapidité, se penchait jusque sur son cou; et, passant ses mains dans ses longs crins, comme s'il caressait un enfant, il l'apaisait et lui parlait tout bas.

— Doucement, mon beau cheval, lui disait-il la route est longue, et si tu pars ainsi tu épuiseras ton haleine. Nous n'allons pas seulement aujourd'hui à l'abbaye de Saint-Hilaire boire le vin des religieux, au milieu des danses et des chansons des jongleurs; nous n'allons pas non plus chez les récluses de Campendu, où les mains blanches des plus belles filles du Razez te donnent l'avoine et te préparent un lit de fougère. Je n'ai plus désir ni de leurs voix célestes, ni de leurs baisers d'amour ; ces courses de quelques heures t'ont rendu impatient ; mais calme-toi, car nous ne verrons pas le but de notre voyage avant la nuit prochaine. Montpellier est loin d'ici ; et je ne veux pas que tu arrives sous les fenêtres de Catherine, haletant et fourbu. Je veux qu'elle te trouve beau aussi, noble Algibeck : doucement! plus doucement encore.

Et le joyeux coursier volait en bondissant; quelquefois il recourbait sa tête de côté comme s'il voulait mordre le bout du pied qui serrait ses flancs. Alors il caracolait; il semblait agacer son cavalier ; il arrondissait son galop et ployait comme un cygne son cou noir et nerveux, puis il le relevait vivement comme un arc qui se détend, et, s'élançant plus rapide, l'œil brûlant, les naseaux ouverts, il jetait au vent des flammèches d'écume et faisait siffler derrière lui les pierres du chemin qu'il broyait de ses pieds mordans. Ainsi coururent long-temps le cheval et son cavalier, comme deux compagnons qui se comprennent : le maître, quelquefois immobile et pensif sur la course unie et facile de son cheval, d'autres fois gai et souriant, tandis que le coursier hennissait, secouant sa crinière et fouettant l'air de sa queue; tous les deux quelquefois tourmentant, l'un sa pensée par d'amères réflexions qui se combattaient dans son esprit, l'autre son galop qui devenait inégal et heurté.

Kaëb venait, suivant son maître de près. Cependant depuis qu'il était parti, sa marche était restée uniforme, et, bien que son cheval parût moins vigoureux que celui de Roger, sa rapidité patiente l'avait maintenu à une courte distance, sans que rien décélât en lui la moindre fatigue. La nuit était enfin tombée, et, soit crainte de surprise, soit toute autre raison, Kaëb peu à peu s'était rapproché de Roger, et bientôt il marcha tout-à-fait à ses côtés. Roger jeta un léger coup d'œil sur son esclave. Puis, après un moment de silence, il lui dit :

— Je n'ai pas été content de toi ce matin, Kaëb : à vingt ans on lance une flèche mieux que tu ne l'as fait.

— C'est que mes bracelets me gênent, rébondit Kaëb en montrant ces signes de son esclavage.

— Fais-toi chrétien, et ils tomberont demain, reprit Roger.

— Votre pape écrivit la même chose que vous venez de dire à Asser, calife de Bagdad : savez-vous ce que celui-ci lui répondit? Je me ferai chrétien quand vous vous ferez mahométan.

— Reste donc ce que tu voudras, ajouta Roger avec insouciance; mais, musulman ou chrétien, esclave ou libre, tâche de savoir mieux te servir d'un arc et d'une flèche.

— La flèche est une arme qui a l'œil et le vent pour guides, répondit froidement Kaëb; le poignard est plus sûr, il ne quitte pas la main.

— Mais, ajouta Roger en faisant allusion à sa querelle avec Saissac, le nid du vautour est si élevé quelquefois que nul bras ne peut l'atteindre et que le vol d'une flèche y peut seul arriver.

— Les serpens de l'Afrique, reprit Kaëb toujours insensible, se nourrissent des œufs du condor qui bâtit son aire sur des pointes de rocs où nulle flèche ne pourrait monter.

— Et comment y arrivent-ils? répliqua Roger avec dédain.

— En rampant! répondit l'esclave.

A ce mot, Roger, par un mouvement instinctif, serra dans sa main son long bâton ferré avec lequel il jouait nonchalamment; il regarda Kaëb, mais rien ne transpirait sur son visage des sentimens de son âme. C'était un masque immobile, un regard indifférent, une inexpression complète. Ils continuèrent leur route. Tout à coup, comme d'un commun accord, les chevaux ralentirent leur course; celui de Kaëb aspira l'air avec force et pointa ses oreilles. L'impatient Algibeck lui-même prit aussi un galop moins hardi, et, le nez au vent, il sembla flairer l'espace. Le vicomte se retourna vers Kaëb, qui ne laissa voir ni surprise, ni crainte; seulement son œil plus ouvert et qui rayonnait d'un éclat singulier semblait vouloir percer l'obscurité.

— Il y a quelqu'un sur la route? dit le vicomte d'un ton d'interrogation et de menace à la fois.

— Oui, dit Kaëb, des hommes à cheval à coup sûr, car nos coursiers, d'abord intimidés, reprennent leur vol; voyez comme ils s'étendent et se déploient: il y a quelque chaude cavale sur cette route.

Et, en effet, les deux chevaux s'alongeaient rasant la terre comme des levriers, côte à côte, déjà rivaux, essayant d'échanger une morsure, ruant dans leur galop et hennissant aux fades odeurs de la brise. Ils s'animèrent l'un l'autre, et, bien que Kaëb ne parût pas presser son coursier plus qu'il n'avait fait jusqu'à ce moment, sa marche devenait si rapide qu'elle dépassait quelquefois la course d'Algibeck. Un soupçon vint à l'esprit de Roger ; il savait combien d'ennemis sa fougueuse jeunesse lui avait attirés. L'un d'eux n'avait-il pas pu être averti par son esclave de ses projets de voyage nocturne ? une embûche ne pouvait-elle pas avoir été dressée sur son passage ? et Kaëb ne l'entraînait-il pas alors dans un piége adroitement préparé ? Le vicomte discutait avec lui-même ce qu'il devait résoudre ; car, quoique la conduite de Kaëb ne lui eût jamais donné lieu de croire à une trahison de sa part, cependant son caractère taciturne pouvait cacher une profonde astuce aussi bien qu'un complet dévoûment. La rapidité de la course de Kaëb s'augmentait encore, et Roger s'apprêtait à l'arrêter lorsqu'une bouffée de vent leur apporta le bruit lointain d'un hennissement, et soudain le cheval de l'esclave, bondissant deux fois sur lui-même, s'arrêta immobile et comme si ses pieds s'étaient fichés en terre. Roger retint Algibeck, et l'Africain, se tournant alors vers son maître, lui dit :

— Roger, mon maître, ceci est l'heure de

la vie ou de la mort pour moi. Pour toi, c'est l'heure de faire de Kaëb un malheureux qui brisera sa chaîne, fût-elle d'acier; dût-il le faire avec son poignard, aujourd'hui ou demain, dans sa poitrine ou dans la tienne. C'est l'heure aussi de faire de Kaëb un esclave avec un cœur de chien et les ongles d'un tigre, un esclave qui te prêtera son corps pour marchepied, qui t'obéira comme ta main t'obéit, qui frappera comme ta main peut frapper sans réflexion ni révolte. Cet esclave sera un bras de plus à ton corps; un bras qui descendra ou montera où le vicomte Roger ne peut peut-être ni monter ni descendre. Ce sera un œil qui verra tout, une oreille qui entendra tout, une bouche qui dira tout. Ce sera tout un homme qui n'a au cœur ni crainte superstitieuse qui fasse plier ses genoux ou son poignard devant l'anathème d'un prêtre chrétien, ni fol orgueil qui l'empêche de se coucher à terre pour attendre ses ennemis dans l'ombre. Choisis entre ces deux hommes.

— Je ne crains pas le premier, et n'ai pas besoin du second, répondit hautainement Roger; mais tu m'as menacé, esclave, et tu seras puni : tourne la bride de ton cheval et rentre à Carcassonne.

Pour la première fois, depuis un an que Kaëb appartenait à Roger, l'obéissance ne fut pas aussi rapide que le commandement. Roger était presque sans armes, et Kaëb avait gardé son sabre courbé et son poignard de Damas; le vicomte reprit tout à coup ses soupçons.

— M'as-tu entendu, esclave? s'écria-t-il avec colère.

— Je t'ai entendu, maître, répondit Kaëb avec résolution; mais toi, tu ne m'as pas entendu. Vois cette route, chasse-moi devant toi du côté où nous allons, au lieu de me faire retourner en arrière, et tu auras l'esclave fidèle; tu auras le cœur, le bras et la vie d'un homme, plus à toi que ton bras, que ton cœur, que ta propre vie; car tu pourras les jeter à qui tu voudras, à un crime et à un bourreau. Mais si tu me fais retourner en arrière, alors, Roger, ce sera le serpent que tu auras dans ta main.

— Encore une menace, répliqua le vicomte avec emportement, retourne!

Et comme Kaëb n'obéit pas, un coup du lourd bâton de Roger tomba sur la main gauche qui tenait la bride, et la main brisée laissa pendre la bride sur la crinière du cheval. Nul cri ne s'échappa de la poitrine de Kaëb à cette douleur: on eût même dit qu'il n'avait pas été atteint; car, la tête tournée vers l'horizon, il semblait écouter. Une raffale de vent leur apporta encore le même bruit, le même hennissement, mais plus lointain et comme plaintif. Kaëb ramena ses regards sur son maître, et, soulevant son poignet qui pendait inerte et brisé, il lui dit doucement:

— Et maintenant encore, accepte, Roger, accepte.

— Des conditions de mon esclave! reprit le vicomte, aucune!

— Alors, dit Kaëb, tue-moi tout de suite, car je ne retournerai pas. Sens-tu cette haleine de vent qui m'apportait la vie que tu vas m'ôter: laisse-moi la respirer un moment.

Et le bruit lointain arriva encore une fois, mais si effacé qu'il troubla à peine le profond silence de la nuit. Kaëb tressaillit.

— Oh! maître, dit-il en sanglotant et en montrant la route; là-bas, là-bas!

Roger, étonné de cette obstination, ne put s'empêcher de lui dire:

— Mais nous y courions tous les deux.

— Mais il faut que j'arrive seul, dit l'esclave,

seul à l'endroit d'où part ce bruit. Retardez d'une heure votre course, d'une demi-heure seulement, et cet instant vous aura valu une longue vie de dévoûment.

— Mais pourquoi? demanda Roger en qui la curiosité faisait place à la colère.

— Parce que, répondit Kaëb... Et, comme il allait continuer, une nouvelle ondée de vent souleva les cheveux de Roger; mais muette et sans rien apporter avec elle, ni bruit pour Roger, ni espérance, ni joie pour Kaëb; il baissa tristement la tête, et, tournant son cheval du côté de Carcassonne, il dit à voix basse :

— Ah! ma vie s'en va, ma vie s'en est allée.

Roger le regardait s'éloigner, lorsque Kaëb se redressa soudain, et revint près de son maître; puis, avec une inexprimable prière dans le regard, dans la voix, dans le geste, il lui dit en lui tendant sa main droite :

— Maître, casse-moi encore ce bras et laisse-moi partir.

— Kaëb, lui dit son maître, vaincu par cette singulière et sombre résolution, pars donc ; tu vas à un amour ou à une vengeance ; car on ne marche pas si obstinément à une trahison.

Mais je te veux rendre le temps que je t'ai ravi. Prends cette écharpe de lin, enveloppe ton bras et monte mon bel Algibeck qui te portera comme le vent.

— Roger, lui répondit Kaëb avec un regard de joie, garde ton cheval et ton écharpe, tu m'as donné tout ce que je voulais de toi, et pour ce que tu m'as donné, je t'appartiens désormais, car c'est moi qui me donne à toi maintenant. Regarde donc ce que tu as acheté pour un mot; car tu ne connaissais ni Kaëb ni son coursier.

Aussitôt, de sa main droite, il descendit jusqu'à son poignet le bracelet d'or qui entourait son bras gauche, et, le serrant violemment dans ses dents, il l'aplatit et le rendit assez étroit pour maintenir la fracture, puis, s'inclinant sur le garrot de son cheval, il le fit partir avec une rapidité dont nulle expression ne peut donner l'idée.

Algibeck surpris de ce départ s'élança à son tour, et, tandis que Roger s'occupait à le calmer et à le retenir, Kaëb disparut, et bientôt après le bruit de son galop ardent diminua rapidement, et s'éteignit tout-à-fait dans le silence de la nuit.

IV.

Le Loup.

Lorsque Roger se fut ainsi séparé de son esclave, il ralentit sa marche et se laissa peu à peu gagner par des réflexions sérieuses. D'abord il avait essayé, pour amuser sa route, de chanter ou de siffler tous les airs des rimes qu'il savait. Puis il avait joué avec son bâton ferré, tantôt en le faisant voler autour de lui ainsi qu'eût pu le faire le plus habile montagnard, ou en le lançant en l'air et en le rattrapant malgré l'obscurité comme les bateleurs basques. Mais il s'était bientôt ennuyé de ces deux occupations, et, par un de ces caprices si ordinaires à l'homme, il arriva que son esclave auquel il n'eût peut-être pas dit un mot ni demandé un service durant tout le reste de la route, lui fit faute et qu'il se repentit d'avoir été assez indulgent pour le laisser partir. Puis une fois sur le chapitre de sa propre indulgence, il se trouva trop bon; il se reprocha de n'avoir pas fait arrêter Saissac, s'accusa en lui-même d'avoir laissé à Peillon la langue qui avait insulté la mémoire de sa mère, et la résistance d'Arnaud lui parut mériter une punition éclatante. Toutefois ce concours de volontés qui s'étaient opposées à la sienne, ces deux amis que lui avait légués la tendresse d'Adélaïde et qui semblaient acquitter en sollicitude et en dévoûment pour le fils une dette de bonheur contractée avec la mère; ces deux rivaux qui avaient étouffé pour lui une vieille haine d'amour et qui se trouvaient réunis dans leur résistance; l'insolente répartie de l'argentier, et jusqu'à la facilité de Lombard; toutes ces circonstances revinrent à l'esprit du vicomte: il se sentit convaincu qu'il faisait mal sans pouvoir d'abord s'en rendre compte, et, comme il n'était plus face à face de ces observations qu'il avait si hautainement repoussées, il se laissa aller à les discuter du moment que ce n'était que lui-même qui se les faisait.

Et nous, comme le diable de Lesage, enlevons à la pensée son toit sous lequel elle se déshabille et se met toute nue, cachée qu'elle croit être aux regards, et, comme lui, plongeons dans les secrets de l'intérieur, si singuliers et si invraisemblables quelquefois. Or c'était une curieuse étude que celle de la tête de Roger; c'était une âme et un esprit ardens et vastes qui s'y disputaient et qui avaient à l'ordre de leur victoire un bras de fer et un corps infatigable et brave. Et c'est ce que vous allez lire que le vicomte et Roger se disaient l'un à l'autre en chevauchant tout seul.

— Or, commençait le vicomte, l'hérésie gagne tous les habitans de la province; l'Albigeois est infecté de Vaudois; et moi, le plus faible souverain de ce pays, je leur offre asile et protection, en désobéissance des bulles du pape et des canons des saints conciles. N'oublions pas que je n'ai pour voisins que des hommes sans courage ni résolution qui m'abandonneront à la première attaque sérieuse, et qui me jetteront, moi, faible en territoire et en chevaliers, à la merci de la colère de Rome.

— Mais, répondait Roger, si je permets aux hérétiques d'entrer et de trouver sûreté dans nos villes, du moins suis-je bon chrétien; et si la guerre me menace, quelle lance voudrait joûter contre ma lance, quelle épée se croiser avec la mienne? Mon oncle Raymond me vendrait pour une labourée de terre, mais c'est un lâche que je ferai trembler en le regardant; d'ailleurs n'est-il pas responsable de l'assassinat de Pierre de Castelnau, légat du Saint-Père? n'est-ce pas un de ses hommes qui l'a frappé? et l'excommunication que lui a lancée Rome pour ce fait ne le jette-t-elle pas dans mes mains? Mon beau-frère d'Aragon est un brave soldat, mais c'est un libertin que je mènerai par la souquenille de la première jolie ribaude que je lui donnerai. Aimery de Lara et son comté de Narbonne sont entre mes deux griffes de Carcassonne et de Beziers : que je serre la main et je l'écrase. Le comte de Foix est le plus enragé hérétique de la Province et mon premier appel le trouvera fidèle à sa cause.

— Mais, reprenait le vicomte, l'Église gémit et

se plaint des progrès de l'hérésie ; voici venir Milon, légat du pape, qui menace et qui promet de faire de l'Albigeois une nouvelle Ninive. La croisade contre les Albigeois se prêche en France comme s'il s'agissait de Sarrasins ; on a déjà semé la discorde entre les seigneurs du pays ; les prêtres qui ont voulu garder leur indépendance ont été dépouillés de leurs siéges par les commissaires de Rome ; et les nouveaux choix qu'on a faits attestent un esprit de conspiration contre la noblesse du pays. Ainsi ils ont chassé de Toulouse le vénérable Raymond de Rabastens dont l'indulgence était le seul crime, lui, l'exemple de toutes les vertus patriarcales ; et ils ont mis à sa place ce misérable Foulques qui suscite à Raymond de Toulouse des querelles avec ses bourgeois, qui sème la division entre les châtelains qui relèvent de lui, qui l'affaiblit dans son autorité par les intrigues les plus impudentes, mais qui a pour excuse aux yeux du pape d'être sans pitié pour les hérétiques, car il donnerait son bras pour en faire un brandon à allumer leur bûcher. N'ont-ils pas aussi maintenu, malgré les censures des conciles de la province, l'abbé de Maguelonne qui enlève les plus belles filles de ses domaines et les cache dans les cellules de ses moines. Et quoiqu'il frappe de la monnaie au coin de l'antéchrist Mahom, dans laquelle il met un tiers de cuivre disant que c'est œuvre chrétienne que de voler les infidèles, ne l'ont-ils pas confirmé parce qu'il fait chasser les hérétiques à épieux et à chiens comme des bêtes fauves ? Chacun des évêques du pays ne marche-t-il pas ardemment, sous l'impulsion de Rome, à usurper les droits des seigneurs, les uns par la force, les autres par la ruse ? Toutes les abbayes, au lieux d'être gouvernées par des prévôts nommés par les suzerains, n'ont-elles pas pris ou acheté le droit d'avoir des abbés et de les élire elles-mêmes ? Et toi, vicomte, n'as-tu pas fait une faute encore aujourd'hui ? et parce que tu as fait payer ta justice à Béranger, ne l'as-tu pas moins perdue ? et tes hommes ne s'accoutumeront-ils pas peut-être à voir leur seigneur là où ils trouveront leur juge ?

— Oh ! non, répondit Roger, les choix mêmes des légats perdront la cause qu'ils veulent défendre. On ne croira point à la religion qui veut triompher par le mensonge, à l'humanité qui ne prêche que bûchers, à la vertu qui n'a d'autres défenseurs que la dissolution et le vice. J'éclairerai Raymond, et Foulques n'est qu'un faquin dont je sifflerai les sermons; quant aux abbés, ils pensent plus à boire et à se goberger qu'à toute autre chose; et celui de Belbonne, dont on nous fait tant de peur, applique toute son activité à établir une ligne d'hommes à cheval qui se rejoignent les uns les autres, et qui lui apportent du poisson frais de la côte de Narbonne et de celle de Bordeaux, pour servir le même jour sur sa table un grand saumon du grand Océan et une belle dorade de la Méditerranée. Allons! la première fois que j'irai à Toulouse je pousserai jusque chez lui, et j'irai lui demander à souper. Pour mon évêque, Béranger, s'il s'avise d'être trop juste pour mes hommes libres, je ferai fondre ses vases d'or pour lui racheter mes droits, et je lui mettrai le manche de mon poignard dans la gorge pour l'empêcher de crier; ou s'il crie encore, va pour la lame.

—Mais, reprenait le vicomte, un tel crime attirerait sur toi l'anathème de toute l'Église, et sur tous ceux qui te prêteraient assistance; tu n'aurais plus ni chevaliers, ni serfs même pour dénouer tes éperons. Et puis le pays est épuisé de tailles, de quêtes, et de toutes sortes d'impôts; les routiers le ravagent, brûlent les récoltes, et arrachent les vignes, pendant que tu vas chantant et courant les pays en aventurier. Quel jaloux n'as-tu alarmé par tes amoureuses entreprises? quel chevalier n'as-tu humilié de tes amères réflexions? quel prêtre n'as-tu pas longuement moqué, et raillé jusqu'à te faire crier: Assez! par les plus impies? quel ménagement as-tu gardé avec tes voisins, et combien en est-il dont tu as saccagé le pays parce qu'un de leurs chiens avait poursuivi un de leurs daims jusque sur tes terres, ou étranglé un de tes cerfs qui s'était réfugié sur les leurs? Ton caprice a été ta loi, et la violence ton droit.

— J'ai été vainqueur; et la victoire c'est la raison, reprit Roger.

— Mais, ajouta le vicomte, à mille signes certains, il est évident que l'orage approche. Des religieux, le bâton blanc à la main, parcourent la France, et excitent les habitans d'outre-Loire à se verser comme un torrent dans les belles plaines de l'Aquitaine et de la Provence: prends garde: tu es le plus jeune, ils t'attaqueront le premier.

— Je suis le plus fort; et ils s'adresseront mal, dit Roger.

— Si tu es le plus fort, ils s'adresseront bien; car toi détruit, toute la chaîne seigneuriale s'échappera maille à maille, ville à ville, château à château. Penses-y.

— J'y ai pensé, répondit Roger, j'y ai pensé; et la cour plénière de Montpellier étonnera certes ceux qui y viendront, et ceux qui ne s'en promettent que plaisir.

— Mais n'est-il pas trop tard, et ne vas-tu pas perdre des jours précieux?

Et comme le vicomte avait raison, Roger, fatigué de la discussion, s'écria tout haut sans y faire attention :

— Demain, après-demain, ce sera assez tôt quand j'aurai dépensé mes beaux sols melgoriens, et que j'aurai revu Catherine.

Puis il pressa doucement Algibeck du talon, et la course recommença rapide et capricieuse.

Pendant cette longue dissertation du vicomte avec lui-même, la nuit s'était passée, et le matin nuançait l'horizon de pommelures empourprées : avec le jour le bruit s'éveillait et les joyeux oiseaux commençaient leurs chants. Roger remarqua cependant que les champs étaient déserts. Quelques rares paysans dispersés dans la campagne tentaient le hasard d'une récolte, peut-être saccagée avant d'arriver à sa maturité, et presque assurément enlevée par les quêteurs des monastères et les hommes d'armes des châtelains, s'il advenait que les routiers l'épargnassent et ne la fissent point paître à leurs chevaux. Roger traversait alors une partie du comté de Narbonne, et il établissait une comparaison avantageuse pour ses domaines, car, malgré la négligente administration du vicomte, il avait cependant défendu ses hommes de quelques unes des calamités qui dévoraient ce beau pays. Sa magnificence avait sans doute pressuré d'impôts les bourgeois et serfs de ses comtés ; il avait souvent jeté en fêtes et en banquets les sommes qu'il devait à la réparation des murailles de ses villes ; mais son esprit guerrier avait délivré le pays des dévastations des Aragonnais et des Malandrins, et sa haine contre le clergé avait réprimé les exactions des évêques.

Ainsi Roger avançait dans sa route et dans sa propre apologie, lorsque des cris lointains appelèrent son attention. Au milieu du long murmure qui bruissait au loin, on entendait s'élever de temps à autre la clameur d'alarme : Au loup ! Au loup ! Roger reconnut que c'était un de ces animaux lancé par des paysans qu'on poursuivait, et bientôt les aboiemens des chiens, les sons du cornet à bec d'argent, lui apprirent que c'était une chasse en règle qui avait lieu. Il s'y précipita avec rapidité, et tout plein du désir d'abattre la bête féroce. Il courait joyeux de penser qu'il allait arriver sous son déguisement parmi de nobles dames et des chevaliers; il se voyait inconnu au milieu de toute cette compagnie; les seigneurs irrités de ce qu'il leur avait enlevé leur proie, les dames souriant à sa bonne grâce, les valets et chasseurs l'épieu levé contre lui, et lui, Roger, après avoir rendu un sourire aux dames, jeté un regard insolent aux chevaliers et bâtonné quelques serfs, s'échappant sur son bon cheval Algibeck. Dans cet espoir, et regardant déjà ce qu'il avait rêvé comme accompli, il courait à faire siffler l'air autour de lui. A mesure qu'il avançait les cris devenaient de plus en plus bruyans; mais ils n'avaient pas cette ardeur sérieuse d'une chasse hardie; et puis les chiens ne donnaient qu'à peine; on entendait qu'ils avaient besoin d'être excités par le fouet; et, en consultant l'allure de son cheval, il ne vit pas que, dans sa rapidité, elle eût rien de cette retenue que le meilleur coursier garde à l'odeur d'une bête fauve. Algibeck jouait en courant, sa tête ni son oreille n'étaient tendues et immobiles. Le vicomte soupçonna que ce pouvait être quelque jeu de serfs et d'enfans, et il reprit sa marche indolente. A peine avait-il fait ainsi quelques pas, que la chasse, qui d'abord semblait fuir devant lui, se rapprocha soudainement. Bientôt les cris : Au loup..! devinrent plus distincts, et il entendit qu'il s'y mêlait clairement des éclats de rire et des huées bruyantes; les aboiemens des chiens, quoique mous et inégaux, continuaient, et les cornets retentissaient de tout leur bruit criard et discordant. Dans ce moment, le vicomte se trouvait dans un chemin creux entre deux élévations couronnées d'arbres dont quelques uns pendaient sur la route. Le bruit, les cris, les rires, se rapprochaient de plus en plus, et de temps à autre il s'y mêlait des lamentations d'une nature si singulière, que Roger s'arrêta tout court. Enfin sur la partie du bois qui s'élevait à sa droite, il entend crier les bruyères et se briser les halliers, et bientôt sur les branches d'un arbre presque horizontalement couché au-dessus de la route, il voit s'élancer un monstre énorme ayant la brune couleur d'un loup. Cet animal court avec légèreté jusqu'aux extrêmes branches de l'arbre, qui se plient et se brisent sous son poids, et il tombe lourdement aux pieds d'Algibeck, qui d'abord se cabre épouvanté, et qui presque aussitôt se rapproche et se penche sur le monstre en le flairant. A l'instant même, les valets armés de pieux arrivent; quelques chiens des plus animés se précipitent, et portent la dent sur l'animal haletant. Un cri de douleur atroce s'échappe de cette peau fauve et velue: c'est un cri d'homme; un cri à briser l'âme d'un bourreau. D'un tour de son bâton ferré, Roger écarte les chiens et empêche les valets d'approcher.

— Holà, manant, lui crie un teneur de lesse, tu as frappé les chiens d'un noble homme; commence par payer six deniers d'amende à moi son forestier, et laisse ce loup à la dent des mâtins, si tu ne veux qu'ils fassent de toi comme de lui.

— Si tu ne veux que je fasse de toi comme de tes chiens, repart le vicomte, réponds : quel misérable et quel infâme, se disant libre et noble, a pu te commander cette affreuse expédition?

— Si tu veux le savoir, il te le dira bientôt

lui-même, car il accourt en compagnie de sa noble et dame suzeraine; mais comme il pourrait bien nous faire fouetter pour n'avoir pas fait selon ses ordres, va-t'en, à moins que nous ne lui montrions pour excuse deux peaux sanglantes au lieu d'une. Sus, mes chiens, sus au manant.

Roger fit tourner son bâton, Algibeck lança une preste ruade aux chiens qui venaient le flairer, et deux ou trois mâtins éclopés, hurlant à ameuter une contrée, allèrent se cacher derrière le forestier. Celui-ci et les valets qui arrivaient l'un après l'autre, indignés de l'audace du manant, brandirent leurs pieux contre lui ; mais Roger, les prévenant, adressa un coup de bâton si furieux sur la tête du forestier, que celui-ci, après être resté immobile un moment, ouvrit et ferma les yeux convulsivement deux ou trois fois, contracta ses bras, et tomba comme une lourde masse. Tous les autres serfs restèrent épouvantés. Cependant, à l'instigation de l'un d'eux qui paraissait plus hardi que les autres, ils allaient se précipiter sur Roger, lorsque les pas des chevaux retentirent dans un chemin qui aboutissait à la route, et bientôt quelques cavaliers débouchèrent à deux pas du vicomte.

Le malheureux que Roger venait de sauver avait profité du relâche qui lui était si soudainement arrivé pour essayer de s'échapper, et il s'était traîné à quelques pas de l'endroit où le vicomte tenait en respect chasseurs et chiens. A peine les cavaliers avaient-il paru sur la route, que Roger descendit de cheval; et se tourna du côté du misérable gisant, qu'il chercha à secourir. Quelle fut sa surprise en reconnaissant sous ce bizarre accoutrement, tout recouvert de peaux de loup avec une tête armée de dents énormes, le fameux Pierre Vidal, poète provençal! Fou de poésie, et le plus souvent fou d'amour, il était célèbre par ses nombreuses extravagances; et ses tentatives présomptueuses lui avaient valu plus d'une mésaventure. Roger comprit sur-le-champ quel avait pu être le crime de Vidal; mais il ne devina pas qui avait pu inventer une si barbare punition d'une folie si connue. Pendant le peu de temps qui suffit à Roger pour cette découverte et ses réflexions, deux nouveaux personnages arrivèrent sur la route, et la voix d'un homme se fit entendre.

— Or, vous allez voir, noble dame, comme

vos serviteurs savent punir ceux qui insultent par leurs désirs à l'austérité de votre vertu. Holà ! forestier, apportez en hommage à votre maîtresse la patte de cet animal. C'est la main, noble dame, qui vous insulta en vous écrivant des vers d'amour qui parlaient d'espérance. Avec cette correction, le bout de langue qu'un Sicilien lui fit couper à Marseille pour avoir conté de longues histoires à sa femme, et l'oreille que lui arracha Baudoin pour avoir écouté les doux propos de sa sœur; je pense que la bête sera guérie de la poésie et de l'amour.

Après cette courte harangue le cavalier s'arrêta et demeura fort étonné de ne pas voir le forestier présentant à la dame la main de Vidal coupée comme un pied de loup. Il répéta son ordre, et, s'irritant du silence qui répondit seul, il s'écria :

— Holà ! manans et écuyers, où est donc notre gibier et notre forestier ? auriez-vous laissé échapper le premier, et le second se serait-il échappé tout seul, de peur de notre fouet ?

— Hélas ! sire vidame, répondit le valet qui avait voulu ameuter ses camarades contre Roger, nous tenions le maudit animal lorsque ce manant s'est jeté entre lui et nous et a frappé vos chiens de son bâton.

— Et le forestier ne l'a pas étendu mort à ses pieds? s'écria le vidame furieux. Par la Pâque, il a trahi sa maîtresse, en me laissant ce soin.

— Il n'a pas trahi sa maîtresse, répond le serf, et il vous a laissé plus de soin que vous ne croyez, car il était homme lige de cette châtellenie, et vous devez vengeance à sa mort.

Et en disant ces paroles, le serf montra au cavalier le corps du forestier étendu la face contre terre et le bras jeté en avant de sa tête. A cet aspect, le chasseur, sans répondre un mot, se précipita sur Roger le pieu levé; mais celui-ci, se retournant vivement, fit voler d'un coup de son bâton l'arme du chevalier, et le saisissant par une jambe, le renversa durement de son cheval; puis, s'élançant sur lui, il lui posa le pied sur la gorge avant qu'il eût le temps de se reconnaître, et lui cria :

— Vassal lâche et fanfaron, si tu bouges je te brise le crâne.

Le chevalier voulut se dégager, mais le pied du vicomte lui pesait comme une enclume sur la poitrine; et les valets, le voyant ainsi livré à la merci de Roger, n'osaient s'avancer pour le secourir. La dame, à cet aspect, poussa vivement son cheval du côté de Roger; mais en le regardant elle s'arrêta, et une subite pâleur lui blanchit le visage. Le vicomte à son tour laissa percer sur ses lèvres un sourire d'indignation et de mépris; et, retirant alors son pied de la gorge du malheureux, il ôta son chaperon et dit à la dame, avec une courtoisie dédaigneuse :

—Ce sont de pareils loups qu'il faut à la Louve de Penaultier, je le sais, et ne m'en étonne pas; mais peut-on savoir depuis quand elle les chasse, depuis quand il faut des hommes aux dents de ses chiens?

Puis il ajouta à voix basse et presque inintelligible :

—Est-ce le rebut de ses baisers qu'elle leur jette?

La pâleur d'Étiennette devint presque affreuse, malgré sa surprenante beauté. Cependant elle contint l'expression de la rage qui l'animait et fit signe à son vidame de se tenir à quelques pas. Puis, du haut de son cheval, regardant Roger les paupières à demi closes, faisant glisser ses regards à travers ses longs cils, elle lui jeta un sourire, et, d'une voix qui tremblait doucement, elle lui dit, en paraissant vouloir respecter le mystère de son déguisement:

— Êtes-vous si mal appris, mon jeune bourgeois, de ne pas savoir que ce qui est permis à l'un est défendu à l'autre? si vous m'aviez plus connue, vous en seriez persuadé.

—Ce dont je suis persuadé avant tout, reprit Roger sans faire semblant de comprendre ce que voulait lui rappeler Étiennette, c'est qu'il n'est permis à personne d'user d'un chrétien comme d'une bête fauve, et, ce que je tiens pour vrai, c'est que le chasseur qui prête son bras et son cheval à ce cruel caprice d'une femme, est indigne de la ceinture militaire.

Étiennette, qui voyait qu'une querelle allait s'engager, se hâta de prévenir la réponse du chevalier, et dit sèchement à Roger:

—Maître bourgeois, si vous allez à Montpellier, priez de ma part la belle Catherine Rebuffe de vous dire s'il y a grande différence entre le jongleur qui se fait loup pour plaire à la dame qu'il aime, et le suzerain de quatre comtés qui se fait manant pour être rebuté par la fille d'un insolent bourgeois.

Ce fut le tour de Roger d'être interdit; il regarda Étiennette avec colère: elle lui répondit par un regard de mépris. Cependant il se remit, et répliqua à la châtelaine:

— La différence, c'est que l'un sait ce qu'il fait et où il va, tandis que celui-ci est un pauvre fou dont on se sert comme d'un jouet.

— Ils sont aussi fous l'un que l'autre, dit une voix forte à côté de Roger; seulement l'un est fou de la tête et l'autre du cœur, et tous deux sont des jouets de femme.

En se retournant, Étiennette et Roger aperçurent un homme d'une taille colossale, le visage barbu, le front presque couvert de cheveux noirs et crépus. Il était à pied, et portait comme Roger un long bâton ferré et un énorme couteau. Roger le regarda sans se rappeler l'avoir jamais vu. Étiennette eut un mouvement de joie en le reconnaissant.

— S'ils sont fous tous deux, répondit Roger en fronçant le sourcil, du moins il y en a un pour qui nul de vous ici n'a les dents assez longues; et celui-là dit que ce sont des lâches, qui déchirent le faible et qui n'oseraient égratigner le fort.

Le nouveau venu répondit fièrement:

— Voici un couteau qui a dépecé plus d'une peau qui se croyait plus dure que celle d'un loup.

A ces paroles, Étiennette et cet homme échangèrent un regard où tout un marché sembla conclu dans un instant. Le malheureux jongleur, pendant cette discussion, s'était traîné jusqu'aux pieds du vicomte. Il était couvert de morsures et inondé de sang; il se souleva un peu lorsqu'il fut près du cheval d'Étiennette, et, se mettant à genoux, il lui dit d'une voix faible et presque inarticulée :

— Je suis votre loup, n'est-il pas vrai? je suis votre loup. Oui, sire, répondit-il en se retournant vers Roger, la farouche Étiennette, dont la vertu sauvage lui a valu ce titre si beau de Louve de Penaultier; cette fière châtelaine m'a dit : Je ne veux pas perdre ce nom que tu aimes, et pourtant je t'aime autant que tu aimes ce nom : deviens mon loup et la Louve te récompensera.

Roger jeta un regard de pitié sur le malheureux poëte; puis, s'adressant à la châtelaine, il lui dit amèrement

— Oh! je comprends maintenant les paroles de votre vidame : il faut effacer des propos de nos chevaliers le souvenir d'une nuit trop fameuse; le traitement fait à cet amant doit servir de démenti au traitement fait à un autre. Du sang répandu sur une robe blanche y cachera des taches de vin, et quelques peaux de loup jetées sur un lit en voileront le honteux désordre. N'est-ce pas cela, Étiennette ?

Elle ne comprit que trop cette allusion à une nuit d'orgie ; mais elle n'eut pas la présence d'esprit d'y répondre : l'inconnu s'en chargea, et il ajouta avec un sourire significatif :

— Cela est vrai, mais le choix est mal fait ; car un peu de sang noble et un habit de manant conviendraient mieux à cet emploi.

— Tu as raison, s'écria la dame de Penaultier, tu as raison.

Cette fois, le signe d'intelligence qu'elle échangea avec l'inconnu ne put échapper au vicomte. Il comprit toute la menace renfermée dans les paroles de cet homme, et l'assentiment donné à cette menace. Il regarda autour de lui, et vit qu'il n'était entouré que d'ennemis : cependant il était assuré qu'Étiennette n'oserait commander manifestement un meurtre à ses serviteurs, et qu'en se nommant il arrêterait l'obéissance des plus dévoués. Mais à un geste qu'elle fit, tous s'éloignèrent et disparurent dans le chemin par où ils étaient arrivés. Étiennette elle-même poussa son cheval vers ce chemin ; mais, se retournant tout à coup, elle revint sur ses pas et s'arrêta près de Roger. Le malheureux Vidal était étendu mourant à ses pieds : l'inconnu, à quelques pas, restait immobile, appuyé sur son bâton. La dame de Penaultier regarda un moment Roger: elle semblait se complaire à parcourir ces beaux traits si fiers et si calmes; on pouvait voir qu'un ressouvenir faisait battre son cœur, enflammait ses joues d'une vive rougeur et affaissait sous une pensée enivrante le dur éclat de ses yeux; elle sembla combattre un moment cette pensée; puis, s'en laissant dominer jusqu'à sentir ses yeux humides, elle tira de son sein une longue tresse et dit à mi-voix à Roger:

— Voici de beaux cheveux coupés sur le seul front qui se soit jamais appuyé sur mon cœur; ah! que j'en possède encore une fois autant, et j'en ferai une chaîne qui me liera comme une esclave et une servante!

En disant ces paroles, la voix d'Étiennette était faible et suppliante, son corps à demi penché sur son cheval était comme suspendu au-dessus de Roger; elle planait, pour ainsi dire, au-dessus de lui, et son regard le dominait et l'embrassait à la fois. Un sourire de Roger, et il semble qu'elle tombait éperdue dans ses bras. Le vicomte recula d'un pas, et, sans lui répondre, il couvrit dédaigneusement sa tête de son chaperon, et lui cacha ces cheveux dont elle tenait une tresse si soigneusement conservée. A ce mouvement,

Étiennette se redressa sur son cheval et cria à l'inconnu :

— Perdriol, il me faut de ses cheveux, c'est à toi à m'en donner. Voici de quoi les reconnaître !

Et en même temps elle lui jeta la tresse qu'elle avait en ses mains et une lourde bourse. L'inconnu la saisit, et, la faisant sonner, il répondit avec un horrible sourire :

— Si beaux que soient ces cheveux, voici de quoi payer toute la chevelure.

Aussitôt la dame de Penaultier, tournant bride, s'élança dans le chemin par où ses domestiques s'étaient éloignés, et, du pied de son cheval, elle heurta en passant le malheureux Vidal, qui, ainsi rappelé à lui, trouva la force de murmurer encore :

— Je suis votre loup.... je suis votre loup, n'est-ce pas ?

V.

Les Routiers.

Le nom que la dame de Penaultier venait de prononcer eût alarmé tout autre que le vicomte, car elle le laissait seul avec le plus fameux des brigands qui, sous le nom de routiers ou de mainades, désolaient la Provence. On racontait des choses merveilleuses de son audace et de sa force. Sa cruauté avait jeté l'épouvante dans les campagnes, et Roger ne devait pas ignorer qu'il était pour cet homme un objet particulier de haine. En effet, il avait expulsé sa compagnie de ses territoires et n'avait jamais manqué de faire pendre au gibet de ses châteaux, soit les morts que les routiers avaient laissés dans ces rencontres, soit les prisonniers qu'on avait faits dans le combat. Roger, après un moment de silence, se prit à considérer son ennemi. Celui-ci resta immobile durant cet examen. On eût dit qu'il se complaisait à laisser parcourir ainsi son énorme stature et la musculeuse ondulation de ses membres. Peut-être en sa pensée se plaçait-il ainsi en face de Roger comme un destin vivant et inévitable; car il ne paraissait pas probable qu'un jeune homme, au corps élégant et frêle, pût tenter une lutte avantageuse contre cet athlète puissant, dont les formes développées jusqu'aux extrêmes de la force attestaient que ce qu'on racontait de sa vigueur n'était pas mensonge et vaine renommée. Une sorte de satisfaction vaniteuse se laissait voir sur le visage de Perdriol, et l'air moqueur, le perfide sourire avec lequel il supportait l'inspection curieuse de Roger, semblaient une assurance intime de sa supériorité et de la crainte qu'elle devait jeter dans l'âme du jeune homme.

Quelque redoutable que fût l'aspect de ce brigand, il n'inspira cependant aucune appréhension au vicomte. Roger avait à la fois ce courage qui méprise le danger le plus certain et cette confiance de jeune homme qui ne voit de danger nulle part. Toutefois il pensa que le résultat d'une lutte avec Perdriol, si elle ne lui était désavantageuse, lui causerait du moins un retard considérable, et il voulut décider sur-le-champ quel parti il lui fallait prendre pour en finir au plus vite. Ainsi donc il adressa la parole au routier et lui dit:

— Combien t'a donné la belle Louve pour ma tête et mes cheveux, maître brigand? Dis-moi un peu ce qu'elle estime mort celui à qui elle n'a rien refusé vivant?

Perdriol secoua dédaigneusement la tête à cette question et répondit à Roger:

— Étiennette est une folle, et je ne t'arracherais pas un cheveu de la tête pour ces vingt pièces d'or, bien qu'elles soient de monnaie pure et sans alliage, et frappées au coin des comtes de Comminge.

— Alors, dit le vicomte, en voici vingt autres et laisse-moi passer. Et il lui jeta une bourse d'une peau souple et mince, et dont la forte odeur décélait l'origine.

— Ce n'est pas à ce prix, répliqua le brigand, en laissant tomber la bourse à terre, que je traiterais de ta rançon, si j'avais dessein de le faire, et il me faudrait d'autres sommes que tes vingt pièces d'or pour te rendre ta liberté. Mais sache, vicomte de Beziers, que moi-même j'eusse donné cet argent; sache que j'en eusse donné cent fois autant pour l'heure qui est arrivée. Enfin, Roger, grand justicier de quatre belles comtés, te voici en la justice du brigand Perdriol. Sur les os dispersés de mes compagnons pendus par tes ordres, je te jure que la mienne ne sera ni en arrière ni en avant de la tienne, et que tout ce que tu as fait te sera fait.

— Pour cela, répliqua Roger, il faut tenir ton prisonnier. Allons, puisque mes pièces d'or ne te conviennent pas, voyons si tu trouveras mon bâton de meilleur poids.

Et, sans autre explication, le fougueux vicomte s'apprêtait à attaquer Perdriol, lorsque, des deux ôtés de la route, s'élancèrent sur lui une foule d'hommes qui, malgré ses efforts, l'eurent bientôt terrassé et désarmé. Quand Roger eut reconnu que toute lutte devenait impossible, il se laissa paisiblement lier les mains; puis, tandis que les routiers l'emportaient rapidement dans le taillis voisin, il reprit sa figure insouciante et recommença à siffler selon son habitude; il regarda tous ces visages sinistres qui l'entouraient, d'un air calme et le plus souvent moqueur. Les brigands étaient déjà à quelque distance de la route dans un taillis épais où se trouvait une sorte de clairière, lorsque Roger s'écria tout à coup :

— Certes, je suis un grand étourdi; j'ai oublié sur la route ce pauvre Vidal et mon bel Algibeck; allez me les chercher sur-le-champ.

Les routiers se mirent à rire à cet ordre donné avec une aisance toute particulière. Le vicomte qu'ils avaient couché par terre, se relevant vivement, leur cria avec colère :

— Or çà, bandits, m'avez-vous entendu? sur mon âme, je vous ferai écarteler avant de vous faire pendre, si vous n'obéissez sur l'heure. Je vous dis que mon cheval Algibeck est ici près, et que le pauvre fou Vidal est sur la route étendu et couvert de blessures.

Les routiers se regardèrent entre eux, surpris de cette assurance. Quelques uns, la prenant pour une bravade, y répondirent par un sourire de pitié; d'autres, n'y voyant qu'une insulte, menacèrent Roger de leur bâton; car nul de ces brigands n'était autrement armé que Perdriol. On en verra bientôt la raison. Cependant, au milieu des murmures qu'avait soulevés l'ordre de Roger, une voix s'écria:

— Que parle-t-il d'Algibeck? est-ce ce beau cheval de race africaine qu'on dit valoir plus de trente marcs d'argent fin?

— C'est lui, répliqua Roger, et j'accorde sa grâce à celui d'entre vous qui me le ramènera.

Cette fois, ce fut éclat de rire bien franc qui répondit à cette parole de Roger. Perdriol lui-même, qui causait particulièrement dans un groupe séparé de routiers, retourna la tête et regarda dédaigneusement le vicomte par dessus l'épaule. Roger continua:

— Oui, sa grâce à celui qui ramènera mon cheval, et sa grâce à celui qui ramassera Vidal et qui le pansera et le sauvera.

— N'est-ce pas un fou? demanda l'un des routiers...

— Oui, reprit gravement Roger, un fou de ceux qui ont été visités par l'Esprit de Dieu, et dont la raison humaine a suivi cet hôte immortel, lorsqu'il est retourné au ciel.

Plusieurs des auditeurs se signèrent à cette déclaration.

—Celui qui bat un fou, dit l'un des brigands, sera maudit et mourra dans la lune de sa mal action.

—Celui qui le laisse nu et sans pain, reprit un autre, n'aura ni pain ni vêtement durant autant de jours que le fou aura prononcé de paroles pour l'implorer.

—Et celui, dit Roger en élevant la voix, qui le laisse mourir déchiré de morsures et saignant par dix plaies, sera déchiré par dix fois, et par dix fois torturé de la main du bourreau.

Quelques brigands voulurent murmurer à cette menace; l'un d'eux les prévint et s'écria :

—Ce serait justice; c'est un fanfaron bavard, mais il a raison pour le fou. Trois fois malheur à celui qui ne le secourt pas quand il le peut !

Quelques hommes se détachèrent alors de la troupe, et allèrent enlever Vidal. Perdriol qui, sans avoir l'air de l'écouter, avait entendu tout ce qui venait de se dire, s'approcha de Roger; mais celui-ci, sans daigner le regarder, lui tourna le dos et répéta à ceux qui étaient près de lui :

— Personne ne veut-il donc gagner sa grâce en me ramenant mon cheval?

Les routiers entourèrent alors leur chef, se mirent à plaisanter cruellement sur l'assurance du vicomte, et sur son désir de revoir son cheval; Perdriol, après les avoir écoutés, leur répondit en regardant Roger d'un œil qui semblait par avance se repaître des tortures qu'il lui ferait subir :

— Il a raison; n'est-ce pas une coutume de chevalier qu'on jette dans sa tombe le cheval sur lequel il avait coutume de combattre?

Trois ou quatre voix de jeunes routiers répondirent par une joyeuse acclamation à cette parole du chef, et ils s'élancèrent du côté de la route en criant :

— Au cheval! au cheval!

Roger sourit en les voyant s'éloigner, et, reprenant son indifférence, il se recoucha paisiblement sur la terre. Pendant ce temps, Perdriol donna quelques ordres, et ce fut alors que Roger comprit pourquoi tous les routiers, au lieu d'être selon leur coutume le sabre au côté et la lance au poing, étaient vêtus comme des marchands et des campagnards. Il vit à travers le bois qu'ils avaient avec eux des mulets chargés, et beaucoup plus de chevaux qu'il n'en fallait pour les monter tous. Devinant alors leurs projets, il s'adressa à l'un des hommes qui veillaient plus particulièrement sur lui.

—Ainsi, lui dit-il, vous allez à Montpellier?

—Oui certes, lui répondit le brigand; la foire libre de Montpellier a été déclarée, il y a huit jours, et sera ouverte pendant huit jours, à partir de demain, et durant tout le séjour du roi en cette ville.

—Comment, s'écria le vicomte, malgré les représentations de tous les seigneurs, le roi d'Aragon a fait cette folie? Ainsi la noble ville de Montpellier sera pendant huit jours lieu d'asile pour tous les criminels, et vous irez, sans doute, vendre impunément vos marchandises à ceux à qui vous les avez volées.

— Oui, vraiment, répondit le brigand en ricanant, et si tu ne devais être justicié ce soir, je me ferais plaisir d'aller te vendre ton cheval Algibeck.

— Et je te le paierais d'un bon coup de hache sur la tête, répliqua Roger.

— Non pas, Sire, non pas, reprit le brigand; les bourgeois ne sont pas de cet avis; ils ont payé à leur seigneur, le roi d'Aragon, la somme de dix mille sols raymondiens pour leur foire libre; ils en défendront les priviléges, et nous protégeront de leurs lances. Ils savent bien qu'il n'y a que cette bonne foi qui puisse faire prospérer leur commerce. Si le roi d'Aragon faisait arrêter un seul homme pour un fait antérieur à ces huit jours, ce serait une trahison indigne, et il mériterait d'être dégradé de son titre de suzerain.

— C'est un moyen infâme de se procurer de l'argent que de laisser huit jours de relâche, huit jours d'impunité, à des brigands de votre sorte, s'écria Roger.

— Ce n'est pas plus infâme, dit Perdriol qui, tout en disposant chacun de ses hommes et en visitant ses mulets, ne perdait pas un mot de ce qui se disait, ce n'est pas plus infâme que de vendre sa justice à un évêque qui s'appelle Béranger.

Roger fut vivement surpris de ce que le routier connaissait son marché. En ramenant successivement dans sa tête le souvenir de tout ce qui s'était passé depuis la conclusion de cette affaire, il ne douta plus que Kaëb ne fût un traître qui ne l'avait devancé que pour avertir le brigand de son passage. Cependant le vicomte dissimula à la fois sa surprise et sa colère, et comme il l'avait déjà fait, il se détourna de Perdriol avec un air de mépris. Ce mouvement, que personne n'avait remarqué la première fois, frappa tout le monde, et le chef lui-même en parut vivement irrité. Mais à ce moment, les routiers qui avaient été enlever Vidal reparurent. Outre le misérable poète, ils ramenaient deux hommes dont l'aspect était singulièrement remarquable.

Ils étaient attachés par une chaîne rivée au bras droit de l'un, et au bras gauche de l'autre : cette chaîne avait cinq ou six pieds de longueur, et devait être passablement lourde à traîner ; le plus jeune de ces hommes était un religieux de l'ordre de Citeaux ; sa taille était élevée, sa figure d'une pâleur et d'une maigreur remarquables ; ses yeux ardens et sombres avaient une puissance d'interrogation inconcevable. Il semblait que cet homme dût lire la vérité dans le fond des âmes, et que, lorsqu'il avait fait une question appuyée de l'inquisition surnaturelle de ce regard, il fût impossible de lui répondre un mensonge. Celui qui l'accompagnait était un homme court et amaigri par l'abstinence, mais qui gardait encore sur son visage les restes pourprés d'une ancienne habitude de bonne chère. Cet homme pouvait bien avoir une cinquantaine d'années, et il tremblait de tous ses membres. Il portait une robe flottante qui ne descendait pas plus bas que le genou et ouverte sur le côté, à la hauteur des bras, qui sortaient nus de ce vêtement. Une croix en feutre était cousue sur la poitrine et sur les épaules. Cette croix était rouge, la partie verticale fort longue, et la barre transversale fort courte, contre l'usage ordinaire. Cet homme n'était autre qu'un hérétique Vaudois, accomplissant quelque grande pénitence; et le religieux qui l'accompagnait était sans doute un de ceux qui, voyant que les prédications ne ramenaient point les chrétiens égarés, s'étaient voués au salut de quelques âmes en les accompagnant dans leurs pélerinages. Le peu d'esprits exaltés qui avaient embrassé cette rude tâche de conversion étaient l'objet particulier de la haine des hérétiques, et ne trouvaient que peu d'appui parmi les évêques. Car si, par l'exemple de leurs austères vertus, ils avaient souvent rallié à la foi romaine beaucoup de cœurs indécis, ils avaient en même temps fait la plus cruelle satire du luxe et de l'impudicité des abbés et des moines de l'époque. Ces hommes étaient arrivés en Provence à la suite de l'évêque d'Osma. La nouveauté de leurs prédications, et surtout la pauvreté dont ils faisaient affectation, les avaient mis dans le mépris de tous. Mais bientôt le peuple les considéra comme de nouveaux apôtres; les évêques, en présence de cette nouvelle milice patiente et pauvre, furent facilement jugés et condamnés, par la comparaison, dans leurs débordemens et leurs ambitions; et leur haine mit le plus d'obstacles qu'elle put à l'empire qu'ils acquiéraient à leurs dépens. D'un autre côté, les *bons hommes*, ou prêcheurs hérétiques, dont la meilleure arme contre le clergé était les vices mêmes de ce clergé, comprirent qu'ils lutteraient désavantageusement avec de pareils antagonistes; aussi n'est-il embûches et guerre dont ils ne les eussent entourés : mais la persévérance de ceux qui avaient entrepris cette lutte était appuyée sur une religion ou un fanatisme si puissant, qu'aucun danger ni aucun dégoût ne les rebuta.

Cependant cette sorte d'appariement, par lequel un religieux se vouait à la pénitence d'un pécheur pour veiller à ce qu'elle s'accomplît, certainement était une chose assez rare, et elle n'avait lieu que lorsqu'il s'agissait, pour la religion, d'une conquête importante et de quelque personne considérable, dont l'exemple pût entraîner un grand nombre de consciences. C'est ce que savaient les routiers, et c'est ce qui les avait décidés à s'emparer des deux pénitens pour voir s'il n'y avait pas à en tirer rançon. A peine furent-ils arrivés près de Perdriol, qu'un son de cor retentit au loin ; le chef en parut joyeux comme d'un signal qu'il attendait.

— Ceci m'annonce, s'écria-t-il, que Buat s'est emparé du château de Mont-à-Dieu ; nous y passerons le jour. Cette nuit nous reprendrons notre route, car jusqu'à ce que nous ayons atteint les terres du comté de Montpellier, il n'y a de sûreté pour nous que dans nos lances, dans l'ombre de la nuit, ou dans une bonne enceinte de murs ; et comme nous avons laissé nos lances pour prendre des bâtons de marchands, et que le jour commence, il faut nous enfermer sûrement. Allons, qu'on attache tous ces prisonniers à la queue de nos mulets ; nous règlerons leurs comptes à souper. Tout le monde est-il ici ?

—Oui, répondit quelqu'un, excepté les deux garnemens qui ont tenté d'attraper le cheval du vicomte; depuis un quart d'heure qu'ils courent après, ils n'ont pas pu l'approcher : s'ils n'y renoncent pas, il leur fera faire du chemin.

—Je le crois, se dit Roger en lui-même avec un sourire de satisfaction.

—Tant pis pour eux, dit Perdriol.

—Tant pis pour toi, pensa Roger.

On se mit en route, et, par des sentiers détournés, Perdriol et les routiers gagnèrent le château de Mont-à-Dieu. Il était situé sur un rocher, et l'on n'y arrivait que par une route escarpée. Plusieurs fois, pendant la marche, le chef des routiers s'était approché du vicomte, soit pour le narguer, soit pour le menacer. A chaque fois, Roger, qui du reste causait assez familièrement avec ceux qui l'entouraient, avait aussitôt affecté de reprendre le silence et de se détourner, comme avec dégoût, de l'entretien de Perdriol. Dans sa colère, le capitaine avait essayé de s'en prendre aux autres prisonniers; mais sa faiblesse et sa folie protégeaient suffisamment le malheureux Vidal; et lorsque Perdriol voulut s'adresser au religieux, celui-ci garda un si absolu silence, qu'il fallut se contenter des plaintes et des gémissemens du pauvre pénitent qui se lamentait à chaque menace du terrible bandit.

La conduite de Roger était-elle le résultat d'un calcul ou celui d'une hauteur naturelle? était-ce imprudence ou juste appréciation de sa position? c'est ce qu'il était difficile de pénétrer; mais cette conduite n'en attirait pas moins l'attention des bandits, et le mépris qu'il affectait pour leur capitaine, sans le leur adresser à eux-mêmes, glissa dans leur cœur une sorte de curiosité et presque d'intérêt en sa faveur. Il est hors de doute que Roger savait que nul chef ne pouvait disposer d'un prisonnier sans l'assentiment de tous ses associés qui décidaient, quelle que fût d'ailleurs la part réservée au capitaine, s'il devait périr ou être admis à rançon; aussi n'avait-il pas à craindre que sa façon d'agir lui attirât immédiatement quelque brutalité de la part de Perdriol; mais il ne paraissait pas, en tous cas, prudent de l'irriter; et quelques routiers furent si surpris de sa conduite, que l'un d'eux lui dit d'un ton où la brutalité se mêlait à quelque chose de triste :

—N'es-tu pas assez sûr d'être coupé par morceaux, jeune homme, que tu aiguises encore le couteau?

Roger répondit froidement à cet homme:

— Eh! mon camarade, je n'oublierai jamais qu'un jour j'avais forcé un jeune lièvre à la course; je le tenais par les pattes de derrière, et j'allais l'achever sur les oreilles avec le manche de mon couteau, lorsque le pauvre animal se retourna furieusement et me mordit la main avec une telle rage, que je le laissai tomber et qu'il m'échappa. Je suis pris comme le lièvre, mais j'ai les dents bonnes, et le couteau n'est pas encore levé sur moi.

Cependant on arriva au château, et les compagnons de Perdriol, qui s'en étaient emparés, y reçurent joyeusement leur capitaine et ceux qui le suivaient. Perdriol et Buat se placèrent sous la porte étroite dont la herse était levée, et firent lentement défiler tous les routiers devant eux. Perdriol, s'adressant alors à son lieutenant, lui dit:

— Nous ne sommes pas restés inactifs non plus, et voici des oiseaux pour la cage que tu as prise.

— Quel est ce jeune faucon? dit Buat en montrant Roger: il ne me paraît pas de condition à en tirer quelques belles plumes pour empenner nos flèches qui s'ébarbent tous les jours.

— C'est pourtant ce que j'ai de mieux, dit Perdriol, et à défaut de plumes, nous lui tirerons du sang, du plus noble et du plus pur de toute la Provence.

— A ce bourgeois? dit Buat.

— Ce bourgeois, reprit Perdriol, s'appelle le vicomte de Beziers.

A ce nom, tous les bandits qui étaient dans le château se précipitèrent vers la porte, et regardèrent passer Roger avec une ardente curiosité. Mais leur attention fut détournée par Buat, qui d'abord resté immobile à l'aspect du vicomte, s'écria vivement en voyant le religieux et son pénitent qui s'avançaient à leur tour.

— Sur mon âme, je ne me trompe pas, cet hérétique enchaîné à ce va-nu-pieds est une de mes anciennes connaissances. Jour du ciel! Perdriol, voici notre meilleure prise. Sais-tu quel est cet homme ainsi accouplé à ce chien tonsuré?

— Quel est-il? s'écria-t-on de toutes parts.

— Eh! par Dieu! répliqua Buat, c'est Pierre Mauran, dit Jean-l'Évangéliste, le chef des Vaudois de Toulouse, le plus riche bourgeois du comté. Il a plus de terres que nous n'en pourrions parcourir en un jour au trot de notre meilleur alezan; il a plus d'or que n'en pourrait porter notre plus vigoureux mulet. Ripaille, compagnons! ripaille... Le jour est heureux, qu'on dresse la table dans la grande salle; les caves sont bien garnies.

Aussitôt les routiers se dispersèrent dans tout le château, et, quelque nombreux qu'ils fussent, ils eurent bientôt trouvé de quoi faire un splendide repas. En moins d'un rien, les outres de vin de Roussillon, les cruches de vin de Limoux et de Cahors furent montées à la grande salle et les tables dressées; les perchoirs furent dégarnis, la basse-cour massacrée : les feux allumés dans les cuisines rôtissaient d'énormes quartiers de bœuf, des moutons presque entiers; il ne manquait ni de cuisiniers ni de rôtisseurs, chacun se donnant beaucoup de peine dans l'espoir d'un magnifique banquet. Pendant ce temps, Pierre Mauran, toujours attaché à son religieux, était assis par terre, dans un coin de la grande cour que formaient au centre du château ses quatre tours et les corps de logis qui les unissaient. Pierre Vidal, couché sur de la paille, recevait les soins empressés de quelques routiers. On l'avait dépouillé de sa peau de loup et vêtu d'un habit plus convenable. Ce malheureux, qui semblait être devenu insensible, voulut résister lorsqu'on le déshabilla, et il répétait sans cesse avec de grands cris :

— Je suis son loup, je suis le loup de la belle Louve. Laissez, elle ne me reconnaîtra plus.

On ne tint compte de ses plaintes et l'on pansa ses blessures. Pendant ce temps, Buat et Perdriol se promenaient rapidement d'un bout à l'autre de la cour, tandis que Roger, nonchalamment appuyé à l'angle d'un mur, les observait avec soin. Ces deux hommes, associés à une même vie de crimes et de pillage, étaient cependant tout-à-fait dissemblables d'apparence. Perdriol, colosse vigoureux, aux formes repoussantes et brutales, au langage dur et toujours menaçant, était le véritable type du brigand, à vice inné, pour qui le vol, l'assassinat et la cruauté étaient une vie de nature et d'instinct. Buat, au contraire, jeune homme au front élevé, à l'œil noble et fier, pâle et sérieux toutes les fois qu'il ne s'animait pas à quelque parole féroce ou à quelque action cruelle, était jeté là hors de sa nature. Cette existence ne lui convenait pas à coup sûr ; c'était un résultat du malheur ou des circonstances qui l'avait mis où il était. Perdriol, comme un torrent qui s'échappe d'un haut rocher, n'avait eu et n'avait pu avoir qu'une pente; il avait nécessairement débordé dans le crime comme dans son lit naturel. Il n'en était pas de même de Buat, et l'on peut dire de lui qu'il avait tenu sa vie un moment suspendue dans sa main comme un buveur tient sa coupe, et qu'après avoir discuté long-temps avec lui-même, il l'avait volontiers versée du côté funeste. Mais par cela même qu'il s'était jeté dans la fatale voie par sa volonté, cette volonté de fer l'y rendait souvent plus implacable que Perdriol; et Roger, qui les considérait attentivement, ne dut attendre d'eux aucune espérance de salut, tant ils paraissaient d'accord dans leurs sentimens sur son compte.

— Tout l'or qu'il a obtenu de l'évêque de Carcassonne ne nous vaut pas une goutte de son sang, disait Perdriol.

— Tu as raison, répondit Buat, en jetant un singulier regard sur le vicomte; d'ailleurs Pierre Mauran nous paiera les deux rançons.

Roger entendit cette dernière phrase de l'entretien des deux brigands, et elle ne lui laissait plus de doute ni sur la trahison de Kaëb, ni sur le peu de chances qui lui restaient d'échapper à la mort. D'un autre côté, le nom de Pierre Mauran l'avait vivement frappé ; souvent il en avait entendu parler à Catherine comme du frère de sa mère, et l'immense fortune, ainsi que la qualité d'hérétique que lui donnait Buat, ne lui laissait plus de doute sur son identité.

Tout s'apprêtait cependant pour le festin des routiers, les tables étaient dressées, et, comme la nuit approchait, on avait attaché au mur d'énormes flambeaux de résine des forêts de Bellestat. D'après les ordres de Buat, on plaça les prisonniers à l'entrée de la salle, sous la garde de quatre routiers. Tous les autres compagnons, au nombre de deux cents environ, prirent place autour de la table étroite qui occupait les trois autres côtés de la salle. Ils étaient tous assis le dos appuyé à la muraille, de façon que le milieu de la pièce était libre. Ce grand espace servait ordinairement à faire danser les histrions Bohémiens et bateleurs, et c'est là que se plaçaient les jongleurs qui chantaient des rimes pour égayer le repas des seigneurs. Quelquefois ceux-ci y recevaient les hommages de leurs bourgeois, et il y en a qui y tenaient leurs plaids particuliers entre ceux qui relevaient directement de leur justice. Ce soir-là cette place était destinée à servir de théâtre à un plus triste spectacle que celui auquel elle avait habitude de servir. En effet, ce château appartenait à Bernard de Got, bourgeois du comté de Narbonne, qui, le matin même, avait quitté sa demeure avec tous ses domestiques, confiant dans le traité que Perdriol avait passé avec son seigneur, et par lequel toutes les terres qui relevaient de sa comté étaient exemptes de pillage, moyennant une redevance de dix chevaux d'armes ou de cinquante marcs d'argent, au choix du comte. Bernard de Got, dont la richesse était immense, allait à Montpellier rivaliser de magnificence avec les plus hauts seigneurs de la Provence, portant gravé sur son écu ce vieil adage provençal qui fut un moment écrit dans la loi gothique : *Celui-là est noble qui vit noblement.* Il emmenait avec lui ses valets et ses jongleurs qu'il nourrissait et habillait comme l'eût fait un roi. Buat, qui n'avait trouvé dans le château d'autres défenseurs qu'un vieux serviteur et quelques femmes, s'en était facilement emparé et les avait jetés dans un cachot.

Cependant le repas était servi, la nuit tout-à-fait tombée, et le moment où le sort des prisonniers allait se décider était probablement venu. Nous avons dit quelle était la disposition du festin, il faut que nous en fassions connaître l'aspect.

A voir la grande salle où il avait lieu, de la porte d'entrée, on eût dit une caverne de l'enfer. Les nombreux flambeaux de résine, fichés aux murs, répandaient dans la salle une clarté rougeâtre; la fumée qui s'en échappait lourde et noire, montait péniblement jusqu'aux voûtes, ondulant comme les nues pesantes d'un orage, s'abaissant çà et là, s'amoncelant minute à minute. Elle cacha bientôt le plafond sous un voile sombre, épais et suffoquant. Les convives, sinistrement éclairés de la flamme sanglante des torches, s'agitaient à travers les gobelets et les coupes, tandis que le vin ignoblement répandu sur les tables et sur le sol, les cris des uns, les appels des autres, les espérances des plus paisibles, et enfin le rire des plus cruels faisaient une horrible fête de ce repas. Roger, qui le considérait avec soin, remarqua que Buat, si ardent à exciter tout le monde, gardait pour lui-même une sage retenue, et goûtait à peine le vin qu'on lui versait ou le répandait à terre, et cependant il s'agitait ainsi que les autres, feignant l'ivresse et se plaignant qu'il n'y eût pas assez de gaîté parmi les convives. Bientôt cette gaîté s'alluma à l'ardeur des vins qui ruisselaient de toutes parts, et à l'aspect lugubre du banquet succéda bientôt un tableau non moins hideux, mais plus animé, plus bruyant, plus terrible. Une fois l'ivresse ajoutée à la rudesse ordinaire de ces bandits, ce fut un odieux spectacle que de les voir autour de cette longue table, s'entrechoquant les uns les autres; se levant à demi sur leurs bancs, et retombant lourdement sur la table; renversant les cruches; dispersant les mets; puis brandissant leurs coupes d'un air féroce qui finissait par un rire hébété; commençant une chanson qui se perdait dans un bégaiement obtus et invincible; essayant des récits qui se croisaient les uns les autres, s'embarrassaient, se contredisaient, et finissaient par quelque coup violent asséné à l'un des raconteurs, qui allait lourdement fermenter sous les pieds de ses compagnons. Les uns s'interpellaient, se menaçant de quelque vieille haine, et, levés l'un contre l'autre, tombaient avant de pouvoir s'attaquer :

les autres échangeaient leurs coupes, se juraient des fraternités d'armes, et s'entrebaisaient en pleurant d'attendrissement dans une accolade qui les entraînait dans une même chute. Ceux-ci, mornes et abrutis, buvaient coup sur coup, s'emplissant avec l'impassibilité d'un tonneau jusqu'à ce que la machine débordât : ceux-là, plus joyeux, voulant montrer leur adresse, jetaient en l'air les dames-jeannes, pour les rattraper au vol, et les dames-jeannes, brisées en tombant, répandaient le vin à flots. Quelques uns faisaient ce jeu avec leur poignard qui venait parfois leur clouer la main sur la table, et le sang se mêlait au vin. Les spectateurs riaient ; les blessés hurlaient ; la fumée s'abaissait par degrés. C'était un grincement de deux cents voix rauques et cassées ; c'était l'exhalaison de deux cents haleines puantes et avinées ; c'était la clarté rouge, voilée et enfumée d'une fournaise : c'était une effroyable orgie.

Pourquoi Buat, lui si calme, attisait-il ainsi la débauche et l'ivresse? avait-il peur que Roger ne glissât au cœur des compagnons quelque intérêt de sa jeunesse, quelque terreur de la vengeance des siens? et voulait-il prévenir ces sentimens? Le vicomte ne savait qu'en penser; il dut croire cependant que tel était son dessein, lorsque, au milieu de ce cliquetis de chants, de plaintes et de menaces, la voix de Buat s'éleva puissante et terrible, et cria :

— Enfans! le capitaine Perdriol dit que c'est le moment de juger les prisonniers.

Roger, qui n'avait pas quitté Buat du regard, comprit qu'il y avait quelque ruse cachée dans sa conduite; car Perdriol, saturé de vin jusqu'à l'abrutissement, n'avait d'autre force que de se tenir droit et immobile sur son siége, tandis que sa figure, rouge à crever, luisait comme un tison dans la fumée qui commençait à pendre jusqu'aux têtes les plus élevées. A peine ces mots furent-ils prononcés, que les routiers, qui veillaient sur les prisonniers et qui n'avaient pris aucune part au repas, les entraînèrent au milieu de la salle, le pauvre Vidal comme les autres. Ce fut une chose remarquable que, dans leur malheur commun, le religieux et Roger se regardèrent attentivement pour la première fois; chacun paraissant s'occuper davantage du sort de l'autre que du sien propre, tous deux cependant, plus curieux qu'intéressés, s'examinant plutôt pour se connaître que pour se plaindre ou se secourir.

Alors chacun se prépara pour le supplice annoncé.

VI.

Le Moine.

D'abord, il sembla qu'il allait s'élever une querelle pour savoir par qui l'on commencerait; mais Buat y mit fin aussitôt. Il se pencha vers Perdriol, comme pour le consulter; et, feignant d'avoir reçu sa réponse, il annonça que la volonté du capitaine était que l'on s'occupât d'abord du religieux et de Pierre Mauran.

— Les affaires d'abord, cria Buat; les plaisirs

après : rançonnons ceux-ci, nous nous amuserons ensuite des deux autres.

La plaisanterie eut du succès, et les quatre bandits, qui n'étaient pas ivres firent brutalement avancer le religieux et Mauran, mettant pour le moment Pierre Vidal et Roger en réserve et à l'écart. Lorsque les deux prisonniers furent ainsi offerts aux yeux de tous, une sorte de silence s'établit sur cette triple ligne de visages enluminés. De minces et perçans sourires qui espéraient une bonne rançon; des clignemens d'yeux, moqueurs et cruels; des doigts tendus pour montrer les victimes; de petites confidences à voix basse pour se dire secrètement quelque atroce invention de torture pour bien dépouiller le prisonnier; quelques uns, les coudes sur la table, se casant commodément pour le spectacle qui allait avoir lieu; les beaux parleurs apprêtant des plaisanteries que la vanité d'être plus gais l'un que l'autre promettait de pousser jusqu'au délire de la cruauté; des visages se renfrognant comme des têtes de juges; et, par dessus tout, la belle et pâle figure de Buat qui jeta comme Satan un long et superbe regard sur sa troupe avinée; toutes ces circonstances firent de ce silence quelque chose de plus terrible que le désordre qui l'avait précédé, car la cruauté n'en était pas chassée, et la solennité y pénétrait.

Buat rompit le premier ce silence, et dit à voix haute et en s'adressant à Pierre Mauran :

— Or sus, maître Pierre Mauran, tu vas ouïr ce que veut de toi la bonne et sainte assemblée devant laquelle tu es admis ; réponds d'abord à ses questions. D'où viens-tu ?

— De Toulouse où, après avoir été promené nu et la corde au cou dans la ville, et flagellé durant toute cette marche, j'ai été appelé à faire amende honorable devant chacune des principales églises. Ensuite, j'ai été lié au vénérable religieux que voici pour aller avec lui en pélerinage en dix-sept églises différentes, pour autant d'années qu'a duré mon crime et mon impiété.

— C'est bien, dit Buat ; et le comte de Toulouse a permis que les légats du pape traitassent ainsi l'un de ses plus riches bourgeois ?

— Dieu l'a voulu, et le comte l'a permis, répondit Pierre Mauran.

— Le lâche ! murmura Buat en grinçant les dents et avec l'amer sourire d'un homme à qui revient un affreux souvenir, puis il continua :

— Alors, tu lui diras ceci : Que le suzerain

qui laisse arracher à l'un de ses hommes un poil de la moustache par la main de l'Église y laissera un jour toute sa barbe.

— Tu blasphèmes, bandit, répliqua sévèrement le religieux ; c'est la main de Dieu qui a puni cet homme, et qui frappera le comte de Toulouse quand il en sera temps ; songe qu'elle est levée sur toi comme sur tous.

— La main de Dieu! répliqua Buat avec une dignité qu'on ne lui eût pas supposée, la main de Dieu est pleine de miséricordes et non de châtimens. Puis, reprenant sa figure ordinaire, il ajouta : — Mais, vous autres moines, vous lui avez mis au bout des doigts les griffes de Satan ; c'est ce qui la rend si rude aux pauvres chrétiens. Tais-toi, moine, et laisse répondre cet homme. — Crois-tu, Pierre Mauran, que pour le salut de ton âme il te faille accomplir les dix-sept pélerinages auxquels tu t'es soumis?

— Je le crois, répondit Pierre Mauran.

— Le croyez-vous aussi? ajouta Buat en s'adressant au religieux.

Celui-ci le considéra avec attention, puis il répondit après un moment de silence :

— Une heure de martyre peut le sauver comme dix années de pénitence.

Buat sourit dédaigneusement à cette réponse, dont lui seul en ce moment comprit la duplicité; car le moine croyait avoir ainsi échappé au piége que Buat lui avait tendu en lui adressant sa question; puis il répliqua au religieux :

— Avez-vous le droit de changer la pénitence de cet homme?

— Je suis prêtre, dit le religieux; et il est dit au prêtre : Ce que tu lieras sur la terre sera lié dans le ciel; ce que tu délieras sur la terre sera délié dans le ciel.

— Il suffit, dit Buat; voici nos volontés.

Jusqu'à ce moment, le plus grand nombre des brigands ne savait où Buat en voulait venir; mais, sûre de son impitoyable cruauté, la troupe étonnée attendait, patiente, attentive, et presque calme. Buat monta alors debout sur la table, et, dominant toute la salle, il dit solennellement :

— Nous, compagnons de Perdriol, voulant en cette occasion gagner les bonnes grâces de l'Église, nous permettons, à son intention, audit Pierre Mauran de continuer son pélerinage, moyennant qu'il nous paiera mille marcs d'or pour droit de péage sur nos terres, droit auquel nos sermens nous empêchent de renoncer.

— Bien, très-bien, cria-t-on de toutes parts.

— Ce droit ne peut être acquitté par cet homme, dit le religieux; car tous ses biens doivent revenir à l'Église, par don qu'il a promis d'en faire à la sainte abbaye de Bolbonne, une fois sa pénitence achevée.

Un violent murmure accueillit cette réponse. Buat l'apaisa de la main, et répliqua :

— Je m'en doutais; mais, puisque la rançon ne peut être acquittée, que nous manquerions à nos premières règles de compagnie en délivrant un prisonnier sans rançon, et que nous ne pouvons cependant laisser périr une âme ainsi, faute de pénitence, le martyre qui doit la sauver lui sera infligé par nous : à moins que le saint religieux, qui peut tout lier et tout délier, ne veuille consentir à ce que ledit Pierre continue son pélerinage au prix que nous exigeons. Sus les lacets et courroies, vous autres.

A cette réplique, un assentiment unanime éclata dans toute la salle, et mille félicitations furent adressées à Buat sur la bonne tournure que prenait l'affaire. Mais Pierre Mauran, secouant sa chaîne, s'agitait, poussant des cris lugubres et implorant la pitié des brigands.

— Grâce, disait-il; je vous donnerai mes

châteaux et mes terres pour le salut de mon corps, et ce digne religieux permettra cet emploi de ma fortune, puisqu'il me mènera à la pénitence et au salut de mon âme.

— Tes châteaux et tes terres, dit le religieux, appartiennent à l'Église; tu n'en peux disposer sans rappeler sur toi l'anathème de Dieu et les tortures de l'enfer.

— C'est juste, dit Buat; ton âme au ciel, tes châteaux à l'Église, Pierre Mauran. Vois ton bonheur, tu touches au martyre. Allons, bienheureux hérétique, voici que tu deviens un saint.

En ce moment, en effet, les quatre exécuteurs s'approchèrent, portant des courroies ayant leur boucle avec son ardillon à leur extrémité, et ils se mirent en devoir d'en frapper Pierre Mauran. Les routiers souriaient, quelques uns se frottaient les mains.

— Arrêtez, cria Mauran; qu'exigez-vous? que faut-il faire?

— Signer sur ce parchemin, reprit Buat, la vente volontaire de toutes tes propriétés, et les engager pour mille marcs d'or à ton parent Rastoing, qui nous les paiera à Monpellier pendant la foire libre qui va s'ouvrir.

—Pierre Mauran, dit le religieux, l'Église a reçu ta promesse; songe que ses châtimens t'attendent hors d'ici.

— Pierre Mauran, reprit Buat qui s'animait à mesure qu'il voyait son projet se développer et s'accomplir, c'est une belle chose que le martyre et le salut éternel; nous allons te fouetter avec nos courroies, comme le Seigneur fut frappé de verges, jusqu'à ce que ta peau se déchire, jusqu'à ce que tes chairs gonflent et crèvent, jusqu'à ce que ton corps ruisselle comme les fentes d'un rocher après l'orage.

—Non! non!... s'écria Pierre Mauran, je ne veux pas......je signerai.... je vais signer.

— Et alors, s'écria le religieux en l'arrêtant par le bras, hérétique relaps et sans espérance, tu seras excommunié et interdit, tu iras par les chemins demandant l'aumône, sans que nul chrétien puisse te la donner; chacun aura le droit de te cracher au visage; tu seras chassé de toute habitation humaine; tu n'auras d'asile que les cavernes, de nourriture que les fruits sauvages; tu tomberas de soif, de froid et de faim, car le pain, le feu et l'eau te seront interdits; l'on ameutera contre toi les chiens des campagnes; et l'on te jettera les pierres des chemins, jusqu'à ce que tu en sois écrasé.

— Miséricorde! cria Mauran, mieux vaut mourir ici : et il tomba à genoux.

— Qu'il soit fait comme tu veux, dit Buat; à l'œuvre, enfans; faites un saint d'un hérétique, mes braves excommuniés; ceci est curieux, compagnons.

Et aussitôt deux des routiers dépouillèrent Mauran jusqu'à la ceinture, et les deux autres se mirent à le frapper de toutes leurs forces. Bientôt les chairs bleuirent, les meurtrissures suèrent le sang, et les plaies s'ouvrirent abondantes et vives. A chaque coup des routiers, un sourd gémissement du patient, à chaque gémissement du patient, une prière muette du religieux qui, les yeux au ciel et les mains sous sa haire, gardait une figure immobile. Puis, les gémissemens, d'abord retenus et amortis par Pierre Mauran, percèrent amèrement; puis ce furent de cruelles plaintes; puis des cris aigus. Et les routiers accompagnaient chaque coup d'un mouvement du corps et d'une joyeuse clameur d'assentiment; il en résulta une sorte de chant général et de balancement universel qui ne s'arrêta que lorsque le patient se releva, brisé, haletant et en s'écriant :

—Assez! assez! je vais signer.... signer tout ce que vous voudrez....

—Bah! bah! dit Buat; tu veux sauver ton corps aux dépens de ton âme; tu te trompes.

—Non, non, s'écria Pierre; donne ce parchemin, je vais le signer.

—Si ta main touche ce parchemin, dit le religieux, la justice du légat Milon t'attend. Le bourreau brûlera ta main comme celle d'un pestiféré; tes chairs seront ouvertes par des tenailles ardentes, et tes blessures cicatrisées par du plomb fondu.

—Oh, pitié, cria Mauran, pitié.... laissez-moi signer, mon père.

—Arrête, ou je te maudis, répliqua le moine, l'œil en feu, les mains tendues, et la voix tonnante.

—Courage donc, dit Buat en ricanant atrocement; l'Église est habile, mais les routiers sont fins; ses tortionnaires sont savans, mais nos questionneurs sont vigoureux. Qu'on chauffe le dos à ce cuistre.

Et les routiers apportèrent un brasier : ils approchèrent le misérable des charbons qui pétillaient, et exposèrent ses sanglantes blessures à leur cuisante chaleur.

—Courage, martyr, disait avec un enthousiasme ardent le pâle religieux ; courage, ou la malédiction éternelle t'attend.

—Approchez le feu, disait Buat....

Pierre Mauran pleurait et criait. Les routiers applaudissaient.

—Point de faiblesse, ou le tourment d'une heure sera celui de l'éternité! éprouve-le pour le craindre, s'écriait le moine.

— Soufflez, soufflez, disait Buat; soufflez le feu, mes amis.... le ciel ne peut s'acheter trop cher.

Le patient criait et hurlait; les routiers crièrent aussi et se dressèrent sur les tables.

— Meurs, s'il le faut, reprenait le religieux ; meurs plutôt que de vivre pour voir la maladie te ronger les os comme un chien affamé, jusqu'à l'heure de la mort.

— Ce feu s'éteint, criait Buat; de l'huile au feu, du vinaigre aux blessures.

Pierre Mauran se tordait aux yeux des routiers, qui riaient et se balançaient dans une sorte d'extase de contentement, lorsque la voix du malheureux, comme le déchirement d'un chêne dans l'orage, éclata par-dessus toutes avec un cri horrible.

—Je signerai, dit-il....

Et s'arrachant aux mains des routiers, il s'élança vers la table où était le parchemin, traînant le religieux à sa chaîne. Tous les routiers, le cou tendu, restaient béans et rians, en le suivant des yeux. Roger s'approcha de lui.

Pierre Mauran saisit la plume et voulut signer : l'implacable moine l'arrêta.

—Encore un effort et je t'absous, lui dit-il rapidement.

— Très-bien, dit Buat ; voici le couteau pour te dépouiller le crâne.

—Chrétien, cria le moine, le ciel s'ouvre devant toi : sauve-toi, résiste....

— Encore mieux, répliqua Buat...... voici de quoi t'arracher les ongles.... sauve-toi.

—Pierre, reprit le religieux, le Seigneur t'appelle, il te tend sa droite, il t'assied parmi ses élus.... sauve-toi.

—Pierre, ajouta Buat, le fer rougit pour te crever les yeux et t'arracher la langue, sauve-toi....

—Et ton âme sera au ciel, dit le religieux....

—Et tes châteaux aux mains des moines de Bolbonne, dit Buat.

— Et tu verras avec mépris les faux biens de ce monde, reprit le religieux.

— Et les moines se gorgeront de tes récoltes, répéta Buat.

— Et tu t'exalteras dans la gloire du Seigneur, s'écria le premier.

— Et les moines, ivres de tes vins, se pâmeront de rire à ton histoire, ajouta le brigand.

Le moine, à côté de Mauran, le pressant et l'appelant, semblait prêt à le précipiter dans les abîmes de l'éternité; tandis que Buat, debout sur la table, suspendait au dessus de sa tête les instrumens du supplice avec un cruel ricanement : et le malheureux, haletant, flagellé par ces deux voix, l'une terrible et forte, l'autre âcre et féroce, la tête perdue et la raison chancelante, regardait tour à tour le moine et Buat d'un œil déjà atone et stupide.

— Allons, s'écria Buat, signe ou meurs.

— Refuse ou sois damné, cria le religieux d'une voix où tonnait le fanatisme.

Le malheureux Pierre tomba anéanti.

— Qu'on en finisse, dit Buat irrité de ne pas encore avoir vaincu cette résistance; qu'il meure à l'instant....

— Meurs aujourd'hui, dit le religieux, pour ne pas mourir éternellement.

Le supplice allait recommencer; Roger s'avança....

— Prêtre, cria-t-il au religieux, ta vertu est celle d'un lâche, ta rigidité celle d'un barbare; si tu es chrétien, rappelle-toi l'exemple du Sauveur très-miséricordieux, regarde ces épaules ouvertes et brûlées, prends pitié de ce misérable et ordonne-lui de signer.

— Si tu es chrétien, vicomte de Beziers, répliqua le moine avec un mépris froid et hideux, apprends comment le Christ souffrit pour l'exemple des hommes, regarde ma poitrine, et conseille-lui de persévérer.

Et à ces mots, ouvrant sa haire, il fit voir sa poitrine déchirée et sanglante, sa poitrine qu'il avait hachée de la pointe d'un poignard à chaque torture qu'on avait fait subir à son pénitent. Tous reculèrent épouvantés; Buat lui-même devint pensif; les routiers poussèrent un profond soupir d'étonnement; Perdriol ricana; Roger se tut.

Cependant le courage de Pierre Mauran était épuisé : il signa. Le religieux, ouvrant alors avec une petite clé la chaîne qui les unissait, se sépara de lui, et, étendant la main sur sa tête, il lui dit :

— Pierre Mauran, hérétique relaps, je t'ajourne devant Foulques, évêque de Toulouse, au saint jour de Pâques....

— Pierre Mauran, dit Roger en écrivant un mot sur un parchemin, va dans ma bonne ville de Beziers; tous ceux qui en habitent les murs sont libres et respectés, hérétiques ou catholiques. Prends cette sauvegarde : les hommes d'armes de tous les comtes de la Provence ont coutume de la respecter, et, si les moines ne le faisaient pas, je les y habituerais.

— Tu rendras compte de cette action au concile des évêques de la Provence, dit le religieux à Roger; tu auras à te laver d'avoir arraché un hérétique à la vengeance de l'Église.

— Et qui m'y accusera ? dit le vicomte.

— Moi, dit le moine.

— Et qui es-tu pour oser le faire? s'écria Roger furieux.

— Je suis un simple religieux d'Osma, répondit le moine, un serviteur du Ciel, qui marche pieds nus, et dors sur le bord des chemins, et à qui tes hommes d'armes ne pourront enlever ni riche abbaye ni prieuré ; mais sache que si la voie du ciel est rude, la volonté du chrétien est puissante.

— Ton nom, moine? dit Roger.

— Je m'appelle Dominique, répondit le religieux.

Puis, après ces mots que les routiers avaient écoutés dans un profond silence, Buat s'écria en agitant le parchemin :

— Quant à nous, nous avons pris mille marcs d'or à l'Église et rendu une âme au diable: c'est double profit pour des routiers.

Roger regardait avec attention ce moine qui venait de se découvrir à lui si fanatique et si implacable; il le mesurait en sa pensée comme l'un de ces hommes destinés aux grandes fortunes, si le hasard ne les brise à leur départ. En ce moment même où un danger personnel l'assiégeait, Roger ne pouvait s'empêcher de lui garder son attention, lorsque les cris unanimes des routiers lui rappelèrent que son tour était venu de répondre devant ce féroce tribunal. Après ce qu'il venait de voir de Buat, il s'attendait à ce qu'il lançât contre lui la colère de tous ces hommes en humeur de férocité, comme celle de limiers déjà alléchés par une première victime. Sa surprise fut donc extrême quand Buat se rassit paisiblement dès qu'il fut question de lui. Un routier secoua alors Perdriol avec violence, et, l'appelant dans son ivresse comme s'il était plongé dans un lourd sommeil, il lui cria :

— Eh, capitaine, voici votre prisonnier : qu'en prétendez-vous faire?...

— Ah! dit Perdriol avec un stupide sourire et en balbutiant..... c'est vrai.... c'est mon prisonnier, le vicomte de Beziers, il m'appartient...... il est à moi...... hé, hé, hé, ce que j'en veux faire ?...... je veux le boire et le manger......

Ce propos épouvanta les plus atroces. Quelques uns, arrivés à un degré d'hébétement féroce, répondirent par un grognement de joie. Roger remarqua le regard perçant de Buat qui s'attachait ardemment sur lui. Cependant Perdriol continua, en tirant son poignard et en se soulevant à demi.....

— Apportez, apportez-moi mon prisonnier.....

— Je ne suis point ton prisonnier, s'écria le vicomte de Beziers ; je ne suis pas le prisonnier d'un lâche.....

Buat sourit à ce mot qui effleura comme une flèche aiguë l'enveloppe d'ivresse et d'abrutissement qui recouvrait le cœur de Perdriol; le capitaine en devint pâle, et son œil hagard sembla reprendre un éclair d'intelligence.

— Un lâche! répéta-t-il, en essayant de franchir la table.

— Oui, reprit le vicomte, et j'en appelle à tous tes compagnons. Perdriol, tu t'es trouvé avec moi, ton mortel ennemi, face à face dans un chemin enfoncé où il n'y avait d'issue ni à droite ni à gauche. J'avais en main un bâton, et un couteau à la ceinture; et toi à la ceinture un couteau, et à la main un bâton; et quoique ce soient là les armes d'un bandit plutôt que celles d'un chevalier, je t'ai défié et tu as eu peur, et m'as fait désarmer par trente de tes hommes. Je dis donc que tu n'es qu'un lâche.

Le terrible Perdriol, redevenu rouge et haletant, rugissait sans pouvoir parler et faisait de vains efforts pour s'élancer par-dessus la table. Buat, d'un léger signe de tête, fit comprendre à Roger qu'il fallait continuer; les routiers, qui estimaient, malgré leur férocité, tout ce qui attestait un courage personnel, se taisaient et attendaient.

— Perdriol, continua Roger, quoique tu sois le plus infâme brigand de la Provence, si jamais dans une rencontre je t'eusse trouvé à la longueur de mon épée, je te jure que je n'eusse commis à personne le soin de te punir; mais alors je te croyais digne d'une mort de soldat, et je vois que tu ne vaux que le gibet.

Perdriol suffoqué de colère retomba sur son banc; et là, écumant, étouffé, il essaya quelques ordres inarticulés, et ne put se faire entendre. Buat le regarda un moment, et après lui tous ses compagnons; l'attention était immense, mais indécise; il hasarda de la déterminer : il se mit à rire, et la moitié des routiers fit de même. Roger sentit que Buat voulait le sauver; mais la raison de Perdriol s'éveilla à cette audace de ses compagnons, comme elle avait fait un moment à l'insulte de Roger. Il se redressa, et, promenant un regard presque assuré sur sa troupe interdite, il s'écria d'une voix redevenue soudainement intelligible:

— Mes compagnons! attendez, attendez pour rire que je sois mort, et qu'on ait attaché la pierre de ma tombe avec des chaînes de fer scellées de plomb fondu, ou jamais sourire de femme n'aura coûté tant de larmes que le vôtre. Quant à toi, Vicomte, j'ai promis ton sang au sang de nos compagnons versé dans les combats, et tes os aux os de nos compagnons pendus et flottans à tes fourches patibulaires; et ceci n'est pas pour rire, sur mon âme.

Ces mots furent d'un effet prodigieux ; ils remirent Perdriol et le vicomte chacun à sa place. Le capitaine reprit son ascendant et reparut dans toute sa force ; Roger retomba un objet de haine et d'exécration pour les routiers. Il voulut reprendre ses avantages, et s'écria vivement :

— On ne verse que le sang de ceux qui combattent courageusement, et je n'ai pu faire pendre que ceux qui ne fuyaient pas assez vite ; aussi, es-tu sain et sauf, Perdriol.

Mais Buat n'osait plus rire, et les routiers murmurèrent ; car Perdriol se tint debout, ferme sur ses jambes, l'œil étendu sur tous. Puis, ce reproche de lâcheté, qui les avait presque surpris d'abord à la vue de leur capitaine ivre et impuissant, leur semblait une insulte qui ne pouvait l'atteindre, maintenant qu'il se replaçait à leurs yeux dans sa posture d'audace inouïe et de force irrésistible. Le silence était grand; chacun demeurait immobile, et Buat, la tête dans ses mains, semblait renoncer à conduire cette nouvelle scène, comme il avait fait de celle de Pierre Mauran. Roger lui-même jeta autour de lui un regard inquiet, comme pour découvrir un secours dans quelque hasard; mais il s'aperçut que la fuite ou le combat étaient impossibles. Sur un signe de Perdriol, les quatre routiers avaient tiré leur poignard sur lui; la mort était inévitable.

Roger parcourut de nouveau toute cette salle, et rencontra la figure du moine attentive et joyeuse. Sur un nouveau signe de Perdriol, les quatre routiers s'approchèrent du vicomte; il essaya encore d'interroger du regard tout ce qui l'entourait, cherchant une arme, une issue, un incident, quelque chose à tenter enfin; mais il ne vit qu'un cercle de visages béans qui déjà se ravivaient de soif, de sang et de supplices. Cependant, il fallait se résoudre à mourir en tendant la tête comme une victime, ou prendre un parti désespéré de défense. C'était du moins une chance de mort plus facile. Car, dans une lutte, pensait Roger, les brigands ne mesureront pas leurs coups comme dans un supplice, et, si je dois périr, ce sera au moins d'un coup de poignard ou de bâton bien asséné qui en finira tout de suite. Roger mesura donc de l'œil les deux hommes qui étaient le plus près de lui, sûr de les renverser, et résolut à s'élancer sur Perdriol, à s'attacher à ce colosse et à le jeter vivant sous ses pieds. C'était encore une chance de salut; car toute la troupe des bandits pouvait vouloir racheter la vie de Perdriol ainsi menacée. Roger allait exécuter son projet, lorsque tout à coup Buat releva la tête et parut écouter. Quelques brigands eux-mêmes prêtèrent l'oreille, comme s'ils avaient entendu un son lointain. Mais le bruit que chacun avait cru saisir ne se renouvela pas, à moins que ce ne fût le triste et doux gémissement qui partit de l'un des coins de la salle. On regarda ; et l'on vit Pierre Vidal qui se soulevait ; lui aussi paraissait écouter quelque signal perdu dans l'espace, et, l'œil animé, souriant à sa folie et à son espérance, il balançait lentement la tête et murmurait doucement une chanson. Soit respect pour le fou, soit que chacun eût été détourné de ce qui allait se passer par quelque chose d'étrange qui l'avait frappé, on l'écouta silencieusement. Voici la chanson qu'il chantait et qu'il avait lui-même composée et adressée à ses rivaux, en y conservant toute l'allégorie que le surnom bizarre de la dame de Penaultier permettait d'y introduire :

> Elle dort, dites-vous, seule sur sa montagne ;
> Allons, troupeaux joyeux, y chercher pour compagne
> Cette blanche brebis pour quelque fier bélier.
> Fuyez, béliers, agneaux ! fuyez, troupeaux sans force !
> Oh ! ne vous laissez pas attraper à l'amorce
> Qui la fait voir si douce à l'œil de son gibier.
> Vous y péririez tous, comme sous l'avalanche,
> Dispersés et meurtris ; car cette brebis blanche,
>   C'est la Louve de Penaultier.

Le supplice de Roger n'était pas si ardemment désiré, ni si près de s'accomplir, que la troupe ne se sentît alors détournée de cette sérieuse occupation et n'acceptât volontiers celle-ci à la place de l'autre : aussi elle écouta ce couplet avec attention ; d'ailleurs la voix de Pierre Vidal avait quelque chose de si pur et de si sonore à la fois qu'elle vibrait parmi ces flots de fumée et ces exhalaisons fétides de vin et de débauche, comme un rayon de la lumière du ciel, comme un souffle frais de la mer. Perdriol voulut parler.

— Pauvre fou ! s'écria Buat avec un accent

de pitié pour Vidal et de reproche pour le capitaine.

Les routiers furent de l'avis de Buat, si laconiquement exprimé, et il se forma une sorte de murmure général des mots : — Oui! oui! qu'il chante! — C'est la bénédiction du ciel que les chansons d'un fou. — C'est un pronostic de joie.

— C'est un bouclier contre la mort, dit Buat en adressant ce mot à Roger.

Le bruit assez calme qu'avait fait naître ce petit incident fut encore interrompu par l'attention qu'on prêta à un son lointain qui semblait avoir pénétré dans la salle; mais cette fois était-ce une plainte de Vidal, le gémissement d'un hibou, le son d'un cor, ou l'une de ces imitations des instrumens que quelques jongleurs poussaient jusqu'à la perfection, et dont ils se servaient pour appeler l'attention de leurs auditeurs? Aucun des brigands n'était assez calme pour en juger, excepté Buat peut-être; mais il parut n'avoir rien entendu. Aussitôt le second couplet mit fin à toute réflexion à cet égard.

Ah! vous avez voulu vous approcher encore,

Et vous tremblez, agneaux, car son œil vous dévore,
Sa griffe vous retient, sa dent vous fait crier.
Oh! ce n'est pas ainsi qu'il faut que l'on approche
Cette Louve terrible et reine sur sa roche :
Malheur à qui la flatte ou la veut supplier!
C'est en la menaçant qu'il lui faut apparaître.
Faites-vous loups, agneaux : un loup sera le maître
De la Louve de Penaultier.

Les routiers connaissaient l'histoire du pauvre Vidal, et ils se prirent à rire à cet avis qui lui avait si mal réussi pour lui-même. Mais ce rire fut aussitôt interrompu par le son bien distinct d'un cor à une distance assez rapprochée.

— C'est Kaëb, pensa Roger.

Toute la troupe s'émut et se tourna vers son capitaine. Buat était plus pâle que jamais; il semblait indécis entre deux partis qui se combattaient dans son esprit. Un silence glacé s'étendait sur toute la salle, et Perdriol lui-même, se redressant sur son banc, cherchait à donner des ordres. Un nouveau son éclata, mais si rapproché qu'il semblait que celui qui faisait entendre successivement ces appels approchât sur les ailes du vent.

— C'est Kaëb, pensa de nouveau Roger, Kaëb monté sur son agile coursier.

— Trahison! s'écria soudainement Buat: que personne ne sorte! On a livré le secret de notre séjour ici. Que chacun songe à se défendre.

Et d'un geste particulier, il désigna à Roger Pierre Vidal qui était près de lui. Le vicomte s'en rapprocha tout-à-fait sans trop comprendre le but de ce qu'on lui indiquait, lorsque Perdriol s'écria au milieu de son ivresse:

— Tuez d'abord! sus au vicomte! sus! frappez! les quatre routiers s'élancèrent sur lui, mais, par un mouvement instinctif de protection, Vidal, à l'aspect de leurs poignards tirés, se dressa entre eux et le vicomte, et les bras s'arrêtèrent. Roger comprit le geste de Buat, et, s'emparant alors de Vidal avec la force supérieure dont il était doué, il s'en fit un bouclier selon l'expression du brigand.

— Frappez!... frappez!... criait Perdriol; fou et vicomte, tuez! tuez!...

Mais Buat s'élança sur la table, et, d'une voix retentissante, interrompant à temps les ordres de Perdriol, il s'écria de nouveau:

— Trahison! vous dis-je; enfans, on frappe à a porte du château: nous sommes vendus.

Cette nouvelle allocution surprit les routiers; car véritablement des coups redoublés ébranlaient la porte qui était en tête du pont-levis.

— Sus! sus! au vicomte! criait Perdriol avec rage.

Mais déjà les routiers ne l'écoutaient plus; ceux mêmes qui étaient près de lui cherchaient à le maintenir pour mieux juger du bruit. On parvint à écouter, et l'on reconnut que les coups étaient précipités, mais faibles. Un éclair de rage et presque de désespoir passa dans les traits de Buat.

— Ce sont des enfans qui jouent, reprit Perdriol. Au vicomte! au vicomte !..... A moi son sang, puisque personne ne veut me le verser! et à son tour il s'élança sur la table à côté de Buat.

— Aux armes! cria celui-ci avec violence. Et, en retenant le capitaine de sa main de fer: J'ai entendu le pas des chevaux : aux armes!

Ce cri, répété par les brigands, couvrit bientôt les violentes réclamations de Perdriol. Tous les routiers s'élancèrent hors de la salle pour aller chercher leurs armes. Le capitaine, furieux, se débarrassa enfin de la main qui le tenait et voulut se précipiter sur Roger, mais un coup de poignard de Buat l'étendit mort. Roger et le religieux demeurèrent stupéfaits. Buat s'approcha du vicomte et lui demanda avec une singulière autorité :

— Me connais-tu, Roger ?...

Roger le considéra ; il crut retrouver dans ses traits, qu'il n'avait vus que de loin, une ressemblance singulière, mais inexplicable.

— Connais-tu ceci ? s'écria le jeune homme ; et il montra à Roger une image peinte sur vélin.

— Grand Dieu ! cria le vicomte, ma....... ; et il reporta avec stupéfaction ses regards sur Buat.

— Tais-toi, Roger ! lui dit Buat assez haut. Puis il ajouta plus bas : Maintenant, ta foi de chevalier que tu m'accorderas à Montpellier la protection que je te donne ici.

— Je te la donne, dit le vicomte.

— Je t'en relève, dit le religieux.

Les deux jeunes gens le regardèrent avec colère et mépris à la fois ; mais il soutint fièrement leurs regards.

— Viens donc, dit Buat, et emmenons ces misérables, car lorsque les compagnons verront Perdriol ainsi tué, ils voudront vous massacrer tous.

Et il les fit passer par une porte basse, qui, de corridors en corridors, conduisait au rempart.— Ils y marchèrent quelque temps, Roger

portant Pierre Vidal, et le routier le pauvre Mauran : le religieux les suivait.

— Et toi, dit Roger en avançant, que diras-tu pour nous avoir laissé fuir?

— Moi, répondit Buat en montrant Pierre Mauran, voilà ma justification : supplice et rançon; le misérable a payé pour tous. Je voulais les dégoûter de cris et de tortures et t'obtenir les honneurs du combat pour te sauver, ainsi que j'avais cru que c'était ta pensée; mais cela a tourné autrement, tant mieux.

— Mais Perdriol, demanda Roger avec un intérêt qui prenait un caractère d'affection, que diras-tu?

— Que je l'ai tué parce qu'il trahissait, reprit Buat.

— Comment! s'écria Roger.

— A Montpellier, à Montpellier, répéta le brigand, tout s'éclaircira. Nous voici à la porte du rempart. Allons, sortez et protégez-vous maintenant.

Buat leur ouvrit alors une porte basse, et ils se trouvèrent au pied d'une tour qui semblait à pic au dessus d'un précipice.

— Chargez-vous de votre ancien compagnon, dit Roger au religieux, je porterai celui-ci.

— Dieu l'a maudit, et maudit soit celui qui lui prêtera son aide, dit Dominique en s'éloignant, après avoir étendu sur lui et sur Roger ses bras en signe de malédiction.

Le vicomte fut tenté de le punir. Cependant Pierre Mauran, rappelé à lui par la fraîcheur de la nuit, essaya de marcher, et, grâce à ces efforts prodigieux dont l'homme est capable lorsqu'il tente son salut, ils gagnèrent un sentier plus praticable. A peine y furent-ils arrivés que Roger siffla doucement, et presque aussitôt son cheval Algibeck arriva à côté de lui, et immédiatement après Kaëb les rejoignit. Ils placèrent chacun l'un des malheureux en avant de leur cheval, et s'éloignèrent bientôt à toute course.

LIVRE DEUXIÈME.

I.

Catherine.

— Vous dites qu'il vous a montré l'image d'une femme dont le nom vous est cher, et que vous lui avez promis de lui accorder sa première demande, disait Catherine Rebuffe au vicomte de Beziers assis à ses pieds; quelle est cette femme, Roger? je veux le savoir.

— Cette femme, répondit le vicomte avec

tristesse, je ne puis te dire qui elle est, et je voudrais ne pas l'avoir vue.

— Ah! dit Catherine, en se détournant légèrement de lui et en repoussant sa tête qui reposait sur ses genoux, encore quelque maîtresse, n'est-ce pas? encore quelqu'une de ces femmes qui regardent votre amour d'aujourd'hui comme un abaissement de votre cœur, comme un vol fait à leurs coquetteries? Oh! noble vicomte, pourquoi vous ai-je aimé?

— Non, Catherine, répondit Roger en souriant; cette femme n'était point une maîtresse : elle avait un titre plus sacré que celui de mon amour ou de mon caprice.

— Était-ce donc l'image de votre épouse? dit curieusement Catherine.

— Ce n'était pas elle, répliqua encore Roger pensif.

— Alors, s'écria vivement la jeune fille, c'était donc!...

Roger leva sur elle un regard presque sévère, et Catherine se tut. Elle baissa humblement les yeux, garda le silence, et, comprenant en son cœur qu'elle avait deviné, elle ramena la tête de Roger sur ses genoux; et, lui passant doucement les mains dans ses cheveux, elle lui dit :

— Et puis, mon Roger ?

— Et puis, continua le vicomte; après que nous fûmes sortis, comme je te l'ai dit, nous nous éloignâmes avec Kaëb de toute la vitesse de nos chevaux. Nous eûmes bientôt rejoint le petit nombre de chevaliers qu'il avait rencontrés sur la route se rendant à Montpellier, et qu'il avait instruits de ma mésaventure. Ils voulaient à toute force aller reprendre Mont-à-Dieu; mais je ne me suis pas senti le droit de jeter ce nouvel embarras à Buat, et je les en ai dissuadés. Mais ce que je ne puis m'expliquer, c'est que cet infernal moine arriva presque aussitôt que nous, et je ne puis oublier le regard singulier qu'il attachait sur moi, tandis que je détournais les chevaliers de leur entreprise.

— Ce moine me fait peur, Roger, dit Catherine avec un tressaillement d'enfant qui lui fit presser doucement la tête de Roger sur ses genoux.

— Peur ! dit Roger qui répondait peut-être plus à sa propre pensée qu'aux paroles de Catherine; peur ! non certes, mais dégoût.

— Et puis ? dit encore la belle fille.

—Et puis, dit Roger en se mettant à genoux sur le coussin où il était assis et en regardant Catherine, les yeux et la bouche souriant; et puis, j'ai laissé ce pauvre Vidal et ton oncle aux soins de ces chevaliers, et je suis accouru avec Kaëb qui m'a quitté à quelques lieues de Montpellier.

—Une seconde fois! dit Catherine avec curiosité.

—Une seconde fois, répondit Roger en lui baisant les mains et en parcourant du regard son frais visage avec un amour vaniteux de la trouver si belle.

—C'est bien, c'est bien, dit la jeune bourgeoise en retirant ses mains; mais comment a-t-il appris votre captivité? et pourquoi vous a-t-il encore quitté?

—Je ne sais, répondit Roger en caressant les cheveux bruns de sa jeune maîtresse.

—Comment? dit Catherine, tout en essayant de maintenir les mains de Roger dans les siennes, vous n'avez pas demandé à votre esclave où il allait ainsi?

—Je pensais où j'allais, reprit le vicomte, et je ne me sentais ni l'humeur ni le loisir de lui casser encore un bras. Kaëb est mon esclave, mais comme le chat qui habite notre maison ; il m'appartient, mais je n'en suis pas le maître.

— Et vous ne craignez pas que cet homme vous trahisse? dit Catherine plus curieuse à mesure qu'il parlait.

— Je ne crains d'autre trahison que la tienne, dit Roger en souriant dans un baiser.

— Ah! Roger! dit en rougissant la jeune fille ; puisque je t'ai dit que je t'aime, que veux-tu? laisse-moi. N'es-tu pas heureux ainsi?

— Quoi! dit Roger dont la voix s'adoucit avec le regard, ne désires-tu rien au-delà de notre amour?

— Rien, mon beau Roger, répondit Catherine en souriant ; tu m'aimes, toi, le plus noble chevalier de la Provence, que veux-tu que désire de plus une pauvre orpheline?

— Oh! reprit Roger, quand tu attaches ainsi tes yeux sur les miens, il me semble que ton regard descend jusqu'à mon cœur, et je le sens qui se gonfle et bondit avec fureur! Quand ta voix me dit : Je t'aime, elle m'agite comme un souffle d'orage ; quand ta main me touche, elle me brûle! N'éprouves-tu donc rien de ces douleurs, de ces tourmens, de ces désirs ?

— Rien vraiment, dit Catherine moitié étonnée, moitié attendrie : tu me dis toujous que tu souffres ! puis, après ces paroles, elle le regarda avec un doux sourire malicieux ; puis, effleurant elle-même les lèvres de Roger d'un baiser rapide :

— Tiens, méchant, lui dit-elle, je sais bien ce que tu voulais.

Et, comme une fée légère, elle glissa entre les bras de Roger qui n'osa la retenir ; car, parmi les transports qui lui dévoraient le cœur, ce qui lui plaisait encore le plus, c'était ce frais et pudique amour de Catherine, enfant dont l'ignorance lui ménageait chaque faveur plus lentement que la plus adroite coquetterie n'eût pu le faire. D'ailleurs, Roger, son amour fixé et attaché sur elle, comme un serpent les yeux sur sa proie, la voyait résister vainement, se débattre avec des plaintes, et s'approcher de sa chute pas à pas, sans comprendre le puissant prestige dont il l'entourait ; et joyeux, il attendait l'heure ineffable où, pure de corruption et de violence, elle se jetterait à lui, en disant :

— Je t'aime !...
mais avec une autre voix que celle d'aujourd'hui !

Cependant il s'était assis à la place que venait de quitter Catherine, et la regardait jouant dans la chambre où ils se trouvaient, arrachant des vases d'argent où elles baignaient leurs pieds, des fleurs dont elle jetait les débris à Roger. Elle lui dit alors :

—Mon beau vicomte, la cour d'après-demain sera bien belle, n'est-ce pas? et tu en seras le beau chevalier : tu as une riche armure, je suppose, brillante d'or et d'argent. Moi, vois-tu, je serai aussi belle que les plus nobles dames qui y paraîtront, fût-ce la reine d'Aragon et la comtesse de Comminges. Ta petite femme y sera sans doute ; il faut qu'elle les efface aussi toutes en magnificence, excepté moi pourtant.

Comme Roger se leva et parut devenir sérieux à ce souvenir, Catherine lui dit vivement :

—Je le veux, Roger; vous n'êtes pas juste pour cette enfant. Agnès de Montpellier est déjà la belle Agnès, à ce qu'on m'a dit. D'ailleurs elle vous appartient; tout ce qui t'appartient doit être beau, dit-elle en s'approchant du vicomte et en lui faisant un collier de ses bras; et demeurant dans cette position, elle continua en parlant si près à Roger que sa jeune et suave haleine le brûlait et l'enivrait. —Moi, vois-tu, je serai vêtue d'une robe de laine de Tunis brochée d'or; ma sobreveste sera de soie, et le tour garni de pierres précieuses ; j'aurai des diamans dans mes cheveux, et des fourrures aux manches ouvertes de ma chappe.

— Et les ordonnances du sénéchal d'Aragon, ma belle bourgeoise ! dit Roger en souriant.

— Et ne suis-je pas pupille des consuls de Montpellier, reprit Catherine, puisque, lorsque mon père mourut en me laissant la plus riche héritière de la Provence, je n'avais plus dans le comté aucun parent qui pût devenir mon tuteur ? et ne suis-je pas ainsi placée au rang des plus nobles dames ? Et c'est pour cela que je serai dans le haut échafaud des consuls, un bel échafaud tendu d'étoffes et ombragé des bannières de la ville, tout près de l'estrade de la reine, avec des gardes et des archers comme elle ; et tu verras comme je serai fière et sérieuse, et si ce n'est pas moi qui semblerai la reine et elle la bourgeoise.

Dans cette douce attitude, Catherine se plaisait à sourire à Roger, à lui faire la moue, à le contrefaire les yeux à demi fermés, jouant comme un enfant avec l'amour qu'elle inspirait, plus dangereuse qu'une plus habile, l'attirant à elle et s'éloignant quand il cédait, se dressant sur la pointe de ses pieds pour être à sa hauteur, et lui, plus enivré qu'il ne le fut jamais des voluptueuses et ardentes caresses de ses maîtresses, se soumettait en riant à cet enfantillage, lorsqu'un coup violent frappé à la porte de la rue épouvanta Catherine et la jeta tremblante dans les bras de Roger.

— Dieu! mon Dieu! s'écria-t-elle, je suis perdue!

— Qui peut donc venir à cette heure du soir? dit Roger en baissant la voix.

— L'un de mes tuteurs, à coup sûr, dit Catherine, et sans doute le sire de Rastoing! Oh! malheur à moi! s'il veut mettre sa mule à l'écurie, il y verra ton cheval Algibeck.

— Pourquoi ne pas l'avoir laissé attaché à la porte du fond du jardin? dit le vicomte.

—Las! il était blanc d'écume et saignant au flanc : c'est ton cheval chéri; pauvre moi, j'en ai eu pitié, et il est à l'écurie.

Ils écoutèrent aussitôt et entendirent la voix de la nourrice de Catherine qui disputait l'entrée de la maison à un homme. Quelques serviteurs la soutenaient, mais la voix imposante de celui qui insistait rendait leurs représentations tremblantes et indécises.

— Justice divine! s'écria Catherine, c'est le roi sans doute.

— C'est Pierre, en effet, dit Roger avec colère; comment se fait-il qu'au mépris des conventions il ait pénétré dans Montpellier avant le jour de dimanche qui était convenu? Ce n'est que ce jour que mon oncle de Toulouse et moi devons y être introduits. Il est venu sans doute pour intriguer près des consuls et des nobles de la ville, le serpent!

— Beau vicomte, lui dit Catherine d'un air moqueur, vous êtes dans la ville, et je ne crois pas que le roi d'Aragon soit ici à la porte d'un consul.

— Serait-ce donc, dit Roger dont la pâleur acheva la phrase; serait-ce donc pour toi?

— Oui! oui! ajouta bien bas la jeune fille; depuis le jour qu'il me vit sur le rempart, il m'obsède de ses messages.

— Et tu les as reçus, dit Roger sévèrement.

— Et même encouragés, répondit Catherine; écoute, ajouta-t-elle encore plus bas, écoute ce qu'il dit.

— Allons, allons, valets, s'écriait Pierre,

je vous dis que le sire de Rastoing m'a donné rendez-vous dans cette maison.

Aussitôt Catherine, s'échappant des bras de Roger, s'élança vers le haut de l'escalier, et s'écria :

— Laissez entrer ce chevalier; menez-le dans la grande salle où le souper est préparé. Le sire de Rastoing va venir.

Roger demeurait confondu et ne pouvait comprendre ce qui se passait; mais son étonnement fut bien plus grand encore, lorsque Catherine, le prenant par la main, lui dit doucement :

— Allons maintenant, beau sire, il faut partir; le temps du plaisir est passé; c'est l'heure des affaires.

Si ce qu'il entendait étonnait profondément Roger, l'air de mystère et de gaîté dont Catherine accompagnait ses paroles le surprenait encore plus. Il se crut le sujet d'une plaisanterie, car pour ce qui pouvait être d'une trahison il n'osait y penser. Cependant, malgré les instances, moitié rieuses, moitié pressantes, de Catherine, il ne s'en allait pas, résistant de même qu'elle priait, moitié riant, moitié fâché. Elle demanda enfin sérieusement qu'il s'éloignât, et il refusa sérieusement. A ce refus, Catherine devint pâle et tremblante. Il y avait un singulier étonnement dans sa crainte, le même en vérité que celui de Roger lorsque Kaëb ne lui obéit pas tout de suite. Alors elle prit le bras de Roger, et le secouant comme s'il lui paraissait tombé dans une distraction inouïe :

— Roger, Roger, lui dit-elle, il faut que vous partiez; entendez-vous; le roi d'Aragon est en bas qui m'attend.

Il y avait dans cette singulière invitation tant de naïveté que Roger vit bien tout de suite qu'il ne s'agissait pas d'une intrigue d'amour dont tout au moins Catherine fût complice; mais il savait que Rastoing pouvait bien l'avoir attirée dans quelque piége honteux, il savait que le libertinage de Pierre ne ménageait aucuns moyens pour arriver à ses fins; et, tout en se rassurant sur le compte de l'innocence de Catherine, il en fut d'autant plus alarmé pour elle et se résolut encore plus fermement à rester. Pendant qu'il discutait ainsi en lui-même, le temps se passait; Catherine le priait, et lui, embarrassé de motiver son refus, répondait à peine, lorsqu'un nouveau coup frappé à la porte les fit taire tous deux.

— C'est le sire de Rastoing, dit-elle à Roger avec un regard où toute sa perte lui était reprochée.

— Non pardieu! s'écria le vicomte plus surpris qu'on ne saurait se l'imaginer, ce n'est point le sire de Rastoing, c'est mon oncle de Toulouse qui insiste aussi pour entrer. Puis il ajouta vivement : — Écoute, Catherine, nous venons tous trois à Montpellier pour y vider nos différends : cet entretien de mes deux anciens ennemis, avant le jour fixé, ne peut être qu'une intrigue contre moi. Il faut que je la connaisse, ou mal m'en arrivera. Maintenant, si tu veux, je suis prêt à sortir.

— Viens donc, dit Catherine, et sois témoin de tout, et de ce que le conseil de mes tuteurs a exigé de moi en cette circonstance.

Aussitôt, par un escalier particulier, elle fit descendre Roger dans une petite chambre contiguë à celle où le souper était préparé pour quatre personnes, et le quitta aussitôt pour courir au-devant du sire de Rastoing qui arrivait enfin. Il descendit lentement de sa mule, et, selon son habitude, il allait la conduire lui-même à l'écurie, lorsque Catherine, saisissant le premier regard qu'il jeta sur elle, prit un air, déterminé et lui dit avec rapidité :

— Monseigneur, je suis venue à votre rencontre pour vous déclarer que je ne veux point assister à ce souper, et que je ne veux point servir d'instrument à vos intrigues.

Le digne consul fut si stupéfait de la déclaration, qu'il laissa tomber ses bras le long de sa robe brune, et que la bride qu'il tenait lui échappa; Catherine s'en saisit, la jeta à un valet et ne put s'empêcher de rire au nez de son tuteur.

— Sainte vie! que dis-tu là, enfant? s'écria le sire de Rastoing; une affaire menée depuis deux mois, avec la prudence la plus ingénieuse, manquer par l'étourderie d'une tête folle! mais tu n'as donc pas compris, Catherine, que le sort de Montpellier en dépend?

— Est-ce que je le sais, moi? dit Catherine en boudant et toute décidée à se laisser fléchir, car le valet emmenait la mule du brave consul.

— Ah! s'écria rapidement le sire de Rastoing en croyant user à propos d'une éloquence qui passait pour entraînante parmi les bourgeois! ah! Catherine ne jette pas ainsi la belle couronne que je te prépare; toi, pupille de la noble cité de Montpellier, tu es admise à partager le soin de son salut. Nous, hommes, nous combattons par la force, la patience et l'adresse;

toi, femme, tu dois combattre par la séduction et l'amour. Ainsi Judith enivra Holopherne avant.....

— De lui couper la tête, dit malicieusement la jeune fille.

— Ce n'est pas cela, Catherine, tu le sais bien, reprit le consul d'un air piqué. Et bien! voyons, veux-tu abandonner la cause de Montpellier? veux-tu ne pas assister à cette conférence?

— Hum! je suis faible, dit Catherine, en se balançant presque avec humeur; mais tenez, pour l'amour de vous, je vais revenir et je me ferai si belle que Pierre d'Aragon vous vendra sa suzeraineté si je veux.

— Bien! bien! dit le vieux consul avec un sourire satisfait, tu es belle et bonne. Tu m'as pourtant fait bien peur. Mais tu viendras, n'est-ce pas? pour l'amour de moi! qu'en dis-tu? ou pour l'amour des belles parures que je t'ai promises?

— Oui certes, pour l'amour de vous, répondit la jeune fille, avec un ton de reproche et de tendresse. Le vieillard sourit, et ils se quittèrent. Certes Rastoing était un des hommes les plus fins de son époque, et ce qu'il obtint pour l'avantage de la ville en fait foi; mais il avait affaire à une jeune fille de quinze ans, innocente, mais amoureuse, et il devait être battu, car tandis qu'il entrait dans la salle du banquet en se félicitant d'avoir vaincu ce nouveau caprice, la mule était à l'écurie et il n'avait pu voir le beau cheval Algibeck.

L'élégance somptueuse de Pierre d'Aragon annonçait plutôt les projets d'un galant que ceux d'un suzerain traitant de graves intérêts, et la mine souriante et empressée du comte de Toulouse, qui tâchait à s'effacer autant que possible, contrastait avec la gravité consulaire et la morgue bourgeoise du sire de Rastoing. Après quelques premières salutations, Catherine arriva dans tout l'éclat d'une beauté si pure que le vieux consul en sourit, comme les vieillards de Troie à l'aspect d'Hélène, et que le comte de Toulouse, astucieux et froid semeur d'intrigues, en demeura frappé. Pierre d'Aragon parut en perdre la tête tout aussitôt, et s'avançant vers elle :

— Pourquoi se fait-il, lui dit-il courtoisement, qu'il manque quelque chose à votre parure lorsqu'il ne manque rien à votre beauté ?

— Que me manque-t-il donc, Monseigneur, pour recevoir dignement votre visite ?

— Une couronne, dit Pierre d'Aragon, une couronne de reine sur un front si pur serait une merveilleuse alliance du pouvoir et de la beauté.

— Si j'avais pu croire cela, reprit Catherine en fermant à moitié ses grands yeux éclatans et en comprimant par un léger sourire l'air moqueur qu'elle prenait volontiers, si j'avais cru cela, j'aurais prié madame Marie, votre épouse, de me prêter la sienne ; cela vous eût ainsi tout-à-fait agréé, je suppose ?

Pierre d'Aragon ne fit pas semblant d'avoir entendu, et le souper commença. D'abord ce fut une simple conversation sur les apprêts de la cour plénière qui se tiendrait le surlendemain ; et Pierre ne cessait de prédire à Catherine qu'elle en serait la plus belle et qu'il n'y avait chevalier qui ne voulût rompre une lance pour elle. A toutes ses flatteries Catherine répondait avec un air de bonne foi et de satisfaction qui torturait Roger dans la pièce d'où il pouvait tout voir et tout entendre. Cependant, grâce aux soins du vieux sire de Rastoing, la conversation prit bientôt un ton plus sérieux.

— Oui, Monseigneur, disait le consul, madame Marie, comtesse de Montpellier, de son chef, et reine d'Aragon par votre mariage, a consenti à tout ce que contient cette charte, écrite en latin pour plus de solennité, et il n'y manque que votre approbation.

— Lisez donc, s'écria Pierre aux propos duquel Catherine souriait alors d'une façon angélique; lisez donc, je vous écoute.

Et le vieux consul lut ce qui suit:

— Nous, Pierre, roi d'Aragon, et nous, Marie, reine d'Aragon, comtesse de Montpellier, fils de Guillaume de Montpellier et de l'impératrice Eudoxe, nous pardonnons à ceux de cette ville, chevaliers, nobles, bourgeois, ou serfs, toutes les injures qu'ils nous ont faites, et les rétablissons dans notre amitié dès ce jour, et pour l'avenir.

— Très-bien, très-bien, répondit le roi qui s'était rapproché de Catherine pendant qu'elle suivait d'un mouvement de tête plein de grâce les propos amoureux et les flatteries dont il croyait la séduire; c'est très-bien, continuez.

— Continuez, dit à voix basse Raymond, et il échangea un regard d'intelligence avec le sire de Rastoing, qui semblait déjà bien fier de sa ruse. Le bourgeois continua.

— L'engagement des châteaux de Lates et Montpellier et de leurs revenus, fait pour la somme de cent soixante-quinze mille sols melgoriens, subsistera jusqu'à ce que cette somme soit acquittée, et le roi s'engage à rendre aux habitans de Montpellier tout ce qu'il leur a enlevé.

Pierre avait davantage écouté cet important article, et au paragraphe où on parlait de restitution il avait laissé échapper une légère exclamation; mais Catherine se pencha vers lui, et, parlant si bas qu'il fallut que le roi effleurât presque ses beaux cheveux pour l'entendre, elle lui dit en jouant avec un des bouts de sa ceinture ornée d'or :

— Comment prétendez-vous que je croie à votre amour, vous qui avez pour épouse la plus belle comtesse de la Provence, notre jeune souveraine pour laquelle vous avez défié Comminges, le plus terrible chevalier de toutes les comtés?

Pierre écoutait et allait répondre, mais l'article était fini, et le silence qui régnait, gênait le roi qui ne causait librement qu'à la faveur de la voix de Rastoing. Raymond le regardait d'un œil anxieux. Pierre, sans y prendre garde, s'écria :

— Continuez, continuez; c'est fort bien, j'approuve tout cela.

Et le consul reprit sa lecture pendant qu'il expliquait à Catherine que son mariage avec

Marie n'était qu'une froide politique, tandis que son amour pour elle était une passion sans frein.

— Je l'ai épousée, disait-il, pour ses vastes domaines, et je donnerais les miens pour une heure de votre amour.

Pendant ce temps, le consul avait glissé l'article suivant :

— Le roi d'Aragon rendra les prisonniers qu'il a faits sur les habitans de Montpellier, et pour preuve de sa bonne foi, il remet les châteaux de Lates et d'Omelas à la garde du comte de Toulouse qui les représentera audit roi à son vouloir, mais seulement quand il aura obtenu quittance de ce qu'il doit.

— Parfait, continuez, parfait, cria Pierre qui n'avait pas entendu un mot de ce qui avait été dit et à qui Catherine jetait en ce moment ces douces paroles, avec une voix dont l'émotion avait quelque chose de si moqueur, que Roger ne put s'empêcher de rire de la bonne foi du roi.

— Oh ! disait-elle, si je pouvais croire à un si puissant amour, d'un si puissant monarque... je...

— Continuez donc, dit le roi au consul qui se taisait habilement. Raymond et Rastoing sourirent ensemble; le consul dit :

—Enfin, le roi et la reine permettent aux consuls de Montpellier d'en détruire le château, la tour et les murailles jusqu'à leurs fondemens, de manière à ce que ni eux ni leurs successeurs ne puissent jamais s'y fortifier.

—Oh! pour cette clause, s'écria vivement le comte de Toulouse, elle est impossible, le château me doit être remis comme ceux de Lates et d'Omelas. Ce sont nos conventions, dit-il tout bas au consul.

—Le château doit être rasé, répondit sévèrement Rastoing, tel est l'acte écrit et approuvé par la reine; Monseigneur y consent-il?

Pierre, arraché à ce qu'il croyait une victorieuse séduction, se tourna vers les interlocuteurs d'un air d'humeur en s'écriant :

—Or donc, de quoi s'agit-il?

—De ce que vous ne pouvez permettre que le château de votre ville soit ainsi rasé, dit Raymond, c'est une injure à votre droit seigneurial dont vous êtes responsable à toutes les comtés.

Pierre d'Aragon parut frappé de cette réflexion, lorsque Catherine, se penchant doucement et s'appuyant familièrement sur son épaule, lui dit à demi-voix :

—Eh! sainte Vierge! que le comte Raymond laisse raser tous les châteaux de la Provence et qu'il se rase un peu lui-même; il doit avoir le visage comme une châtaigne hérissée, ce me semble. Puis elle ajouta en augmentant la pression de sa main sur le bras de Pierre : — Vous n'êtes pas ainsi, vous.

Pierre d'Aragon perdit le sens à cette parole et à ce geste, et il s'écria en riant :

—Rasez, mes consuls, rasez, je suis de votre avis.

Prenant alors la plume, il s'apprêta à tout approuver, mais il la balança au dessus du parchemin avant de signer, et, contenant à peine sa joie, regardant Rastoing avec un regard de félicitation pour tous deux, il lui dit en phrases entrecoupées de repos :

—Et vous, si prudent pour votre ville, sire Rastoing, on vous dit bien peu soucieux de votre pupille; est-ce vrai qu'elle habite seule cette maison?

—Avec quelques serviteurs, dit Rastoing.

—Qu'on pourrait gagner peut-être, reprit Pierre avec finesse; et l'on ajoute qu'il y a au fond du jardin une porte basse par où l'on peut s'introduire.

—Les serviteurs veillent tard, dit Rastoing.

—Et les amans plus tard que les serviteurs, car je suppose qu'à minuit tout dort ici.

Et le roi s'arrêta un moment, sourit d'un air enchanté, et signa avec les marques évidentes d'une joie qu'il ne pouvait comprimer : c'est que pendant ce temps et à chaque question qu'il avait l'air de faire à Rastoing, la belle Catherine appuyait plus fortement sa main sur lui, et paraissait répondre aux explications qu'il demandait. Aussitôt le sire de Rastoing s'empara du manuscrit et avertit le roi et le comte de Toulouse qu'il fallait se retirer. Catherine s'élança hors de la salle pour qu'on amenât les chevaux, et la mule du consul. Rastoing la suivit pour la prévenir qu'on allait placer des gardes autour de sa maison pour empêcher les tentatives du roi d'Aragon. Le roi et le comte demeurèrent seuls.

—Cet homme, dit Pierre à Raymond, est un misérable; il me vend cet ange de beauté pour quelques pierres, dont après-demain je me soucierai comme d'une lime édentée. Voici Comte, l'acte de répudiation de ma femme Marie de Montpellier; sur votre foi et honneur, vous le soutiendrez devant le concile et la cour de Rome, surtout contre Roger et les évêques?

—Sur ma foi et honneur, je le ferai, répondit le comte; voici maintenant l'acte de répudiation que je fais de votre sœur Léonor d'Aragon; sur votre foi et honneur, vous m'y soutiendrez de même?

— Je vous le jure, répondit Pierre; quoique je ne sache pas trop ce que vous avez contre elle, si ce n'est d'épouser Sancie de Provence, qui avec ses cinq ans a parbleu le plus beau marquisat des Gaules.

— Je ne vais point sur vos brisées, dit modestement le comte, après qu'ils eurent échangé leurs deux parchemins.

— Non, je vous jure, dit Pierre d'Aragon, si quelque chose me faisait envie, ce serait plutôt ces deux bonnes villes de Carcassone et de Beziers, qui sont là comme deux doigts de ma main, et qui une fois au bout de mon bras me serviraient à serrer le cou d'Amaury de Narbonne; et, par la Pâques, je me soucierais alors même du roi de France. Mais sur mon âme! je ne pense à présent qu'à cette belle fille aux yeux si ardens. A propos, il me vient une idée. Vous, Comte, sortez lentement de la maison et faites-en tenir la porte ouverte; j'en sortirai au galop, moi; à dix pas je laisse mon cheval, et je rentre en me glissant furtivement parmi les valets; vous chasserez mon coursier au loin, et il deviendra ce qu'il pourra. Je me cacherais bien tout de suite, mais on s'inquiéterait de ce que je suis devenu et l'on me découvrirait.

— Volontiers, répondit le comte, je ferai tout ce qu'il vous plaira.

A peine ils achevaient que Rastoing rentra avec Catherine. Pierre souriait en lui-même de sa ruse. Cependant le consul les fit passer devant lui; ils montèrent tous trois à cheval. Celui du roi partit comme un trait; mais Raymond parut ne pas pouvoir maîtriser le sien, et il le laissa se cabrer jusqu'à ce qu'il eût vu Pierre reparaître dans l'ombre. Alors il passa à son tour, et Rastoing ne s'éloigna que lorsqu'il eut entendu soigneusement attacher les chaînes des portes de la maison. Pendant ce temps Catherine avait rejoint Roger, qui l'avait vivement entraînée dans la chambre supérieure, craignant que Pierre ne la rencontrât avant qu'elle fût enfermée.

— Viens, disait en riant Roger à Catherine; ce rusé Pierre d'Aragon est dans la maison.

La jeune fille devint toute tremblante; mais elle se rassura à la gaîté de Roger et ne put s'empêcher de lui dire :

— Comment trouves-tu que le sire de Rastoing l'a trompé? Puis elle ajouta, après une pause : — Grâce à moi pourtant !

—Tu n'es qu'un enfant, dit Roger redevenant sérieux, à qui on a fait jouer un rôle indigne, et ton consul n'est qu'un vieux renard qui s'est fait duper par Pierre d'Aragon, que mon oncle de Toulouse a attrapé le mieux du monde.

—Comment cela? s'écria Catherine toute surprise et toute désenchantée de ce qui lui avait semblé une si admirable ruse.

—Oh! ceci serait trop long à t'expliquer, reprit vivement Roger, il faut d'abord prévenir leur petit complot, celui de mon oncle d'abord en ce qu'il pourrait bien m'être funeste; quant au roi d'Aragon, s'il veut se mêler de mes affaires et s'il trouve mes villes à son gré, je lui mettrai aux jambes un chien de race dont il a déjà senti les morsures, et mon allié Raymond-Roger de Foix le renverra dans ses montagnes.

—Et par quel moyen déjoueras-tu leurs machinations? s'écria Catherine alarmée.

—Sois mon alliée, ma belle Catherine, répartit le vicomte; fais et dis tout ce que je voudrai, et je te promets la plus joyeuse aventure... Mais écoute! n'est-ce pas un pas d'homme qui se fait entendre sous ta fenêtre : c'est Pierre; il faut ouvrir et lui parler.

— Si tu le veux... dit Catherine en ouvrant la fenêtre, et en finissant l'expression de sa pensée par ce consentement en action.

Mais Roger l'arrêta et lui expliqua rapidement ce qu'il attendait d'elle. Elle refusa d'abord et voulut connaître le but du vicomte; mais, après l'avoir long-temps priée, il lui dit sérieusement :

— Sur mon honneur, Catherine, je réponds de toi.

Pendant ce temps, le roi d'Aragon, posté sous la fenêtre de Catherine, toussait comme le plus vulgaire des amans, frappait du pied, appelait à voix basse et s'irritait déjà de son peu de succès ; lorsque la fenêtre s'ouvrit. Il laissa échapper une exclamation de joie.

— Bonté divine ! s'écria Catherine faisant l'étonnée ; c'est vous, seigneur ? retirez-vous, par grâce, vous me perdez !...

— Catherine, belle des belles! lui dit amoureusement le roi, descends, que je te parle et t'écoute ! que je sente ton bras appuyé sur le mien, comme tantôt!

— Je ne puis descendre, dit la jeune fille avec une voix d'enfant, parce que ma nourrice a la clé de ma chambre sous son chevet, et qu'elle a le sommeil inquiet, léger.

— En ce cas, je puis monter? dit Pierre d'Aragon, en cherchant à escalader le mur.

— Dieu! mon Dieu non! s'écria vivement la jeune fille, véritablement alarmée; elle est là qui dort près de moi.

Et Roger crut devoir laisser échapper un léger toussement, en disant d'une voix cassée:

— Catherine, enfant, la nuit est froide et l'air humide et malsain...

Pierre d'Aragon se tint coi, apaisant du geste le bruit que faisait Catherine, qui ne pouvait s'empêcher de rire, et qui répondit avec un trouble feint;

— C'est bien, nourrice; mais je ne puis dormir et la fièvre me dévore.

— Fièvre d'amour, murmura doucement Pierre d'Aragon.

A ce mot, Roger eût éclaté de rire s'il l'eût osé. Cependant le roi ne venait pas au sujet qu'il désirait lui voir aborder; et il craignait que Catherine n'en fût réduite à faire des avances, lorsque Pierre d'Aragon, s'approchant tout-à-fait du mur, dit de façon à n'être entendu que de Catherine:

— Cependant, ma Catherine, notre aventure ne peut finir ainsi, et si cette nuit ne peut m'être favorable, dis-moi si bientôt?...

— La nuit prochaine, répondit la jeune fille, ma nourrice va veiller les reliques du saint qu'on invoque toute la nuit pour le succès de la cour qui se tiendra après-demain.

— La nuit prochaine, je viendrai, reprit Pierre d'Aragon.

— Oh! ne le faites pas, répliqua rapidement Catherine, mon oncle Pierre Mauran de Toulouse arrive demain, et la maison sera inabordable.

— Que faire alors? reprit Pierre d'Aragon qui, croyant de plus en plus à son triomphe, cherchait de bonne foi le moyen d'en profiter.

— Je puis bien dire, si je veux, que j'ai accompagné ma nourrice, dit Catherine à qui Roger dictait ses réponses.

— Sans doute, sans doute, dit vivement le roi s'élançant sur cette idée et la faisant chevaucher au galop dans le champ de ses espérances; et tu viendras dans quelque secrète maison.

— Votre château d'Omelas est-il trop riche pour moi? dit Catherine d'un ton piqué.

— Ni mon château, ni ma couronne, ange, s'écria le roi d'Aragon ravi de ce qu'il entendait ; mais comment y viendras-tu ?

— Oh ! dit Catherine, quelqu'un m'y conduira ; j'ai près de moi un vieux serviteur de mon père qui n'a que moi pour espérance et soutien, il m'accompagnera, et vous nous ferez voir les magnificences de votre demeure.

— Oui, oui, dit tout bas le roi d'Aragon, demain à minuit tu seras à moi.

— Oui, à minuit, dit Catherine.

— Et je te brûlerai de mes baisers, et je t'enivrerai de mes caresses, car je t'aime! et..... Le roi d'Aragon s'arrêta en voyant disparaître Catherine de la fenêtre ; il écouta et crut entendre chuchoter tout bas ; mais la jeune fille reparut presque aussitôt et lui dit:

— Adieu, mon beau Sire, je vous envoie mon fidèle serviteur Baptiste ; dites-lui ce que je ne puis entendre ; il vous répondra ce que je n'ose vous dire. Il va vous ouvrir la porte du jardin.

Un instant après, Roger, le dos courbé, et enveloppé dans une vaste cape, était près du roi d'Aragon.

— Eh bien ! Baptiste, lui dit celui-ci, consent-elle à venir?

— Il me semble que vous l'avez suffisamment entendu; mais au milieu de son égarement son amour garde encore quelques scrupules.

Le roi s'enquit vivement de ce qui alarmait Catherine Rebuffe, qui ne voulait, assura Baptiste, entrer que voilée et dans l'obscurité dans les appartemens du roi; et il promit tout au prétendu serviteur, après lui avoir remis une clé pour pénétrer secrètement dans le château.

— Tous les gardes seront éloignés, vieillard, et ta maîtresse viendra ainsi que tu me l'as dit. A demain : et en disant ces mots, Pierre donna à Roger une bourse assez pesante, que celui-ci reçut avec une humilité si admirable qu'il s'en réjouissait en lui-même. Une fois le roi éloigné, Roger retourna vers Catherine; mais la porte était fermée aussi pour lui, et sa belle maîtresse lui dit du haut de sa fenêtre.

— Je t'ai obéi en donnant ce rendez-vous sans t'en demander ni le but, ni le motif: obéis-moi en t'en allant. Adieu, mon beau vicomte, je t'aime et je vais dormir en pensant à toi.

— Adieu! répondit Roger, dont les desseins ne lui permettaient pas de demeurer plus tard et qui fit de cette nécessité une apparence de soumission dévouée.

Aussitôt après, il prit son cheval à l'écurie et dans peu de temps il arriva à une des extrémités du faubourg de Montpellier, dans une maison pauvre et mal tenue, où il trouva Kaëb à qui il avait donné rendez-vous en ce lieu.

II.

L'Africaine.

Arrivé au bouge où il devait passer la nuit, Roger apprit enfin la cause de la conduite de Kaëb.

— Maître, lui dit celui-ci, lorsque nous sommes partis, je savais que Raymond Lombard était sorti de Carcassonne quelques heures avant nous et qu'il emmenait avec lui Foë. Lombard s'était fait accompagner de quelques hommes seulement ; et Foë, je le savais, voyageait à cheval sur l'une des belles cavales de notre pays, que Lombard a achetées au grand marché de Beaucaire. Je n'ai point essayé de lui ravir Foë par la force, car il était armé, lui et ses hommes, et j'étais seul ; d'ailleurs il eût pu me reconnaître et te demander justice. Je n'avais point vu Foë et je n'avais pu la prévenir, j'ai donc agi de ruse. Dès que je t'ai eu quitté, j'ai à plusieurs fois, à droite et à gauche de la route, mais à quelque distance, fait hennir mon cheval tourmenté de l'approche de la cavale et bondissant sous ma main. Bientôt, à la voix du sire Lombard que j'entendais avertir Foë de se tenir prudemment et de ne pas laisser ainsi s'animer sa monture, je compris que le moment était venu. Aussitôt je remonte sur la route. Peu à peu je m'approche, maintenant à grand' peine la fougue ardente de mon cheval. J'entends la voix de Lombard qui s'inquiète ; Foë elle-même parle à sa cavale en la calmant. Je retiens mon cheval brûlant, furieux et qui hennit coup sur coup ; la chaude cavale qui répond, et aussitôt je donne le vol à mon coursier qui part comme une flèche ; la cavale, mal retenue, fuit au bruit de son galop ; mon cheval la poursuit, elle fuit plus vite, le sire Lombard et ses hommes, montés sur leurs pesans limousins, veulent nous atteindre. Je les entends quelque temps me donner des avis sur la manière de retenir mon coursier; mais Foë et moi, tous deux emportés par une course furieuse, les laissons bien loin au bout de quelques instans; et, alors seulement, je lui parle, je la calme et me fais reconnaître. Vous voyez qu'elle est innocente et que je suis le seul coupable.

— N'as-tu rencontré personne sur la route? dit le vicomte.

— Un seul homme qui semblait un marchand de chevaux, car il s'est plu à vanter la beauté du mien.

— Et cet homme, dit le vicomte, t'a reconnu, toi Kaëb, pour mon esclave, et Foë pour celle de Lombard.

— Mais il s'est éloigné aussitôt, reprit Kaëb stupéfait.

— Pas assez tôt, répondit Roger, pour ne pas avoir vu passer Lombard qui vous poursuivait: pas assez tôt, pour qu'il ne lui ait pas dit que tu m'appartenais, et pour qu'ils n'aient pas deviné ensemble que j'arrivais après toi; car cet homme m'a attendu sur la route, et c'est lui qui m'a retenu prisonnier. Je comprends tout ceci à présent. Et qu'es-tu devenu tout le jour?

— Nous nous sommes cachés afin d'attendre la nuit pour pénétrer à Montpellier et échapper à tous les yeux. Nous allions nous remettre en marche, lorsque je vis arriver votre cheval Algibeck couvert de sueur; je compris qu'un malheur vous était arrivé. Alors je suis retourné sur mes pas avertissant tous les chevaliers que je rencontrais, et les précédant pour découvrir où vous pouviez être. Algibeck m'a conduit enfin à la porte de Mont-à-Dieu.

— Tu n'as pas retrouvé Lombard? dit Roger.

— Il nous avait dépassés durant le jour, et depuis ce matin il est à Montpellier.

— Eh bien, dit Roger, ou je le connais mal, ou dans une heure il sera ici. Et que veux-tu que je lui réponde s'il redemande Foë, s'il réclame ton châtiment?

— Mais, dit Kaëb tremblant, comment peut-il savoir où je suis?

— Eh, imprudent, lui dit Roger, ne t'a-t-il pas fallu payer le péage de la leude du Pérou pour entrer à Montpellier? les hommes de la tolte lui auront dit que tu es entré; et crois-tu qu'il y ait tant de bouges d'albergue à Montpellier, qu'il ne puisse les faire parcourir tous en un jour? et, s'il vient, que veux-tu que je fasse?

L'impassibilité de Kaëb semblait anéantie de ces objections. Son esprit adroit et audacieux avait conçu un plan fondé sur une expérience prodigieuse des sens, et il avait réussi à l'exécuter tant que le tact et l'adresse physique avaient tout fait. Dans le désert même il l'eût poussé plus loin, et, par des manéges inouïs, il eût dérobé sa fuite aux poursuites les plus ardentes. Les traces de son cheval eussent disparu, ou il les eût mêlées comme un écheveau de lin inextricable; mais, dans cette société, tout incomplète qu'elle fût, l'instinct si fin du Maure se trouva en défaut dès qu'il eut à lutter contre son organisation, et ce ne fut pas sans étonnement que Roger y vit cette volonté, qu'il savait être de fer, chanceler soudainement et se mettre à sa merci. Le vicomte était en outre violemment contrarié de ce que l'on pouvait ainsi découvrir sa présence à Montpellier. Il parcourut la chambre rapidement, discutant avec lui-même s'il abandonnerait son esclave à la vengeance de Raymond Lombard; et ne trouvait ni dans sa générosité naturelle, ni dans son orgueil, aucun moyen de s'excuser à lui-même cet abandon. Il y avait même, dans l'humeur qu'il éprouvait de ce nouvel embarras, une sorte de plaisir.

Car, ainsi qu'il aimait dans une rencontre à se jeter au fort d'une mêlée pour y combattre de tous côtés, parant et frappant à la fois et faisant face à vingt lances, l'œil sur chaque danger, l'épée haute sur tous, agile et terrible ; de même, parmi cette tortueuse politique de ce siècle, parmi cette existence d'un suzerain, mêlée de tant d'intérêts, menacée partout, menacée d'en haut, d'en bas, de tous côtés, par l'Église, les manans et les chevaliers ; de même, disons-nous, il se plaisait à déjouer les projets des uns, à renverser les calomnies des autres, à mettre au jour les sourdes menées, à réduire certaines jactances : toujours heureux de combattre et sûr de triompher. Aussi, dans cette simple circonstance, toute la différence de l'homme social avec l'homme instinctif se développa dans l'abattement de Kaëb et la présence d'esprit de Roger.

— Esclave, lui dit le vicomte, je ne te livrerai pas à la colère de Raymond Lombard, non pour toi qui m'as désobéi, mais pour moi qui suis ton maître, et qu'on rendrait responsable de tes fautes. Amène ici Foë, couvre-la d'une large mante à capuce, et sortons de Montpellier.

Kaëb obéit, et dans peu d'instans ils gagnèrent la porte Saint-Gilles qu'on leur ouvrit moyennant quelques deniers septennes, et ils se dirigèrent vers l'hôpital du Saint-Esprit, fondé, à une portée d'arbalète de la ville, par le sire Guy, qui en était le maître et recteur. Dès qu'ils furent arrivés à la porte, Roger y frappa avec force et elle s'ouvrit aussitôt.

— Sire hospitalier, dit Roger, je viens demander asile dans votre maison pour moi et ces deux personnes de ma suite. Je suis chevalier, et je parle à un chevalier : ma parole vous suffit pour nous introduire.

— Étranger, répondit avec une sorte d'aigreur celui à qui Roger s'était adressé, je ne suis point chevalier, mais clerc; nos frères les chevaliers ne s'abaissent pas aux derniers emplois de l'ordre, comme celui d'ouvrir la porte durant la nuit : ils nous laissent ce soin ; surtout lorsqu'il s'agit de donner asile aux mendians et vagabonds : mais ils le gardent pour eux, lorsqu'ils prévoient quelque noble et haute visite.

— Et il paraît aussi, dit Roger avec hauteur, qu'ils gardent la politesse et le bon accueil, maître clerc, car la voie de votre hospitalité est si étroite, et vous tenez votre porte si près de l'huis, qu'il serait impossible, même au vagabond ou au mendiant le plus amaigri par la misère, de s'y glisser.

— Notre hospitalité est ce qu'elle peut être, dit le frère sans se troubler. Quand le vase est plein, on n'y peut mettre la moindre goutte de liqueur sans risque. Adieu donc, et cherchez ailleurs un gîte pour vous et vos montures.

— Un moment, s'écria Roger qui n'avait nulle envie de passer encore la nuit sans sommeil, et qui connaissait à fond les façons de ces clercs subalternes, si vous croyez que je sois un mendiant ou un vagabond, et qu'à ce titre vous me refusiez l'hospitalité dont votre maison a fait vœu, détrompez-vous, car voici une aumône que je vous prie de verser au trésor de la chapelle.

Le clerc prit l'argent du vicomte : et, après l'avoir prudemment examiné, il répondit :

— Sire chevalier, vous comprenez qu'on ne peut prendre trop de précautions ; mais cependant...

À ce moment, un moine parut et s'informa d'une voix sévère de la raison qui faisait ainsi retarder l'introduction des étrangers. Le frère répondit en balbutiant, qu'il voulait s'assurer s'ils n'étaient point mendians ou vagabonds.

— Que vous importe, répliqua le moine, ce qu'ils sont hors de ces murs? la seule condition pour y entrer est d'être pur chrétien.

— Je le suis, répondit Roger que cette voix avait singulièrement frappé.

— Et ceux de votre suite, dit le religieux avec un accent particulier, ne sont-ils ni Vaudois ni hérétiques?

Roger s'arrêta un moment; car il savait que Foë ni Kaëb n'avaient abjuré leur religion ni l'un ni l'autre. Cependant, en se reproduisant la question qu'on venait de lui faire, il crut pouvoir y répondre en prenant avantage des mots, plus que de la pensée.

— Je jure sur la croix que ceux qui me suivent ne sont ni hérétiques ni Vaudois.

— Entrez donc, dit le moine; et Roger, à la clarté rougeâtre de la lampe du frère, crut reconnaître Dominique, dont l'œil cherchait à pénétrer sous le voile de Foë et le capuchon de Kaëb; mais sans doute, à la tournure leste et svelte de l'esclave, il reconnut que ce n'était pas Pierre Mauran, et il s'éloigna.

— Ce religieux, dit Roger au frère hospitalier, est-il donc de votre maison, qu'il y commande en maître?

— Dieu sait ce qu'il est, reprit le clerc : ce qu'il y a de sûr, c'est que les frères chevaliers, tout hautains qu'ils sont, ont abaissé devant lui leur arrogance. C'est l'ancien collègue de Pierre de Castelneau, de celui qui fut assassiné sur le bord du Rhône par le sire Jehan de Verlès, sergent du comte de Toulouse, et il doit assister, dit-on, monseigneur Milon dans le concile qui suivra la cour plénière d'après-demain.

Cette parole surprit si fort Roger qu'il se la fit répéter plusieurs fois. Et tout en parlant ainsi, le clerc hospitalier le conduisit dans une cellule de triste apparence.

— Pardieu, lui dit Roger, autant valait nous laisser à la porte que de nous offrir ce chenil pour toute hospitalité!

— Hélas! sire chevalier, reprit le religieux, je sais qu'il est indigne de vous; mais la suite de madame Agnès de Montpellier, vicomtesse de Beziers, et celle de madame Étiennette de Penaultier, ont pris les meilleurs gîtes, et je n'en ai point d'autres à vous offrir. Seulement je vais conduire cette femme dans une cellule particulière, selon les règles de la maison.

Kaëb s'alarma de ces dispositions, surtout lorsqu'il apprit que Foë ne serait point seule; il allait faire part de ses craintes au vicomte, lorsque celui-ci, qui, en apprenant l'arrivée de sa femme et d'Étiennette, était devenu tout à coup pensif, ordonna au religieux d'aller trouver le sire Arnaud de Marvoill, qui devait commander l'escorte de la vicomtesse de Beziers, et de lui dire qu'un étranger désirait lui parler; le clerc lui fit observer avec quelque raison que le sire Arnaud ne se dérangerait pas à cette heure avancée de la nuit pour un inconnu, et il demanda son nom au vicomte. Roger, qui désirait le tenir caché, parut un instant embarrassé; enfin il dit à Kaëb de suivre immédiatement le clerc, et d'apprendre secrètement à Arnaud de Marvoill son arrivée à l'hôpital du Saint-Esprit.

Le vicomte et Foë demeurèrent donc seuls, éclairés par une lampe à bec accrochée à un mur; lui, repassant dans son esprit tous les événemens de la journée; elle, assise sur un étroit escabeau, muette et immobile comme elle avait toujours été durant la route. Au milieu de mille pensées qui tourmentaient l'esprit de Roger, il jeta ses regards du côté où se trouvait Foë, et vit qu'elle avait relevé son voile, et qu'elle le considérait avec la fixité d'un oiseau de proie. Lorsqu'il s'en aperçut, son regard ne dérangea pas celui de l'Africaine : on eût dit même qu'il semblait devenir plus ouvert et plus tendu en plongeant dans les yeux de Roger. Il n'était point d'homme à qui le coup d'œil d'aigle du vicomte n'imposât : il n'avait trouvé aucune femme parmi les plus perdues de la rue Chaude de Montpellier, dont la paupière ne se fût baissée devant lui : il sentit donc quelque étonnement de se voir ainsi couvert d'un regard pour ainsi dire supérieur. Il en détourna le sien et voulut recommencer ses réflexions ; mais par un mouvement insurmontable de curiosité, ou soit parce qu'il sentait ce regard sur son visage, il releva encore les yeux, et retrouva Foë plus attentive peut-être à le considérer : seulement son visage noir était moins immobile; entre ses lèvres entr'ouvertes, derrière lesquelles étincelaient ses dents brillantes, s'échappait une respiration haletante. Roger malgré lui ne put s'empêcher d'attacher ses yeux sur ceux de Foë, curieux d'en étudier la pensée. Mais ce regard qui débordait sur lui avait une expression qu'il ne savait comment expliquer. Ce n'était ni curiosité ni étonnement; ce n'était ni menace, ni prière; ce n'était ni admiration, ni reconnaissance; c'était quelque chose de sauvage et de tremblant, quelque chose de curieux et d'éperdu. Il craignit que tout ce qui s'était passé n'eût frappé de folie la malheureuse Foë, et il se sentit ému de pitié pour elle. Cependant il voyait sa poitrine bondir et ses dents claquer, l'éclat de ses yeux se noyait sous un voile humide. Roger surpris se leva et s'approcha d'elle. A ce mouvement elle tomba à genoux devant lui, la tête renversée sur ses épaules, les mains frémissantes et tendues, le regard indicible, la poitrine gonflée, la bouche entr'ouverte d'un sourire inouï. Roger se baissa pour la relever; mais prompte comme la tigresse qui bondit sur sa proie, elle jeta ses bras à son cou, attira Roger sur sa poitrine, dévora ses lèvres d'un baiser ardent; et, après quelques sanglots qui semblaient briser sa poitrine, tomba inanimée et presque évanouie à ses pieds.

Le vicomte doutait encore si c'était folie;

cependant, sans qu'il pût s'en rendre compte, cette femme l'avait troublé. Rien assurément ne pouvait en elle plaire à l'élégant et dédaigneux Roger, et cependant il ne put s'empêcher de la considérer couchée sur les dalles froides de la cellule, ses longs vêtemens blancs épars, et ses formes puissantes et jeunes dessinées par leurs légers plis. Ce n'était là ni la superbe beauté d'Étiennette, ni la candide perfection de Catherine : mais c'est sous une pareille image qu'on doit s'imaginer la passion qui dévore, le plaisir qui rugit, la volupté qui se tord avec des cris. Roger regardait, cherchant encore à se rendre compte de ce qui venait de se passer; lorsqu'un bruit léger se fit entendre dans le corridor; il crut que c'était Kaëb, et, se penchant vers Foë, il l'appela si doucement qu'on eût pu dire qu'ils s'étaient entendus.

— Foë, lui dit-il, Foë, on peut venir, le frère hospitalier va entrer, et il ne faut pas qu'il te voie ainsi.

A cette voix, l'esclave africaine se releva, remercia Roger d'un regard qui tout aussitôt se trempa de larmes; et, ramenant son voile sur son visage, se remit sur son étroit escabeau.

Roger n'avait rien à lui dire sans doute, mais tout bruit avait cessé dans le corridor, et il lui parla.

—Foë, reprit-il, Kaëb va venir; que veux-tu que je fasse pour vous deux?

—Pour nous deux, reprit Foë d'une voix dont la musique avait quelque chose de traînant et de résolu à la fois; pour nous deux, tu feras bien de lui dire ce qui vient d'arriver; car alors Kaëb prendra son poignard, et il me tuera.

—Il te tuera! reprit Roger plus attendri qu'étonné, et pourquoi veux-tu qu'il te tue?

— Parce que je veux mourir, répondit Foë.

—Pourquoi mourir? dit Roger, dont la voix malgré lui marquait plus d'intérêt que de curiosité.

—Parce que..... Foë s'arrêta, et, tombant à genoux devant Roger, elle lui dit, avec un accent de prière irrésistible: Écoute, écoute-moi, et ne me demande pas pourquoi je veux mourir; car, vois-tu, tu ne m'as pas encore dit: Esclave, va-t'en! tu ne m'as pas regardée avec mépris; tu ne m'as pas frappée du pied et jetée à terre; tu ne t'es pas détourné de moi avec dégoût ; et tout cela pourrait arriver si je te disais pourquoi je veux mourir. Je veux mourir, continua-t-elle en s'animant à chaque parole, parce que je suis heureuse, parce que j'ai touché ta main, savouré ton haleine; parce que j'ai vécu une minute cette vie que j'ai tant rêvée sans l'avoir jamais espérée, parce que je hais Lombard qui me redemandera à Kaëb que je n'aime plus; enfin, parce que je suis fille de Mahomet et toi fils de Jésus; parce que je suis noire et toi beau et blanc; parce que je suis esclave et toi vicomte, et que.....

—Oh! tais-toi, Foë, l'on vient, dit Roger en lui mettant doucement sa main ouverte sur la bouche : il sentit le baiser de Foë à travers son voile; et, sans y faire attention, en lui faisant signe de se relever il lui sourit si doucement, qu'on ne peut dire que ce fut seulement de la pitié. Est-ce donc que, de même qu'il n'est point d'hommage, si grossier qu'il soit, qui ne flatte la vanité d'une femme, il n'y a point d'amour si impossible qu'il puisse être, qui ne touche l'orgueil d'un homme?

Presque aussitôt la porte s'ouvrit. Kaëb ramenait Arnauld de Marvoill. Au moment où ils entrèrent, la figure de Dominique se dessina dans les ombres du corridor et le regard de Roger crut voir luire sur lui un éclair de cet œil farouche dont le premier aspect l'avait si vivement frappé. Cependant Arnauld vint demander ses ordres au vicomte. Sur un signe de Roger, Kaëb et Foë se tinrent à l'écart, et Roger s'entretint particulièrement avec Arnauld.

Dans cette conversation, le vicomte de Beziers révéla au vieux poète la cause de la réunion de tous les comtes de la Provence dans la ville de Montpellier. Il lui apprit que c'était sur son appel qu'ils s'y rassemblaient, sous le prétexte d'une cour plénière.

— Ce que je leur veux proposer, dit Roger, doit rester pour eux un secret jusqu'à notre solennelle réunion. Une indiscrétion pourrait anéantir des projets si prudemment conduits, et cependant ce que je viens d'apprendre par le propos indiscret du frère hôtelier de cet hospice, me donne lieu de penser, ou qu'on m'a trahi, ou qu'on m'a deviné. Arrange-toi de manière à faire causer un religieux d'Osma, qu'on nomme Dominique, vois pourquoi il est ici, pourquoi le légat Milon se rend à Montpellier; cela m'intéresse plus que tu ne peux croire. J'avais résolu dans ma tête de donner ces jours-ci au plaisir seulement, et j'avais gardé pour plus tard les graves affaires qui planent sur la Provence ; mais je vois que l'orage vient plus vite que je n'avais pensé : je dois donc dès aujourd'hui prendre mes mesures. Demain est un jour consacré à donner à mon oncle et à mon beau-frère une leçon de bonne conduite; après-demain c'est jour de fête. Lundi, Arnauld, je lèverai une bannière de salut et j'appellerai toute la Provence à la soutenir. Qu'elle le fasse, ou elle périt.

En parlant ainsi, Roger parcourait la cellule à grands pas, parlant par phrases entrecoupées, et Arnauld le considérait avec étonnement, lui qui, deux jours avant, l'avait vu paraître si insoucieux et inconsidéré. A plusieurs fois, il l'entendit répéter à voix basse :

—Milon à Montpellier, — ce brandon, — ce furieux. — Ah ! c'est grave : Milon à Montpellier ! Enfin il s'arrêta, et, s'adressant à Arnauld, il lui dit, d'un air particulièrement occupé de cette pensée : — Ce Dominique surtout, il faut voir ce Dominique.

Et son visage changeant tout à coup d'expression, comme un homme qui dépouille une pensée sans que rien lui en demeure à l'esprit, il ajouta :

— Et manitenant fais-moi donner une chambre; Kaëb restera près de moi. Quant à cette .... ; il s'arrêta et ne voulut pas dire le mot esclave. Il se souvenait donc des paroles de Foë; il reprit sa phrase, et dit à Kaëb :

— Ta compagne sera placée parmi les femmes qui servent la vicomtesse. Puis il ajouta, en s'adressant à Arnauld :

— Dites à Agnès que je la lui recommande. Vous-même, veillez à ce qu'on ignore son séjour dans la maison de la vicomtesse; vous saurez pourquoi.

Aussitôt après, ils sortirent de la cellule où on les avait placés d'abord. Foë suivit Arnauld de Marvoill, et Roger et son esclave furent placés dans un vaste appartement où le vicomte s'endormit bientôt sur un lit somptueux, et l'esclave sur une natte : l'esclave plus tranquille d'esprit et de conscience que le maître.

VI.

La Comtesse de Montpellier.

Le matin qui suivit la nuit dont nous venons de rapporter quelques circonstances, Roger, seul et toujours sous son déguisement, se rendit à Montpellier. Il alla à l'hôtel-de-ville, habité alors par la reine d'Aragon, le château comtal ayant été détruit par les habitans dans la révolte qui avait éclaté à l'époque du mariage de Marie avec Pierre, et lors de l'annulation du testament de Guillaume VII, père de la comtesse. Arrivé à la demeure de la reine, il fit avertir Gille, comtor d'Hauterive, qui, s'étant soustrait à la suzeraineté du comte de Foix pour reconnaître celle du comte de Toulouse, avait été chassé par Raymond Roger de son château, et forcé de se mettre au service du roi d'Aragon, comme simple chevalier citadin. Il remplissait en ce moment l'emploi de sénéchal de la reine d'Aragon comme comtesse de Montpellier. Il se hâta d'accourir près du vicomte dès qu'il le reconnut.

— Par Jésus! lui dit-il vivement en l'entraînant dans l'hôtel, soyez le bien-venu. Je suis charmé de vous voir des premiers, car j'ai beaucoup de choses à vous dire.

— Dépêchez, sire d'Hauterive, lui répondit Roger, car je suis moi-même fort pressé de parler à ma sœur Marie.

— Cela serait difficile en ce moment, lui dit le comtor, car elle est en grand entretien avec le comte Raymond, et fort animé, je pense, au bruit qu'on peut entendre qu'ils font.

— Déjà? dit Roger en souriant, mon oncle se lève de bonne heure! Et de quoi croyez-vous qu'il s'agisse dans cet entretien, sire d'Hauterive?

— De quelque intrigue basse et servile sans doute, dit amèrement le comtor; il veut associer peut-être madame Marie à une révolte contre les ordres du pape et l'armée de ses légats, tout prêt à l'abandonner lâchement comme il fait toujours quand il l'aura entraînée dans quelque grave danger.

— Ce que vous supposez n'est pas la vérité, répondit Roger; mais je vous la dirai si vous voulez me servir? et si vous le voulez, je vous donne ma foi de vicomte de vous remettre en bonne intelligence avec votre suzerain, le comte de Foix, et de vous faire rendre votre château d'Hauterive.

— Par ma foi de chrétien, je le ferai, dit le sire d'Hauterive avec embarras; acceptez-la telle quelle; car je n'ai plus droit d'engager ma foi de chevalier, puisque je l'ai trahie envers mon suzerain.

— Je tiens la vôtre pour bonne: menez-moi donc en quelque endroit secret où je puisse librement vous parler jusqu'au départ de mon oncle de Toulouse; mais avant cela, faites que tous les consuls de la ville soient avertis ainsi que les hommes nobles de la bannière seigneuriale de

Montpellier : nous aurons besoin de leur concours.

— Votre confiance, dit le comtor d'Hauterive, commande la mienne ; je vais les faire quérir.

Après que le sieur d'Hauterive eut donné les ordres nécessaires, il s'enferma avec Roger. Lorsqu'il sortit pour l'introduire auprès de la reine, il y avait sur son visage une préoccupation sérieuse, qui cependant s'éclaircissait quelquefois d'un sourire pour ainsi dire irrésistible, et, en le conduisant dans la chambre de Marie, il ne put s'empêcher de dire à Roger :

— L'affaire est triste et le remède plaisant.

Lorsque Roger entra dans la chambre de Marie, il la trouva tout en larmes et dans un état de désespoir qui lui fit comprendre que Raymond lui avait appris la résolution du roi d'Aragon. En apercevant le vicomte, ses larmes redoublèrent, et des sanglots violens la suffoquèrent. Roger crut devoir se jeter tout à coup au cœur de la question, et lui dit, en lui prenant la main :

— Eh bien ! ma sœur, eh bien ! ce malheur

n'est pas encore arrivé; il ne faut pas pleurer avant l'événement.

La comtesse ne put répondre, tant la douleur lui serrait le cœur et lui interceptait la voix. Roger s'étonna d'un si violent désespoir, et craignit que le comte de Toulouse n'eût fait le malheur plus grand qu'il n'était en effet. Il s'assit auprès de la comtesse, et, prenant avec elle ce ton de protection affectueuse dont il savait si bien charmer :

— Eh bien! Marie, lui dit-il; eh bien! qu'est-ce donc? ne suis-je pas là pour vous protéger? Faut-il vous tordre ainsi de chagrin et vous désoler pour un mari qui ne vaut pas un seul de ces beaux cheveux que vous voulez arracher. Nous le ramènerons à son devoir.

— Non! non! répondit la comtesse, il a juré de m'abandonner, l'ingrat! non, je n'ai plus d'autre espérance que la mort; car vous devez bien penser, mon frère, que je n'accepterai pas la proposition de cet odieux Raymond.

— Et quelle proposition peut vous faire mon oncle, laid et sordide, à vous belle et charmante Marie?

— Il me propose de m'épouser après la répudiation du roi. Je serais sa sixième femme, dit la comtesse avec un dédain singulier.

— Et il serait votre quatrième mari, reprit Roger en riant.

— Roger, dit la comtesse sérieusement, est-ce votre intention de m'insulter ou de me protéger ?

— De vous protéger, ma sœur, s'écria vivement le vicomte ; de vous protéger contre votre époux, bien qu'il ait indignement manqué à sa foi envers moi ; car lorsqu'il me maria à votre sœur Agnès, il m'assura comme son tuteur les comtés dont votre père vous avait dépouillée en faveur des enfans de sa seconde femme, et cependant il a fait casser le testament de votre père, et vous a fait rendre vos domaines. Mon intention est de vous protéger, ajouta-t-il en adoucissant sa voix, en mêlant un sourire au ton de reproche qu'il prit alors, bien que vous ayez renoncé à cette comté, le 15 décembre 1197, par acte passé dans la chambre comtale de Guillaume, avec la permission de votre second mari, Bernard de Comminges, et sous la garantie de ce même comte de Toulouse, et de Vital de Montaigu, aujourd'hui le favori de Pierre, et bien qu'aujourd'hui vous soyez ici souveraine.

— Mon frère Roger, répondit la comtesse,

à Dieu ne plaise que je veuille inculper la mémoire de mon père, ni jeter aucune défaveur sur votre épouse et compagne, ma sœur Agnès; mais il est notoire que jamais mon père ne put obtenir du pape que son second mariage fût légitimé : il reste encore dans les chartres de la seigneurie une lettre d'Innocent qui lui refuse positivement cette légitimation. Ce fut donc une erreur de son esprit que de vouloir me priver de mes droits pour les transmettre aux enfans de sa maîtresse. Quant à l'acte de renonciation que j'ai fait, la date que vous venez de citer doit vous rappeler que j'avais à peine quinze ans lorsque cet acte fut passé : et cet âge de quinze ans vous expliquera deux choses. Et d'abord, pourquoi j'ai mis si peu de ma volonté dans une renonciation que je ne comprenais pas; ensuite, ajouta-t-elle en baissant les yeux, cet âge vous dira pourquoi le comte de Comminges renonça si aisément à un comté qu'il fallait perdre pour m'obtenir.

— Je comprends ce qu'il a fait alors, dit Roger avec courtoisie.

— Et vous ne pouvez vous expliquer ce qu'il a fait depuis, reprit la comtesse avec un triste sourire. C'est une singulière existence que la mienne. Je n'avais pas six ans lorsque mon père me maria à Barral, vicomte de Marseille; à dix ans j'étais veuve, et rentrée avec un douaire considérable dans la famille de mon père. Ma présence gênait ses intentions, et à quinze ans il me maria au comte de Comminges. Tant que mon père vécut, le comte, dont l'amour pour moi s'était éteint bien vite pour avoir été trop violent, me garda cependant comme un fardeau qu'il craignait de jeter à terre. Mais à peine mon père fut-il mort qu'il me maltraita, brutal qu'il était de sa nature, et que l'amour n'adoucissait plus. Ce fut alors que Pierre, irrité de lui avoir vu lever sur moi le manche de son bâton comtal, lui reprocha sa lâcheté. Vous savez qu'en cette occasion eut lieu un champ clos où le comte de Comminges fut vaincu. Vous savez encore qu'après cette rencontre il me répudia selon les conditions que lui imposa le roi vainqueur, et que j'épousai Pierre d'Aragon, fière de son courage et de son amour pour moi.

—Je sais tout cela, dit Roger en cherchant à pénétrer l'intention de la comtesse.

—Mais ce que vous ne savez pas, c'est que tout cela n'était qu'un jeu joué; menace de

Comminges, indignation du roi, combat, défaite et victoire, conditions et mariage : tout cela était arrangé d'avance par Pierre, qui voulait réunir le comté de Montpellier à sa couronne d'Aragon, et qui n'avait pour y réussir que mes droits à relever. Pour cette affaire, le comte de Comminges a reçu cent mille sols raymondiens qui lui ont servi à payer ses dettes, et à dégager mon douaire des mains de ses créanciers.

A cette révélation, Roger ne put s'empêcher de penser que c'était véritablement une fâcheuse destinée que d'être ainsi prise et cédée par des maris qui se succédaient l'un à l'autre. Il en prit occasion pour raconter à Marie ce qu'il savait des projets du roi et de Raymond. Car en causant tous deux, ils s'éclairèrent mutuellement sur quelques points qui étaient demeurés obscurs pour chacun d'eux. Ainsi, Roger apprit que Rastoing avait fait signer l'acte de la veille à la comtesse, par l'assurance qu'il lui avait donnée de la remettre en bonne intelligence avec son mari; et il comprit, d'après les projets de mariage de Raymond, de quel intérêt avait dû être pour lui la remise des châteaux de Lates et d'Omelas, et pourquoi il s'était si vivement opposé à l'entière destruction du château de Montpellier. Après avoir long-temps discouru ainsi, Roger, voyant la douleur de la comtesse calmée par l'occupation et l'intérêt de ces confidences, aborda enfin le sujet qui l'amenait. D'abord la comtesse sembla refuser entièrement ce qu'on lui proposait ; puis, elle ne put s'empêcher de sourire à la pensée de ce singulier moyen ; puis elle écouta sérieusement, et enfin ce fut en riant aux éclats qu'elle dit à Roger :

—Eh bien ! je le veux, Roger ; ce sera comme vous dites, et que Dieu nous aide !

—Il nous aidera, dit le vicomte, car nous travaillons dans sa voie.

—Mais que ceci demeure un secret entre nous...

—Un secret ! s'écria Roger, un secret ! non point, sur mon âme, ma sœur ! Et à quoi cela nous servirait-il si demain chacun ne le savait, et si les principaux de la ville ne l'avaient vu ?

—Vu, dit Marie en rougissant jusqu'au blanc des yeux.

—Vu, belle sœur, dit Roger en la baisant au front, oh ! ce rouge de pudeur vous rend vos quinze ans, et Comminges avait raison. Que Pierre vous voie ainsi, et tout sera dit.

Comtesse, ajouta-t-il après un moment de silence, j'entends les nobles de votre maison et les consuls de la ville assemblés par mon ordre : je vais leur faire part de vos intentions.

— Qu'allez-vous faire? s'écria Marie en feignant de le retenir.

— Ordonner la cérémonie, s'écria le vicomte en s'échappant; et il laissa la comtesse seule, préoccupée, mais souriant par intervalles à sa pensée. A plusieurs fois, elle passa devant un miroir d'acier poli où elle se regarda longtemps : on eût dit qu'elle hésitait.

— C'est une folie, pensait-elle, qui ne mènera à rien. Puis elle appela la femme qui peignait ses cheveux avec des aiguilles d'or, et lui donna quelques ordres. Je n'en recueillerai qu'une nouvelle humiliation, ajouta-t-elle encore en sa pensée; et elle baigna ses bras dans une eau de rose distillée chez les moines de Maguelonne. — Pierre est perdu pour moi, murmurait-elle devant un miroir, et elle fermait à mi-partie ses yeux pour faire glisser son regard sous ses longs cils, et elle mordait doucement ses lèvres pour dessiner le blanc éblouissant de ses dents sur le rose éblouissant de ses lèvres; puis triste, mais une espérance au cœur, elle s'avança la tête penchée vers la chambre secrète où, dans une vaste baignoire venue des marbres de Bayonne, l'attendait un bain frais et parfumé. Puis elle s'y plongea toute nue. Se posant avec grâce, et se regardant à travers le voile de l'eau, s'étudiant à être belle; et enfin, après s'être ainsi long-temps considérée, elle se laissa aller à dire tout bas avec un sourire presque heureux :

— Peut-être !

Pendant ce temps, Roger continuait à ourdir tous les fils de son projet; mais loin de le présenter comme une idée qui lui fût propre, il parvint à persuader au sire de Rastoing que c'était lui-même qui avait eu le premier cette pensée, et véritablement elle était une si naturelle conséquence de ce qu'il avait fait la veille, que d'abord le vieux consul s'étonna de ce qu'il n'avait pas songé à la mettre sur-le-champ à exécution. Tout en la discutant avec Roger, il s'en enthousiasma au point qu'elle devint pour lui la grande solution des difficultés qui existaient entre tous les seigneurs de la Provence. Enfin l'entraînement devint si violent qu'en entrant au chapitre il était résolu à traiter de mauvais citoyen tout noble ou bourgeois qui eût fait la plus légère objection. Ce fut donc un curieux spectacle que de voir proposer et discuter sérieusement l'étourderie de jeune homme la plus complète par les têtes les plus graves du comté de Montpellier. Douze consuls bourgeois prirent part à cette discussion, avec quatre chevaliers, un évêque et le recteur de l'hôpital du Saint-Esprit. Tous signèrent l'arrêt par lequel on régla la façon dont se passeraient les choses, et le cérémonial qui y serait observé. Nous allons le rapporter ainsi qu'il est attesté par plus d'un auteur contemporain.

Dès que la décision fut prise, l'évêque de la cathédrale de Maguelonne ordonna à tous les moines et prêtres de parer les églises et de se mettre en prières pour l'accomplissement d'une sainte et divine entreprise. Dès le milieu du jour, les cloches retentirent et appelèrent de toutes parts les chrétiens dans le temple. A mesure que la nef se remplissait, un prêtre, monté sur les marches de l'autel, disait avec une sorte d'inspiration confiante, car il ignorait ce dont il s'agissait :

— Chrétiens, habitans de Montpellier, vos consuls, assistés de votre évêque et des chevaliers de la lance de madame Marie, notre comtesse, ont conçu et arrêté, dans leur sagesse, un projet qui doit ressusciter Montpellier comme Jérusalem l'a été. Priez pour le succès de leurs desseins, et confiez-vous en Dieu et en leur prudence.

Peu à peu le bruit de cette grande nouvelle se répandit par la ville, et de tous côtés on s'assembla dans les églises; le peuple déserta son travail, les marchands abandonnèrent leurs boutiques. Ce fut un immense concours de toute sorte de gens, se hâtant, et se communiquant les plus folles conjectures sur le sujet probable de leurs prières. Les plus sages supposaient qu'il s'agissait des affaires qui devaient se discuter entre les comtes assemblés à Montpellier; d'autres, informés vaguement de l'arrivée des légats, soupçonnaient qu'on allait prendre quelque cruel arrêté contre les hérétiques, afin de les expulser tous du territoire de la comté. Les marchands espéraient qu'on supprimerait les droits de souquet sur le vin et autres marchandises; mais aucun ne put pénétrer dans la profonde politique des consuls; et, en définitive, chacun se mit en prières avec toute l'onction d'un bon chrétien plein de foi dans une promesse et une espérance. Cependant le son des cloches ébranlait la ville, et Pierre d'Aragon, ayant appris ce dont il s'agissait, en rit de tout son cœur, s'imaginant que c'était une ruse de la part des consuls pour faire valoir au peuple de Montpellier l'arrangement que Rastoing lui avait fait signer la veille. A l'hôpital du Saint-Esprit on ne s'en alarma pas, quoiqu'il ne fût pas d'usage d'implorer si solennellement le Seigneur pour le succès d'une cour plénière. Cependant la nuit vint; et Catherine, qui avait entendu tout ce bruit, et avait vu passer sous ses fenêtres tous les habitans de son faubourg se rendant à la cathédrale, se souvenant en même temps de ce qu'elle avait dit à Pierre d'Aragon, et n'osant aller s'informer de ce qui arrivait, devint fort soucieuse de l'imprudence qu'elle avait eue de servir les projets de son tuteur et d'avoir cédé aux désirs de Roger.

Toutefois son inquiétude était traversée d'un soin qui la lui rendait moins assidue à l'esprit. Son oncle, Pierre Mauran, s'était fait transporter chez elle en arrivant à Montpellier, et ce misérable état, où l'avaient mis sa pénitence, le rude traitement des brigands et les terreurs dont l'avait frappé Dominique, l'avait jeté dans une ardente fièvre que suivit bientôt un terrible délire. Toute la lutte des brigands et du religieux se retraçaient à son esprit, mais sous les formes agrandies et gigantesques d'un cerveau malade. Ce n'était plus Buat ni Dominique, c'étaient l'Enfer et le Ciel qu'il croyait entendre; ses douleurs devenues les âcres morsures du démon ou les flèches brûlantes de la foudre. Il implorait à la fois Dieu et Satan, et par-dessus tout il appelait, pour le sauver de leurs mains, le vicomte Roger, maudissant Raymond et pleurant quelquefois comme un enfant. Catherine, épouvantée de cet état, avait envoyé chercher quelques médecins de l'école de Montpellier; mais tous étaient à l'église, priant le Seigneur, et nul n'avait voulu se déranger pour un étranger condamné, d'ailleurs, pour hérésie. La nuit vint ainsi, et la malheureuse Catherine se trouvait dans un embarras auquel aurait succombé une moins jeune tête et un esprit plus ferme, lorsque Roger arriva chez elle. Informé de l'arrivée de Pierre Mauran, il se hâta d'ordonner qu'on allât chercher Nathanias de Chypre.

— Celui-ci, dit-il à Catherine, ne sera pas, à coup sûr, à prier à l'église; et, d'ailleurs, il est le plus savant médecin de la Provence, au dire même des plus ignorans, ce qui est un hommage rare à obtenir.

— Oh! dit Catherine alarmée, un juif dans ma maison, Roger; je ne veux pas. Les saints canons du concile de Lombers l'ont défendu sous peine d'excommunication.

— Mais non pas sous peine de mort, reprit le vicomte, et ton oncle en est là ; d'ailleurs, ajouta-t-il, le misérable a besoin du salut de son corps pour travailler au salut de son âme ; car il est sous la malédiction du Ciel. Laisse donc commencer le juif et le moine viendra après.

Catherine, dont la foi était fervente, mais dont l'humanité ne cherchait qu'un appui pour s'affranchir des terreurs religieuses qui la retenaient, envoya quérir Nathanias. Ce premier soin accompli, elle s'informa curieusement de la cause de cet appel général des fidèles, et sa surprise fut bien grande lorsque Roger lui répondit qu'il s'agissait du rendez-vous qu'elle avait donné au roi d'Aragon, et qu'il fallait qu'elle songeât à accomplir sa promesse. Elle se prit à considérer Roger avec un étonnement qui portait en soi un charme d'amour inouï. Dans le regard qu'elle lui jeta il y avait tout ce que son âme concevait à peine, tout ce que sa bouche n'eût osé dire, même pour se défendre de la mort. Ce regard disait :

— Toi ! Roger, toi me mener au rendez-vous du roi d'Aragon. Un autre que toi eût pu me jeter ainsi à cet homme; un autre, pour une vaine ambition, eût pu me prendre innocente dans tes bras, et mettre sous son pied la couronne blanche que tu as respectée; mais toi ! toi ! Oh ! si la pudeur et la vie d'une pauvre fille ne te sont rien, à toi ! qui as coutume de jouer l'existence des hommes pour une passion et un caprice, du moins ce n'était pas à un autre que tu devais les sacrifier..... et, tout en pleurant ma vie innocente que je sentais chaque jour s'en aller, du moins je me calmais les craintes de mon cœur en pensant que c'était toi qui me perdais ainsi; et, aujourd'hui..... Oh ! malheureuse Catherine ! malheureuse que je suis ! Tu ne m'aimes donc pas ?

Et après ce regard, où Roger vit tant d'étonnement s'effacer dans une âme au désespoir, Catherine se prit à pleurer avec une douleur qui le ravit.

— Catherine, lui dit-il en se mettant à genoux devant elle : enfant, es-tu folle d'avoir ces pensées ? Car il l'aimait trop pour ne pas les avoir devinées. Écoute, je vais tout te raconter : j'avais voulu faire de ceci une bonne leçon à mon frère d'Aragon, et je voulais même t'en cacher les moyens pour t'en faire une joyeuse surprise ; mais je te dirai tout si tu pleures ainsi.

— Vous voulez que j'aille chez ce roi que je hais ! répondait Catherine s'obstinant dans ses larmes qu'elle voyait bien que Roger saurait essuyer, mais à qui elle voulait rendre un peu de la douleur qu'elle avait soufferte.

— Mais non, enfant, disait le vicomte en lui séparant les mains dont elle cachait ses yeux; c'est une folle plaisanterie, et tu sauras....

— Je ne veux rien savoir, interrompit Catherine qui eût été sans cela forcée à pardonner trop vite. — Ce que je sais, c'est que vous ne m'aimez pas, et que je ne suis pour vous qu'un jouet que vous briserez dès qu'il ne vous sera plus utile.

— Catherine, reprit le comte d'une voix profondément émue, tu dis que tu n'es pour moi qu'un jouet que je briserai ! Oh ! regarde ma vie, et parmi tous ces hommes qui gouvernent la Provence, vois si ma couronne de vicomte n'est pas restée pure de tout autre malheur que du mien ! Tu dis que je ne t'aime pas : eh bien ! ordonne-le, et cette couronne, que j'ai dépensé mon sang à faire respecter, je t'en ferai un jouet, et tu pourras la briser et la jeter à ton gré.

Pendant ces paroles, Catherine avait écarté d'elle-même ses mains de ses yeux; elle s'était reprise à regarder son beau vicomte, un genou à terre devant elle, la main sur le cœur, l'œil superbe et triste, la tête haute, la voix profonde : et, se laissant aller à son amour d'enfant, elle l'attira sur son cœur; et, l'enlaçant de ses bras, imprudente et naïve, elle appuya son cœur sur celui de Roger et lui dit seulement :

— Oh ! je t'aime ! — Mais aussitôt elle se dégagea, avant que Roger fût revenu du trouble où ce mouvement l'avait plongé, avant qu'il pût lui-même l'entourer de ses bras, et l'attacher palpitante à son cœur dont les bonds eussent frappé au sien; et elle lui dit, avec la sérieuse légèreté d'une enfant qui balance entre un devoir et un plaisir :

— Mais je ne peux pas laisser mon oncle seul; comment ferons-nous ?

Oh ! ce n'est pas toujours un calcul de coquetterie que ces rapides variations du cœur des femmes, qui nous brisent et nous relèvent ; ces caprices qui nous rejettent, ces caprices qui nous rappellent, ces larmes et ces rires, ces douleurs et ces joies ; tout cela mêlé sans raison, et nous dominant sans raison : tout cela, c'est la femme telle qu'elle est et qu'il faut qu'elle soit. Car demandez à ceux qui ont maudit, pendant sa durée, ce temps de printemps, tout de soleil, d'orages, de pluies, de froid et de chaudes haleines, où, dix fois le jour, le cœur s'épanouit et se resserre comme une fleur ; demandez, plus tard, à ceux-là, si ce n'est pas cette vie qu'ils redemanderaient au Ciel, s'ils osaient, au lieu de la quiétude de la vertu. Puis lorsque le cœur se laisse aller aux sortiléges d'une coquette, c'est qu'elle imite bien cette nature inconstante et impérieuse ; c'est qu'elle joue, en comédienne habile, le rôle passé de sa jeunesse ; c'est qu'elle fait de l'amour le même semblant que le fourbe de la vertu. Hypocrites tous deux ! tous deux d'autant plus dangereux qu'ils ressemblent davantage à la vérité.

Cependant Roger et Catherine discutaient rapidement les moyens de sortir convenablement de la maison, parlant tous deux à la fois, ne s'écoutant ni l'un ni l'autre, annonçant à chaque mot une heureuse idée qui ne venait pas, lorsque enfin ils entendirent arriver Nathanias. On l'introduisit près du malade, et les premiers ordres qu'il donna furent qu'on établît autour de lui le plus complet repos. Ensuite il s'engagea à demeurer près de lui jusqu'au lendemain ; et Catherine, insouciante enfant qu'appelait une ardente curiosité, se trouva suffisamment justifiée de son absence, car, disait-elle :

— Il faut du repos à mon oncle, et je ne puis rester près de lui; d'ailleurs, les soins de Nathanias valent mieux que tous ceux que je pourrais imaginer.

Et aussitôt, après avoir recommandé à ses serviteurs de rester à portée d'obéir aux moindres ordres du médecin, elle fit semblant de se retirer dans sa chambre. Quelques minutes ensuite, aidée de sa vieille nourrice, elle sortit avec Roger par la porte secrète du jardin, tous deux enveloppés de larges mantes à capuchon, de façon qu'il était impossible de les reconnaître.

C'était dans une nuit du samedi au dimanche que se passèrent les événemens que nous allons raconter. Si, jusqu'à présent, nous avons suivi la marche des choses, comme simple narrateur, sans y mêler quelques réflexions, c'est que chacune des circonstances où nous avons trouvé le vicomte de Beziers, fut un des antécédens de sa courte et fameuse histoire; c'est qu'il arriva que chacun de ses actes et chacune de ses paroles, durant ces deux jours que nous venons de peindre, fut le principe de quelque malheur, et que nous avons craint d'en tirer trop vite les conséquences. Mais cette nuit appartient encore à cette partie de notre récit où nous établissons la scène, les hommes et les passions de l'époque: ne nous arrêtons donc pas, et continuons notre exposition; seulement, faisons la part de chacun en homme qui aime plus la vérité que lui-même. Tout ce que nous racontons, peut-être l'avons-nous tiré, à grand'peine, d'énormes in-folios qui pèseraient trop aux mains gantées des gens du monde pour qui nous écrivons; mais nous ne l'avons pas imaginé, et nous n'en aurions eu garde. En effet, l'histoire, bien lue, est un si sublime spectacle, que nous avons trop de conscience pour vouloir la plâtrer des sornettes de notre imagination. Ce que nous tentons c'est d'amasser dans ce livre, comme dans une représentation à bénéfice, les bons acteurs et les belles scènes. Et puis, s'il faut tout dire, cette histoire est celle du pays de l'auteur, et il se garderait bien d'en effacer ou d'en changer un trait, comme il se croirait sacrilége de toucher à un portrait de famille; car, c'est un si doux plaisir de raconter en prononçant des mots d'enfance, d'écrire Toulouse, Montpellier, Foix, Carcassonne, où on a vécu. C'est à faire croire que Walter Scott a été plus heureux d'écrire ses romans que le monde de les lire; ce qui serait *prodigious* à penser. Qu'on pardonne à cette excursion en ne nous laissant pas seul heureux de notre histoire, et nous allons la continuer avec la même conscience et la même véracité.

IV.

Le Rendez-vous.

Dès que Catherine et Roger furent sortis, ils se dirigèrent vers l'église de Saint-Pierre de Maguelonne (1), où était assemblé le plus grand concours de fidèles. En y pénétrant ils furent

(1) L'abbaye de Maguelonne, sise sur le bord de la mer et immensément riche, était toute différente de l'église cathédrale de Maguelonne de Montpellier.

éblouis de l'éclat des lumières qui resplendissaient de toutes parts. C'étaient de nombreux flambeaux de cire de différentes hauteurs, et qui, disposés les uns au-dessus des autres, enveloppaient l'autel d'un réseau merveilleux de lumières. Ces flambeaux étaient fournis à l'évêque de Saint-Pierre par les juifs de la ville, d'après l'accord passé en 1198. En vertu de cet accord, ils payaient à l'Église une taxe de quarante-quatre livres de cire à Noël et au vendredi saint : et pour ce tribut ils étaient soufferts dans la ville, ils pouvaient y posséder une synagogue et avaient le droit d'y enseigner la médecine, à la grande colère de l'université de Montpellier qui réclamait déjà pour elle seule le privilége exclusif des sciences humaines. Ce jour-là on avait rendu l'église resplendissante de toutes ses beautés. De jeunes arbres, tout couverts de leurs feuillages et de leurs fleurs, étaient rangés sous les basses ogives des côtés de l'église ; des serges éclatantes enveloppaient les piliers en montant en spirale jusqu'à leur sommet, et le chœur était brillant de tapis. Dans les stalles de chêne bruni qui enveloppaient l'autel, étaient réunis les somptueux chanoines de Maguelonne, le capuce rouge en tête et la croix d'or sur la poitrine.

Au milieu du chœur s'ouvrait un riche missel sur un pupitre immense. Ce pupitre représentait une sorte de serpent ailé dont le corps tortueux formait le pied de cette machine, et qui, ainsi dressé, déployait de vastes ailes merveilleusement travaillées sur lesquelles reposait le saint livre. Le missel, avec ses vignettes étincelantes, était écrit sur deux colonnes séparées par les plus magnifiques travaux de peinture: et ses pages, où le texte se dessinait en noir au milieu de ces arabesques, semblaient un parterre avec ses plates-bandes brunes bordées de fleurs jaunes et brillantes. C'était un don du cardinal Néapoléon de Lara à l'église de saint-Pierre, et il avait été béni par le pape Célestin III. L'encens, venu de Narbonne où l'apportaient les nombreux Pisans qui en faisaient le commerce, brûlait à la fois dans les vases d'or que la cathédrale tenait des riches dons de Guillaume VII, et dans les encensoirs que balançaient incessamment les jeunes clercs qui venaient deux à deux s'agenouiller devant l'évêque. A la droite était assis Guy, recteur des hospitaliers du Saint-Esprit, portant une mitre dont le sommet laissait entrevoir la calotte d'acier; la croix pastorale pendait sur son sein, et la ceinture militaire serrait son surplis de lin sur une cuirasse; il reposait ses pieds sur un vaste coussin de drap rouge où étaient brodées en argent une crosse en sautoir avec une lance. A la gauche, à genoux et les yeux levés au ciel dans une sainte extase, immobile et comme plongé dans un monde qui le détachait de sa nature présente, Dominique attirait l'admiration craintive des habitans de Montpellier, qui l'avaient vu partir trois ans avant le front et les pieds nus, et qui le retrouvaient, après trois ans de combats et d'épreuves, plus ardent et plus résolu qu'à cette époque.

Cependant les chants remplissaient la nef de leur harmonie. Les voix unies ensemble, tantôt faibles et retenues, se développaient quelquefois dans une puissante expansion pour se calmer de nouveau, se levant et s'abaissant si harmonieusement, qu'on eût dit un flot de la mer qui murmure, puis se gonfle comme pour se briser et qui s'apaise insensiblement; si bien qu'en écoutant ce chant doux et fort, cette sourde et harmonique prière, et cette immense et mélodieuse acclamation se succédant l'un après l'autre, il arrivait que l'âme, balancée à ce chant, s'élevant et s'abaissant avec lui, se troublait peu à peu, s'amollissait doucement et finissait par se perdre dans une ivresse indicible, dans une volupté ineffable où la pensée n'a pas d'objet, comme les yeux point de but; mais où la vie inonde l'âme par tous les sens qui mènent à sa mystérieuse demeure.

Ainsi Catherine et Roger, si rapides, si joyeux durant la marche qui les avait menés à l'église, l'esprit si dégagé dans leur moqueuse conversation, s'étaient laissés surprendre et attendrir. L'un sur l'autre appuyés dans la chapelle de Saint-Cyprien, se sentant vivre ensemble sans penser qu'ils étaient ensemble, confondant leur âme dans ce même bonheur qu'ils ne se disaient pas et qu'ils n'eussent pu exprimer, ils avaient oublié leurs projets et leur curiosité, lorsque les portes de la sacristie s'ouvrirent. Le silence qui s'établit tout à coup les rappela à eux-mêmes, et ils se reprirent à regarder ce qu'ils voyaient.

Aussitôt parurent douze jeunes filles vêtues magnifiquement, portant chacune un cierge; après elles, vinrent douze dames des plus nobles et des plus riches; douze chevaliers et l'official de l'évêque. Toute cette troupe fit le tour de la nef et vint se placer devant l'évêque, qui la bénit et lui commanda d'aller accomplir sa sainte mission. Catherine ne comprit rien à ce qui se passait; mais elle était résolue à se confier à Roger, et ils suivirent la procession lorsqu'elle sortit de l'église et se dirigea vers l'hôtel-de-ville, tandis que tous les assistans demeuraient dans le temple, sur l'invitation précise de l'évêque. La marche de cette procession, à travers les rues de Montpellier, fut calme et solennelle; un recueillement profond, une sainte espérance brillaient sur tous les visages. Roger, quelquefois, ne pouvait retenir un moqueur sourire; mais alors Catherine lui reprochait la gaieté qu'elle ne pouvait partager, et ce fut ainsi qu'ils arrivèrent à l'hôtel-de-ville.

De nombreuses lumières brillaient aussi aux fenêtres de ce château, où l'on semblait attendre la procession. Elle s'arrêta à la principale porte, et les chanoines qui composaient l'official de l'évêque montèrent seuls dans l'intérieur. Bientôt après ils reparurent. Le cortége s'augmenta des consuls, de la ville, des chevaliers de la lance, conduits par le comtor d'Hauterive, et une litière, exactement fermée, portée par quatre hommes, fut placée au centre du groupe composé par les dames nobles et les demoiselles de la ville. Aussitôt on prit en bon ordre la direction du château d'Omelas.

—Vont-ils donc ainsi chez le roi? dit tout bas Catherine à Roger.

— Oui, répondit le vicomte, chez le roi qui t'attend.

— Vont-ils l'inviter à quelque cérémonie? reprit Catherine.

A ce moment, Roger, devenu attentif à ce qui se passait, ne répondit pas à la jeune fille; car le cortége était arrivé à l'embranchement d'une route dont un côté menait à la porte principale du château et dont le second, après avoir tourné à gauche, aboutissait à une poterne; on s'arrêta et le comtor regarda autour de lui comme s'il cherchait quelqu'un. Roger poussa un léger sifflement, et, sur un signe du chevalier, la litière fut apportée près de lui. Le sire de Rastoing l'accompagna, et Catherine, en le reconnaissant, se prit à trembler.

—Que vais-je devenir? dit-elle tout bas à Roger.

— Tu vas monter dans cette litière, et, dans une heure, je te rejoins.

La pauvre Catherine était sur le point de se trahir lorsqu'elle vit descendre une femme de cette litière. Cette femme, soigneusement enveloppée d'une cape, s'élança vers Roger, en lui disant d'une voix tremblante :

— Est-ce vous, mon frère?

— Je m'appelle Baptiste, dit tout bas le vicomte, et je suis votre serviteur.

A ce mot, Catherine comprit le dessein de Roger, et ce fut en riant, à son tour, qu'elle prit la place de Marie. On ferma la litière de nouveau très-exactement et on la replaça au centre du cortége qui attendit long-temps avant de se remettre en marche. Enfin, minuit arriva, et la procession reprit sa route, non pas vers Montpellier, comme Catherine se l'était imaginé, mais vers le château. Elle ouvrit à plusieurs fois les rideaux de sa prison et vit, malgré l'obscurité, qu'on approchait des murs d'Omelas, dont la masse noire se dessinait sur un ciel éclatant d'étoiles. Une nouvelle appréhension la saisit alors. Elle se figura que Roger avait mal pris ses mesures et se crut sur le point d'être ainsi solennellement livrée au roi. Cependant, en réfléchissant au pompeux appareil qui l'accompagnait, elle se rassurait en elle-même, ne jugeant pas qu'un rendez-vous d'amour se passât ainsi. Cependant, toute confiante qu'elle était dans la protection de Roger et dans les assurances qu'il lui avait données, elle commença à craindre sérieusement quelque singulier événement, lorsque, le cortége étant arrivé au château d'Omelas, elle en vit baisser le pont-levis. La marche de ceux qui suivaient la litière n'était point changée ; seulement ils avaient cessé leurs chants et leurs prières à une certaine distance du château, et ce fut dans un profond silence qu'ils en franchirent la porte principale.

A ce moment, une véritable frayeur s'empara de Catherine, si violente qu'elle appela le sire de Rastoing. Un signe qui lui imposait silence fut toute la réponse du vieux consul, dont la figure rayonnait d'importance et de finesse à la fois. On fit descendre Catherine de sa litière, et, aux salutations qu'elle reçut de tous ceux qui composaient la procession, à l'état de reconnaissance dont paraissaient pénétrés pour elle les vénérables consuls de Montpellier, les chanoines et les chevaliers, elle pensa qu'elle avait fait quelque digne action dont elle ne pouvait se rendre compte. Elle vit aussi que chacun savait qui elle était, et que le soin qu'elle avait mis à se cacher était peine perdue. A chaque instant son embarras et sa surprise redoublaient; mais elle se crut le jouet d'une illusion lorsqu'elle vit monter d'abord tout le cortége dans la partie du château où se trouvait l'appartement du roi, puis pénétrer doucement jusqu'à la grande salle qui précédait sa chambre, et là, dans un silence profond, se ranger à genoux devant la porte de cette chambre sur plusieurs lignes et y demeurer dans un profond recueillement.

La salle était ornée de cierges ; un vaste bénitier avait été placé à droite de la porte, et le doyen de l'official se tenait à côté. Catherine fut placée la première à genoux sur un carreau de fourrures, en face de la porte ; les jeunes filles se mirent derrière elle ; ensuite venaient les dames ; les consuls, les chevaliers et les chanoines, debout, bordaient au fond ce groupe de femmes. Catherine, en levant les yeux, aperçut, à l'un des angles de la salle, Roger qui avait gardé son déguisement, et sa présence suffit pour la rassurer.

Arrivés à ce point de notre récit, nous craindrions de le continuer, tant il y a de singularité dans ce qui nous reste à dire; mais ce temps que nous cherchons à décrire serait mal connu si nous n'en rapportions pas une des plus singulières histoires, si nous ne montrions pas jusqu'où s'égarait le zèle de la religion; si, obligé de peindre bientôt le christianisme dans sa fureur fanatique, nous ne devions pas d'abord faire voir par quelles puérilités indécentes il avait perdu ce beau caractère qui doit partout l'accompagner.

Le silence était donc complet dans la grande salle, le recueillement profond; et la plupart des cœurs, exaltés sur les ailes de la prière, invoquaient pieusement le Ciel. Si une excuse peut se donner à cette étrange cérémonie, c'est la bonne foi de ceux qui y participaient. Roger seul peut-être en comprenait tout le plaisant; et Catherine même se laissa séduire à la solennité que chacun semblait y mettre. Cependant, entr'ouvrons la porte qui sépare cette réunion, de la chambre du roi d'Aragon.

Pierre avait reçu, des mains de Baptiste, à la poterne du château d'Omelas, une femme tremblante et silencieuse; il l'avait lui-même guidée à travers les détours secrets du château, jusqu'à sa chambre, où il n'y avait qu'une lueur imperceptible, fournie par une lampe chargée d'une huile odorante et enveloppée dans une sorte de lanterne à pans d'ivoire tout couverts de peintures. Cette lampe, suspendue au plafond par une poulie, comme nos réverbères, pouvait se monter et se descendre à volonté, et le cordon qui la retenait aboutissait ordinairement au chevet du lit. Durant le trajet de la poterne à la chambre, le roi avait voulu essayer de faire rompre le silence à la belle jeune fille qui allait enfin lui appartenir; mais à chaque question on ne répondait que par un mouvement de tête. D'ailleurs, un trouble, qui n'était pas joué, un tremblement presque convulsif de celle qu'il entraînait ainsi, tout ravissait Pierre, et son amour était devenu du délire lorsqu'il arriva enfin dans cette chambre fortunée.

Soit véritable désespoir, soit comédie, en entrant dans cette chambre, la prétendue Catherine tomba dans un fauteuil; et, cachant sa tête dans ses mains, elle se mit à pleurer avec violence. Pierre se mit à ses pieds : il la consolait, lui parlait de son amour en termes si ardens, qu'elle sembla plusieurs fois prête à céder à ses vœux. Tantôt il l'attirait dans ses bras, et elle lui laissait couvrir ses mains de baisers, et bientôt elle le repoussait vivement. Il est difficile de dire si tous les sentimens de l'âme ont une pantomime particulière comme ils ont une physionomie distincte ; mais ce qui est certain, c'est que le roi d'Aragon prit l'abandon décidé de sa femme, qui d'abord l'écoutait, et les soudains accès de dépit qui le faisaient repousser ensuite, pour le combat de la pudeur contre l'amour dans l'âme d'une jeune fille.

Cependant l'heure se passait et Pierre d'Aragon, plus amoureux, plus entreprenant, semblait ne plus vouloir tenir compte de la résistance trop longue de sa belle maîtresse, lorsque, tout à coup, elle s'arracha de ses bras, cacha son visage dans une de ses mains, et de l'autre lui montra la fatale lampe qui les éclairait.

O divine pudeur! amour inconnu! Que ce geste parut à la fois amoureux et chaste au bon roi Pierre d'Aragon ! Il comprit, et détacha le cordon qui soutenait l'impudique lumière : la lampe tomba et se brisa en éclats, et une obscurité impénétrable enveloppa tout ce qui se passa alors dans la chambre.

Cette obscurité nous ne la percerons pas non plus, et nous reviendrons à notre grande salle, toujours magnifiquement éclairée, et où l'on voit tout ce qui s'y fait, ce qui peut par conséquent se raconter.

Au bruit de la lampe brisée, Roger fait un signe, et une sourde rumeur court et bourdonne dans l'assemblée. C'est une prière à voix basse, une prière fervente; chacun s'y anime, et, les yeux tendus vers la chambre du roi d'Aragon, semble implorer l'assistance divine pour l'accomplissement de quelque saint miracle. Roger seul, l'oreille au guet, paraît attendre un nouveau signal. Cependant la prière continue; le premier élan de l'invocation passé, il ne demeure plus qu'un sourd murmure ondulé par la voix grave de quelque chanoine qui reprend haleine; déjà même les lèvres légèrement agitées attestaient seules la préoccupation pieuse de l'assemblée, lorsqu'un nouveau son se fit entendre; c'est le son du timbre aigu qui appelle les esclaves. A ce bruit, comme à un coup de baguette magique, toute l'assemblée se lève en masse; et chacun, d'une voix retentissante, entonne un chant sublime avec un accent prodigieux de joie et de félicitation. Le doyen de l'officialité ouvre la porte et s'avance dans la chambre du roi d'Aragon, et jeunes filles, dames, chevaliers, chanoines, le suivent aussitôt chacun un cierge à la main.

A ce chant, à cet aspect, Pierre, surpris et épouvanté à la fois, s'élance hors de son lit, cherche et trouve ses armes à son chevet; il s'avance, l'épée à la main, vers la porte de la chambre et se trouve face à face du doyen armé d'un goupillon. Foudroyé de cette étrange et nombreuse apparition, le roi veut s'écrier et interroger; mais les voix des assistans, lancées dans leur sublime action de grâce, ne lui répondent que par de nouveaux chants. Pierre veut se précipiter vers le doyen, l'épée haute; mais celui-ci, d'un coup de son large goupillon, l'inonde et le glace sous sa fine chemise de lin. Il recule; alors la masse chantante, avance; et le roi, toujours inondé et béni est forcé de se rejeter dans son lit, autour duquel se range le cortége.

Enfin le silence se rétablit, et il reconnaît bientôt tous ceux qui l'entourent; il reconnaît surtout la belle Catherine Rebuffe et commence à soupçonner le tour qu'on lui a joué. Il en demeure convaincu lorsqu'il aperçoit la figure railleuse de Roger sous l'habit du serviteur qui lui a remis sa prétendue jeune maîtresse. A cette découverte, on ne peut assurer que Pierre accepta, comme une joyeuse plaisanterie, une si publique révélation de ses intrigues; mais s'il ne le fit pas sincèrement, du moins il en prit le semblant; et ce fut d'une voix calme qu'il dit à sa femme, qui se cachait tremblante :

— Eh bien, madame Marie, ne voulez-vous pas saluer vos amis et les miens qui viennent si tard nous rendre visite ?

La reine montra alors son visage couvert de rougeur, et que tous les regards interrogèrent curieusement; puis le roi continua :

— Messieurs, dit-il aux consuls, avertissez nos sujets de Montpellier que nous entrerons demain dans leur ville avec madame Marie notre épouse, à notre droite, et notre fille Catherine, à notre gauche, montée sur une belle haquenée dont nous lui faisons présent.

Aussitôt après, le cortége se retira dans l'ordre où il était venu, laissant la reine avec son mari.

Faut-il raconter, pour bien persuader à nos lecteurs que ceci est pure vérité, comment le roi fit son entrée à Montpellier, ainsi qu'il l'avait annoncé? cette circonstance trouvera sa place plus tard. Toutefois ce que nous devons dire, c'est que la haquenée sur laquelle rentra Catherine, fut acquise a la ville de Montpellier par les soins du sire de Rastoing ; qu'elle fut nourrie aux frais des habitans et tous les ans promenée, à grande pompe, du château d'Omelas, jusqu'à l'Hôtel-de-Ville, avec des chants et des fleurs. Lorsque cette haquenée, qui était exactement Blanche, mourut, sa peau fut empaillée et la cérémonie continua de même. Elle s'est conservée jusqu'à nos jours, sous le titre de fête du chevalet, et beaucoup d'hommes vivent encore qui en ont été témoins.

V.

Hérétication.

A la jonction des deux chemins, le sire de Rastoing remit à Roger, qui avait toujours conservé
l'habit et la tournure de Baptiste, la garde de Catherine, et les jeunes amans reprirent ensemble
le chemin de Montpellier. Ils se hâtèrent d'y rentrer, et, par un ordinaire événement de toutes
les espérances humaines, ils se trouvèrent
tristes d'une aventure qui leur avait paru devoir

être si plaisante. Un sentiment de crainte se formait au cœur de Catherine, confus à la vérité et sans reproche véritable de sa conscience; mais il lui semblait, quelle que fût son innocence, que, si c'est un malheur pour une jeune fille d'attirer, malgré sa volonté, les regards sur elle, c'était une grave faute que de les y avoir appelés. Roger, surtout, maintenant que le premier entraînement de cette folle idée s'était éteint dans son succès, Roger se faisait un crime, pour Catherine, de ce qu'il s'était servi de son nom et de la sotte adresse du consul pour donner une leçon au roi d'Aragon. Il prévoyait qu'il faudrait une explication à sa participation à ce rendez-vous, et comprenait que les propos les plus hardis seraient tenus sur la pauvre Catherine. Sans doute il sentait bien que la pire chose qu'on pût dire serait de prétendre qu'elle était sa maîtresse, et sans doute aussi il y avait cette espérance, au fond de l'âme de Roger, qu'elle pourrait le devenir; mais, jusqu'à ce moment, il ne s'était pas traduit à lui-même sa pensée aussi lucidement; il s'était donné à aimer Catherine sans vouloir regarder où il allait. Un jour serait arrivé, peut-être, qu'elle fût devenue coupable, et bientôt peut-être une imprudence eût livré ce secret à la curiosité publique : alors les mêmes propos eussent été tenus ; mais alors il semblait à Roger que l'accusation eût été moins cruelle, parce qu'elle eût été vraie, et que lui-même eût été moins criminel envers Catherine de lui faire mériter un reproche juste, que de lui en faire subir un qui ne l'était pas. Rendant, par ce sentiment irraisonné, un hommage intime à la vertu qu'on peut dédaigner quand elle n'existe plus, et qu'on est forcé de respecter tant qu'elle est encore debout.

Cependant l'espérance de voir se perdre cette frivole circonstance parmi les intérêts pressans qui devaient s'agiter à la réunion de Montpellier, le rassura un peu. Il devina à sa propre préoccupation la cause du silence de Catherine ; et, lorsqu'il lui adressa la parole pour l'en arracher, il ne s'étonna ni de la voix altérée de la jeune fille, ni du mouvement plus tendre et plus familier avec lequel elle s'appuya sur lui. C'était déjà une prière et une invocation ; c'était une femme qui disait déjà :

— Protégez-moi, vous qui m'avez perdue.

La pensée de Catherine allait-elle aussi loin ? non, sans doute. Sa pensée raisonnée ne pouvait et ne devait pas tirer une si terrible conséquence d'une démarche imprudente. Mais l'âme, à notre insu, a une logique invisible qui semble prévoir tous les malheurs futurs d'une faute, et qui nous donne des craintes vagues qu'on veut faire taire vainement. On appelle ces effrois soudains de puérils pressentimens ; mais le plus souvent, ce ne sont que les murmures sourds d'une conscience clairvoyante.

Cependant ils arrivèrent enfin dans la rue où était située la maison de Catherine, et la quantité de personnes qui se trouvaient assemblées devant le seuil appela leur attention. Par suite de la disposition où se trouvait le vicomte, il ne put s'empêcher de craindre quelque fâcheuse aventure. Il se hâta de faire rentrer Catherine par la porte dérobée et revint aussitôt voir par lui-même le motif de ce rassemblement. Il n'avait rien de tumultueux, car l'effroi paraissait dominer tous ceux qui, en rentrant des églises, où ils avaient passé une partie de la nuit en prières, étaient arrêtés devant la maison ; on se parlait à voix basse en se montrant la porte du doigt, et l'on s'éloignait en faisant de nombreux signes de croix. Roger s'approcha assez pour entendre les propos.

— Y comprenez-vous quelque chose? disait l'un, Catherine est une fille un peu trop belle et un peu trop riche peut-être pour n'en être pas fière; mais c'est une sainte chrétienne.

— Vous ne savez donc pas, répondit un autre, que Pierre Mauran est dans sa maison?

— Eh bien! répondit le premier, n'a-t-il pas fait amende honorable?

— Sans doute, mais on dit qu'hier il a été arrêté par Perdriol et qu'il a rompu sa pénitence.

— Cela est si vrai, ajouta un troisième, que frère Dominique, qui s'était voué à son salut, était seul à l'église ce soir, sans chaîne ni pénitent.

— Sainte Vierge! reprit un de ceux qui avaient parlé d'abord, et comment a-t-elle osé recevoir ainsi Pierre Mauran, sans qu'il fût dégagé par la main de l'Église de son vœu de visiter tous les pélerinages portés dans l'arrêt de l'officialité de Toulouse?

— Il a été blessé et frappé par les routiers, au point qu'il a failli expirer en entrant dans Montpellier. Devait-elle le laisser mourir à sa porte? bien qu'il lui soit presque inconnu et comme étranger, n'est-ce pas son oncle, le frère de sa mère? et la malédiction de Dieu l'eût frappée pour un si cruel refus.

— La malédiction de Dieu ne frappe que ceux qui désobéissent aux saintes lois de son Église.

Cette réponse fit taire tous les commentaires, et Roger reconnut le visage sombre et fatal du moine d'Osma. Cette apparition l'irrita plus qu'on ne saurait dire. Jusqu'à ce moment, son aspect, tout en l'importunant, ne lui avait semblé qu'une rencontre désagréable que le hasard seul avait renouvelée; mais, cette fois, il lui parut qu'il y avait une intention de mêler à sa vie une persécution tacite, exprimée par une présence obstinée : c'était déjà un accomplissement des paroles de Mont-à-Dieu. Il ne put résister à ce premier mouvement de colère.

— Moine, lui cria-t-il, est-ce toi qui as osé désigner cette maison à la malédiction céleste et à la colère du peuple?

— C'est moi, répondit Dominique, car cette maison cache un hérétique, et je l'ai marquée du sceau de la réprobation, jusqu'à ce que le maudit en sorte ou qu'il en soit chassé.

Roger vit alors en s'approchant la cause du rassemblement. C'était une bière vide qu'on avait posée en travers de la porte d'entrée et une croix rouge qu'on avait dressée au chevet de cette bière.

— Misérable, dit Roger oubliant toute prudence, c'est toi qui as placé à cette porte ce signe de mort et de supplice? La ville de Montpellier appartient-elle à Innocent?

— Ni à Innocent ni au vicomte de Beziers, répondit froidement le moine; mais l'homme qu'enferme cette maison appartient à l'Église, et lui a été livré par son seigneur, le comte Raymond, et l'Église le saisira et l'atteindra partout, eût-il caché son retour à l'hérésie dans les villes de Beziers ou de Carcassonne, sous la protection du noble Roger.

— Et à Carcassonne et à Beziers, répliqua violemment le vicomte, Roger eût fait ce qu'il fait ici.

A ces mots, il arrache la croix plantée devant la porte, la renverse et la foule aux pieds, prend la bière, la brise et en disperse les lambeaux avec des cris de colère qui épouvantent les habitans et qui semblent ravir Dominique d'une sainte joie. A peine le vicomte a-t-il cédé à ce mouvement irréfléchi qu'on entend les pas précipités d'un concours tumultueux, et aussitôt on voit arriver un nombre considérable d'hommes vêtus de noir, les pieds nus dans des sandales, la tête découverte, le corps serré d'une corde de chanvre, presque tous les cheveux en désordre, et les vêtemens sales ou déchirés. C'étaient les bonshommes de la ville de Montpellier, les prêtres de l'hérésie, et à leur tête marchait Guillabert de Castres, leur évêque, le plus fameux hérésiarque de la Provence, et qui avait déjà soutenu plus d'un combat spirituel contre Dominique. En se voyant, ces deux fiers rivaux se mesurèrent de l'œil, et Guillabert s'écria :

— Je vais montrer le vrai chemin à l'âme qui va s'en aller.

— Le chemin est facile à suivre, répondit Dominique, et le vicomte de Beziers vient de te l'ouvrir.

Roger, qui, à l'aspect de Guillabert, avait craint de voir se renouveler au chevet de Mauran entre ces deux fanatiques la scène de Mont-à-Dieu, ne fut pas peu surpris quand le moine s'éloigna sans engager le combat, sans essayer même d'enlever à Guillabert une conquête pour laquelle il avait montré tant de sollicitude. Il dut penser que Dominique comptait tirer un meilleur parti de cet événement, et, sans trop se rendre compte de ce qu'il pouvait avoir à craindre, il suivit Guillabert dans la maison où il venait d'entrer. Il le précéda de quelques pas dans la chambre où était Pierre Mauran, et trouva celui-ci étendu sur une couchette très-élevée, ayant à ses côtés Nathanias qui l'observait d'un air soucieux et Catherine qui semblait toute tremblante de ce qui se passait au dehors. Roger, sans rien lui dire de ce qu'il avait fait, lui conseilla de se retirer, et, usant de cette autorité qu'il savait prendre même avec ceux qu'il aimait le plus, il la fit rentrer dans sa chambre et donna l'ordre à sa nourrice et au vieux Baptiste de ne pas l'en laisser sortir, quoi qu'il arrivât et quoi qu'elle pût entendre. Il crut qu'il était prudent de l'éloigner des scènes qui allaient se passer, autant pour l'aspect horrible qu'elles offriraient peut-être, que pour les conséquences qu'elles pourraient avoir. Lui-même, sentant qu'il était mal à propos mêlé à toutes ces disputes, fut à plusieurs fois tenté de se retirer ; mais la crainte de laisser Catherine seule dans une maison ainsi envahie, et le désir de voir par lui-même la fin d'un événement où l'on pourrait peut-être vouloir le compter pour plus qu'il n'y avait pris part, le décidèrent à rester.

A peine Guillabert fut-il entré dans la chambre du malade, que celui-ci parut se ranimer en sa présence.

—Mon père, lui dit-il d'un accent de prière, les prêtres pervers de la prostituée de Babylone ont égaré ma raison; venez à moi et *consolez*-moi.

—Pécheur, répondit l'évêque hérétique, voici venir les fils majeurs et les fils mineurs de la véritable Église, ils t'apportent la consolation que tu demandes.

Aussitôt deux des acolytes de Guillabert saisirent Pierre Mauran, et, le plaçant malgré sa faiblesse et ses douleurs sur son séant, ils voulurent commencer la cérémonie de la consolation. Nathanias, qui était demeuré dans la chambre, s'approcha alors et dit à Guillabert:

—Frère, il ne faut point penser à tourmenter le malade d'aucune façon; les secours de la médecine sont les seuls qu'il puisse recevoir en ce moment.

—Dieu du ciel! s'écria le prêtre hérétique; le misérable Pierre Mauran a-t-il encore subi cette souillure? Après avoir livré son âme aux perditions de Rome, son corps est-il tombé aux mains de ce juif? Arrière! mécréant, fils du fils rebelle du Seigneur, rejeton de Satan, je t'exorcise! arrière, l'impur!

Cette malédiction prononcée par un prêtre de l'Église romaine, sans épouvanter précisément Nathanias, l'eût cependant réduit au silence. A coup sûr, il n'eût osé braver un anathème qui pouvait être suivi d'une plus efficace persécution. Mais, vis à vis d'un hérétique, c'était bien différent; car la haine que leur portait le clergé catholique dépassant de beaucoup celle qu'il avait contre les juifs, il les abandonnait volontiers à l'outrage et à l'insulte de quiconque les voulait insulter. Ainsi en est-il, dans toute discussion intestine : l'animosité est affreuse entre enfans d'une même nation et d'une même famille, et la haine est d'autant plus ardente qu'elle a eu des liens plus forts à briser. Enfin, soit désir de venger sur un chrétien, quel qu'il fût, l'humiliation constante où on les tenait, soit par motif d'humanité, Nathanias s'élança vers Guillabert de Castres au moment où il s'approchait de Pierre Mauran.

—Cet homme est mourant, s'écria-t-il, et

vous le tuerez si vous lui faites subir la moindre de vos stupides momeries.

Ce propos alluma la colère des parfaits, mais il ne fit briller sur le visage de l'évêque qu'une joie singulière et une espérance dont Nathanias eût frémi de connaître le but. Cette espérance s'attachait à un objet bien désiré, puisqu'elle apaisa les scrupules de Guillabert, et qu'il demanda vivement au médecin s'il était vrai que Pierre Mauran fût si malade qu'il le disait, et s'il mourrait véritablement dans le cas d'une épreuve ou d'un peu d'aide.

Nathanias répondit affirmativement sans se rendre compte du sens des derniers mots de l'hérétique; mais à peine eut-il fini, que voilà Guillabert qui élève les bras vers le ciel et qui, saisi d'un tremblement universel, se prend à crier :

— La mort vient, la vie la suit, l'épreuve sera dure, l'aide sera bonne, la victime agréable au seigneur.

Nathanias se rappela alors avoir entendu raconter les plus étranges choses sur *les épreuves* et *les aides* des hérétiques, et lorsqu'il vit l'état d'extase frénétique où tomba Guillabert s'emparer des autres parfaits, il entraîna Roger dans un coin et lui recommanda la plus exacte prudence. Bientôt, tandis que Guillabert immobile, les bras étendus en l'air, mais agité d'un tressaillement convulsif, était, selon leur expression, envahi par l'Esprit, les autres assistans se prirent à déchirer leurs habits avec fureur, se prosternant et se relevant tour à tour devant Guillabert avec de grands cris.

Dans notre siècle de passions raisonnées, personne ne pourra s'imaginer comment Roger put être le témoin impassible de la scène que nous allons décrire; parceque personne ne peut se figurer peut-être le délire où peut mener une superstition. Les histoires des convulsionnaires et celles des religieuses de Loudun en sont un exemple épouvantable. Dans ces circonstances, non-seulement les puissances irritables de l'esprit arrivent à un degré d'exaltation et de férocité incroyables; mais encore les forces physiques et vitales, soumises à la même excitation, s'exagèrent à un tel point qu'il en résulte des actes prodigieux de vigueur accomplis par des corps faibles et chétifs. Ce fut donc un étrange spectacle pour Roger que ce qui se passa alors sous ses yeux, et la surprise, le doute même de la réalité de ce qu'il voyait le rendirent bien plutôt silencieux que la crainte qu'il eût pu éprouver de se trouver au milieu des hérétiques.

Comme nous l'avons dit, ils étaient presque nus. Guillabert, toujours à la place où l'extase l'avait saisi, avait perdu ce tressaillement qui annonçait, disaient-il, l'invasion de l'Esprit-Saint. Il était devenu complètement immobile, l'œil tendu et les bras levés. A cet aspect, les bonshommes s'agenouillèrent, et l'un deux, Benoît de Termes, le plus révéré après Guillabert, s'écria :

— La coupe est remplie, l'âme du saint nage dans l'âme de l'esprit ; à l'œuvre, pour que l'hostie soit prête quand Dieu débordera.

Aussitôt Pierre Mauran fut enlevé de son lit et placé sur le plancher : tous se rangèrent autour de lui ; deux diacres ou fils mineurs tenant un Évangile ouvert. Benoît se plaça en face du malade et commença l'interrogatoire suivant :

— Tu as demandé à être consolé, Pierre Mauran ?

— Je l'ai demandé, répondit le malade qui parut subir lui-même cette influence extraordinaire et se ranimer à ce commun enthousiasme.

— Ton âme a-t-elle besoin d'être purifiée des erreurs où elle s'est replongée? demanda le prêtre.

— Mon âme en a besoin, répondit Mauran.

— Réponds donc aux vrais articles de la foi. Quel est ton Dieu?

— Mon Dieu est le créateur du bien; c'est lui qui a fait la pensée, l'amour, et les choses invisibles, aidé de son premier fils Jésus-Christ, dont l'esprit a habité trente-trois ans sur la terre dans la personne et le corps de saint Paul.

— C'est le seul que tu adores? reprit Benoît.

— Le seul, répondit Mauran; et je renonce Satan, son second fils, qui a fait le corps, les désirs charnels et toutes les choses matérielles qui servent à la tentation.

— Très-bien! s'écria Benoît à cette réponse; et tous ceux qui étaient présens répondirent en faisant une génuflexion à chaque exclamation, sois béni! sois béni! sois béni!

— Quelles sont tes croyances sur cette terre?

— Que chacun, homme ou femme, peut prêcher l'Évangile quand l'Esprit-Saint le domine; qu'il peut consacrer le pain et le vin en un cas pressant, sans avoir été *revêtu* (ordonné), pourvu qu'il porte les sandales.

— Que détestes-tu sur la terre? demanda encore le prêtre.

— Je déteste Rome qui est la protectrice de l'Apocalypse. — Je déteste le serment comme impur. — Je déteste l'adoration des images comme une invention du diable. Je déteste les églises où Rome enferme l'immensité de Dieu.

— Sois béni, répondit encore Benoît de Termes; et les assistans recommencèrent encore trois fois la même exclamation avec les mêmes génuflexions. L'interrogatoire continua, mais avec ordre, quoiqu'on pût s'apercevoir que la voix de l'interrogeant arrivait par degrés à une vibration forte et éclatante qui annonçait une exaltation croissante.

— Et que crois-tu que deviendra ton âme après ta mort?

— Elle ira au paradis ou en enfer; car le bien est le bien, et le mal est le mal, et le purgatoire est une invention des hommes.

— Et tu ne crois pas comme nos frères les Insabattez, qu'elle attendra jusqu'au jugement dernier?

— Le jugement dernier est une impiété; car Dieu est infaillible, et, après nous avoir jugés à notre trépas, il ne changera pas son jugement! et la résurrection des morts n'est point écrite dans l'Évangile.

— Soit béni! répéta encore Benoît.

Et encore cette fois on lui répondit comme on avait fait. Tous alors se tournant vers Guillabert se mirent à genoux devant lui et commencèrent une prière à laquelle il paraissait insensible; cependant, comme un coursier indolent entouré de chevaux fougueux et qui se laisse enfin entraîner à leur impétuosité, les lèvres de Guillabert remuèrent d'abord insensiblement, puis s'agitèrent de paroles presque muettes. Bientôt sa voix et ses prières s'unirent à celles des autres, et dans peu d'instants elles les dominèrent toutes.

— L'Esprit déborde, s'écria Benoît; que le croyant soit consolé!

A ces mots, on s'empara de Pierre Mauran et on le plaça debout, en le soutenant, vis-à-vis de Guillabert. Deux parfaits tinrent suspendu sur la tête du malade le livre des Évangiles, et l'évêque prononça une première prière les mains étendues sur lui. La prière finie, il lui imposa les mains et le livre sur la tête, et Pierre Mauran récita un *Pater* en tenant ses mains étendues en croix. Dès qu'il eut fini, on l'approcha de Guillabert, et on le plaça encore en face de lui, mais de côté, de façon que l'épaule gauche du malade touchait l'épaule gauche de l'évêque, et celui-ci récita un seconde prière commencant par ces mots :

— *Cor meum in corde tuo...*

Lorsqu'il eut fini, on replaça Pierre Mauran tout en face de lui, et aussitôt Guillabert se pencha jusqu'à lui, et, par sept fois différentes, lui souffla dans la bouche en lui répétant à chaque fois :

— *Dominus tecum.*

— *Et cum spiritu tuo*, répondaient à chaque fois les assistans, et, à chaque insufflation, ils faisaient mettre Pierre Mauran à genoux et le relevaient ensuite. Toute cette pantomime, exécutée d'abord assez solennellement, prit un caractère de violence à cette dernière cérémonie. Ainsi on précipitait le malheureux malade et on le relevait brutalement. En effet, on pouvait lire sur les visages que les esprits s'exaltaient. Celui de Mauran surtout avait l'expression d'une joie sauvage et infinie, et ce ne fut pas sans une sorte de terreur qu'à la dernière de ces génuflexions Roger le vit se redresser de lui-même et se tenir debout sans le secours de ceux qui l'entouraient. Un long cri de joie accueillit cette victoire de l'Esprit-Saint, et ce fut le tour de Mauran d'élever la voix et de se faire entendre.

— Frères, s'écria-t-il, l'heure est venue, la mort est proche, la vie la suit.... ouvrez à l'âme de larges chemins.... Dieu m'invite et il m'appelle....

Benoît, alors à genoux entre le malade et Guillabert, se retourna vers celui-ci et lui dit d'une voix farouche :

— Père, le frère Mauran demande l'épreuve.

— Est-il préparé ? demanda Guillabert retombé dans sa sainte extase.

— Je suis préparé, répondit Mauran.

— Il est préparé, répéta Benoît....

— Non ! non ! s'écria Guillabert ; je n'entends que la voix de Benoît et non celle du croyant. Son Esprit n'est pas le mien ; je ne l'entends pas....

— Que faut-il à l'Esprit ? s'écria Mauran ; que faut-il pour avoir l'épreuve ?

— Il faut maudire, dit Benoît, maudire et mépriser les images de la Prostituée.

— Qu'on m'apporte ses images et ses idoles! s'écria Mauran.

Et l'un des acolytes détacha du mur un Christ qui s'y trouvait suspendu, et le présenta à Pierre Mauran qui prononça sur lui des paroles d'exécration, lui cracha au visage et le foula aux pieds.

— J'ai maudit et méprisé... dit alors Mauran.

— Je t'entends, je t'entends, répondit Guillabert.... Qu'on cède à sa prière, et qu'on ouvre les voies à l'âme du croyant!

A ces mots, un hurlement sauvage répondit à l'évêque hérétique; lui-même élevant la voix fit entendre une invocation retentissante, et Mauran, l'œil animé, le visage exalté, debout au milieu de ce cercle de furieux, leur cria:

— Voici ma poitrine, voici mes veines et mes membres. Que mon bien-aimé commence! que le plus charitable m'éprouve!

Cependant on demeurait immobile, et, les yeux fixés sur Pierre Mauran, chacun semblait hésiter; les poitrines haletantes laissaient échapper une rauque et courte respiration.

— Père! père! s'écria Mauran; les frères sont faibles; l'Esprit-Saint n'est qu'en nous.

Guillabert à cette interpellation répondit aussitôt:

— Que les frères obéissent! que l'épreuve soit faite! *cum manu, cum gladio, cum linguâ, animam libera!*

Cette exhortation n'était pas achevée, qu'un des plus jeunes de la troupe s'élance et frappe Mauran au visage : celui-ci demeure immobile. L'exemple n'est pas plus tôt donné que chacun s'excite et lui porte des coups terribles; mais Pierre Mauran sourit à chaque nouvelle blessure, et, par un prodige de la nature humaine, il soutient, malade et mourant, mais sous l'empire d'un enthousiasme fanatique, des atteintes qui l'eussent renversé et brisé en pleine santé.

Cette circonstance que la physique et la médecine actuelle ont eu occasion de reconnaître, cette insensibilité à la douleur, résultat d'une tension extrême des forces morales, avait plus d'une fois épouvanté les ennemis des Vaudois, et fait croire, sinon à leurs miracles, du moins à la sorcellerie dont on les accusait. Ce fut donc avec un véritable effroi que Roger vit commencer cette lutte; mais sa terreur devint extrême lorsque cette insensibilité s'augmenta pour ainsi dire sous la violence des coups. Ainsi, à plusieurs fois, un des plus furieux de la troupe qui s'était emparé d'une barre de bois en avait frappé Pierre Mauran dans la poitrine et l'avait renversé; mais celui-ci, repoussé de la terre comme par une force invisible, se retrouvait aussitôt debout, excitant l'ardeur de ses bourreaux par ses cris, les insultant, leur reprochant leur faiblesse et leur lâcheté. Enfin cette salle devint une véritable arène de bêtes féroces se ruant avec des hurlemens affreux contre le malheureux Pierre Mauran : on le frappa de tous les objets dont on put s'armer. Les uns le déchirèrent de leurs ongles; d'autres lui ouvrirent la poitrine avec des clous; on lui creva les yeux; la rage devint telle, que quelques uns la tournèrent contre eux-mêmes et il s'en trouva qui se firent aussi de cruelles blessures. Pendant ce temps d'une frénésie incroyable, la voix de Guillabert ne cessait de prier et d'invoquer le Seigneur. Roger et Nathanias épouvantés se tenaient silencieux dans un coin obscur de ce repaire. Enfin la mort de Pierre Mauran mit fin à cette horrible cérémonie; et l'exaltation des bonshommes ayant cessé avec la vie de la victime, ils la confièrent à quatre d'entre eux qui l'emportèrent dans leur cimetière particulier où le cadavre fut jeté sans cérémonie dans une fosse, attendu que la prière pour les morts était, selon la secte vaudoise, une insulte à la justice divine (1).

(1) C'est ainsi que l'hérétication est racontée dans les interrogatoires de l'inquisition qui sont arrivés jusqu'à nous. Nous avons dû même en passer les circonstances les plus atroces et les plus indécentes; mais pour qu'on ne nous accuse pas d'avoir imposé au regard une scène impossible, inventée à plaisir, et comme nous ne pouvons faire dans ce livre un cours de médecine qui en donne l'explication, montrons à nos lecteurs comment des scènes pareilles se renouvelèrent toutes les fois que l'esprit fanatique des sectaires arriva à une exaltation déréglée. Voici où en étaient venus les convulsionnaires, et ce qu'en rapporte Carré de Montgeron qui cependant écrivit contre eux.

« On connaît l'épreuve supportée par Jeanne Moulet, jeune fille de vingt-deux à vingt-trois ans, qui, debout et le dos appuyé contre une muraille, recevait dans l'estomac et dans le ventre, cent coups d'un chenet pesant 29 à 30 livres, qui lui étaient assénés par un homme des plus vigoureux. Cette fille assurait qu'elle ne pouvait être soulagée que par des coups très-violens, et Carré de Montgeron, qui s'était chargé de les lui administrer, lui en ayant donné soixante avec toute la force dont il était ca-

pable, la sœur (*) les trouva si insuffisans qu'elle fit remettre le chenet entre les mains d'un homme plus robuste, qui lui administra les cent coups dont elle croyait avoir besoin. Alors Carré de Montgeron, pour prouver la force des coups qui n'avaient pu la satisfaire, s'essaya contre un mur : « Au vingt-cinquième coup, dit-il, la
« pierre sur laquelle je frappais, qui avait été ébranlée
« par les précédens, acheva de se briser; tout ce qui la
« retenait tomba de l'autre côté du mur, et y fit une ouver-
« ture de plus d'un demi-pied de large. »

« L'exercice de la planche se faisait, » dit l'auteur des *Vains efforts* (antagoniste des convulsions), « en étendant
« sur la convulsionnaire, couchée à terre, une planche qui
« la couvrait entièrement, et alors montaient sur cette planche
« autant d'hommes qu'elle en pouvait tenir; la convulsion-
« naire les soutenait tous. On dit qu'il montait jusqu'à
« trente hommes sur cette planche; d'où il résulte, que le
« corps de cette fille était chargé d'un poids de plus de trois
« milliers, poids qui serait plus que suffisant pour écraser
« un bœuf. »

« Cet effroyable secours fut quelquefois employé comme moyen curatif pour le redressement des difformités : une fille, Charlotte Laporte, âgée de cinquante ans, qui, entre autres difformités, avait la colonne vertébrale contournée en forme d'S, fut redressée, à force d'être comprimée par la violence des plus épouvantables secours. « Tout Paris, dit le même auteur, a vu que Charlotte
« Laporte se faisait frapper et presser les côtes d'une

(*) Frère, sœur, nom que se donnent les convulsionnaires.

« force si prodigieuse qu'elles auraient dû mille fois en
« être brisées. Couchée à terre, elle se faisait fouler aux
« pieds par les hommes les plus robustes. Encore avaient-
« ils beau faire tous leurs efforts pour enfoncer les talons
« de leurs souliers dans ses côtes, on ne pouvait trouver
« moyen, ni de cette façon ni d'aucune autre, de les pres-
« ser suffisamment à son gré. Aussi l'effet de ces secours
« a-t-il été, en très-peu de temps, de pousser l'épine au
« milieu du dos et de la replacer où elle aurait dû être
« naturellement; en sorte que d'une petite bossue dont
« le corps était tout de travers depuis 1681, les secours ont
« fait en 1733 une personne dont la taille est présentement
« très-droite, ainsi que tout le monde l'a vu depuis ce
« temps-là (*). »

« Une autre fille, Charlotte Turpin, âgée de vingt-neuf
ans, horriblement contrefaite comme la précédente, était
affligée de deux bosses, l'une à l'épaule droite et l'autre
au-dessus de la hanche gauche. Avec quelques cen-
taines de milliers de coups de bûches, et autant de coups
de pierres, administrés sur les parties trop proéminentes,
on vit les deux bosses s'aplatir, et la fille se redresser.
Il faut avouer qu'elle en avait grand besoin; car, ayant
fait une chute terrible vers l'âge de dix ans, elle n'avait
presque pas grandi depuis lors, et n'était haute que de
deux pieds onze pouces. De cette naine on parvint à faire,
non pas à la vérité une grande et belle fille, mais une
personne de trois pieds sept pouces de hauteur, ce qui
donne huit pouces de crue dans l'espace de six ou huit

(*) Idée des secours meurtriers, page 89.

mois. Il est vrai que les coups de bûches et les coups de pierres ne furent pas les seuls moyens auxquels ont dut faire honneur d'une cure aussi extraordinaire; car la petite naine étant en convulsion s'avisa d'un procédé qui devrait lui donner des titres à la priorité d'invention des lits mécaniques. « Elle se faisait attacher par le cou avec une
« très-forte lisière, et faisait lier les deux bouts de deux
« autres lisières à chacun de ses pieds. Elle engageait ainsi
« deux des spectateurs à tirer avec toute la violence qui
« leur était possible les deux lisières qui tenaient à ses
« pieds; et afin qu'ils fussent en état de le faire avec plus
« de force, elle les priait de passer ces lisières en forme
« de ceinture autour de leurs reins, et de s'appuyer les
« pieds contre une grosse pièce de bois qu'on avait placée
« à cet effet. Au moyen de quoi ces messieurs tiraient les
« deux lisières de toute la force de leurs reins et de leurs
« bras, et par ce moyen ils étendaient le cou de cette fille
« avec une si grande violence, qu'on entendait les os de
« ses cuisses et de ses jambes craquer avec un grand
« bruit (*). » — « Par ce moyen, » est-il dit dans une requête présentée au parlement pour l'engager à faire constater le miracle, « le cou de cette fille, qui était ren-
« tré dans la poitrine, s'est dégagé et s'est extrêmement
« alongé; ses épaules qui remontaient jusqu'à ses oreilles
« se sont entièrement abaissées; elle porte la tête droite et
« élevée, etc. »

« Le parlement recula devant la crainte de produire trop d'impression sur des esprits déjà trop disposés au fana-

---

(*) Idée des secours meurtriers, page 84.

tisme par la proclamation solennelle de faits aussi singuliers. L'enquête n'eut pas lieu, mais il est difficile de douter de la vérité des faits attestés en outre par la mère de la *miraculée* qui demanda la permission « de remettre entre les « mains de M. le procureur-général les noms, qualités, de- « meures des personnes qui ont eu connaissance de l'état de « cette fille avant ses convulsions. » Dans un moment où l'autorité s'attachait à la poursuite de tous ceux qui paraissaient tremper dans l'affaire des convulsions, une pareille demande, si elle n'avait pas été soutenue des preuves les plus irrécusables, eût été le moyen d'attirer sur celle qui la faisait de sévères punitions.

« Pour achever de donner une idée des effroyables merveilles dont les convulsionnaires offraient le spectacle, je me bornerai à rappeler l'exercice du caillou. Suivant le même auteur des *Vains efforts* (antagoniste des convulsions), voici en quoi ce singulier exercice consistait : « La « convulsionnaire couchée sur le dos, un frère prenait un « caillou pesant vingt-deux livres, et lui en déchargeait plu- « sieurs coups sur le sein. »

Carré de Montgeron ajoute à cette description :

« Il est à observer que celui qui la frappait avec ce « caillou se mettait à genoux près de la convulsionnaire, « qui était couchée sur le plancher; qu'il élevait ce caillou « à peu près aussi haut qu'il le pouvait; qu'après quel- « ques légères épreuves, il le précipitait de toutes ses « forces sur la poitrine de la convulsionnaire, et qu'il lui « en donnait ainsi cent coups de suite. A chaque coup « toute la chambre était ébranlée, le plancher tremblait, « et les spectateurs ne pouvaient s'empêcher de frémir en

« entendant le bruit épouvantable que faisaient ces coups
« en frappant le sein. »

« Je terminerai l'exposé de ces faits si incroyables par le récit d'une autre merveille dont l'admission révolte encore plus la raison. J'emprunte encore les paroles d'un homme qui ne croyait pas qu'il y eût du surnaturel dans l'état des convulsionnaires, qui écrivait contre eux et qui ne pouvait être porté qu'à affaiblir le merveilleux des événemens. La convulsionnaire dont il va être question est la même qui s'exposait à l'épreuve du feu, et que pour cette raison l'auteur des *Vains efforts* appelle la Salamandre. « L'opération du feu tirant à sa fin, la sala-
« mandre criait : sucre d'orge ! sucre d'orge ! Ce sucre d'orge
« était un bâton plus gros que le bras, aigu et pointu par
« un bout. La convulsionnaire se mettait en arc au milieu
« de la chambre, soutenue par les reins sur la pointe du
« sucre d'orge, et dans cette posture elle criait : biscuit !
« biscuit ! C'était une pierre pesant environ cinquante
« livres ; elle était attachée à une corde qui passait par une
« poulie qui tenait au plancher de la chambre : élevée jus-
« qu'à la poulie, on la laissait tomber sur l'estomac de la
« sœur, à plusieurs reprises, ses reins portant toujours sur
« le sucre d'orge. »

(Extrait de l'ouvrage du docteur Bertrand sur
le *Magnétisme animal*.)

LIVRE TROISIÈME.

I.

La Lice.

Le matin qui suivit cette nuit, Montpellier se leva retentissant du son des cloches, parfumé de fleurs aux murs et aux fenêtres de ses maisons, jonché par toutes ses rues. Les habitans avaient revêtu leurs plus beaux habits; presque tous avaient fermé leur demeure et circulaient par la ville. Un grand nombre se dirigeait vers les portes par où devait entrer le cortége des seigneurs; d'autres se portaient en masse vers le Leude du Pérou, où devait se tenir la foire libre proclamée depuis huit jours: l'aspect de la ville était animé et joyeux. L'hôtel-de-ville, magnifiquement tendu de serge de couleur, était encombré de marchands qui, moyennant six sols, se faisaient délivrer une permission de vendre. Cette permission consistait en une plaque de plomb qu'ils portaient durant toute la foire. Il reste à Montpellier une de ces plaques attachée à une des chartes de la ville. D'un côté est représentée la Vierge, assise dans une chaise et tenant son fils sur ses genoux. Cette chaise est très-profonde, et, au lieu de bras, elle a deux côtés aussi élevés que le dossier. Ces côtés avancent jusqu'au bord du siége et se développent à droite et à gauche comme les feuilles d'un paravent. Un des pieds de la Vierge est posé sur un coussin qui nous a paru être un écusson de comte. A droite de la Vierge est gravée en caractère goth la lettre A, à sa gauche la lettre M. Cette figure est entourée d'un cercle composé de la réunion de douze petits arceaux, terminés chacun par un trèfle: c'était le nombre des consuls de la ville. Entre ce premier cercle et celui qui entoure le sceau et qui représente parfaitement la couronne murale des anciens, se trouve sur le plat de l'empreinte l'exergue suivant en caractères romains :

Virgo mater natum ora,
Ut nos juvet omni hora.

Cette phrase rimée et syllabiquement mesurée comme nos vers de huit pieds est peut-être une preuve que ce n'est point aux Normands que la poésie française doit sa rime, car on voit par cet exemple que la Provence avait dès lors soumis à cette règle d'harmonie la barbare latinité du douzième siècle, bien avant que les poètes français fussent sortis des bourgs de la Normandie et des échoppes de Paris.

De l'autre côté de cette plaque de plomb, on voit la ville de Montpellier enceinte de ses murs, soutenus de loin en loin de tours énormes. Au milieu est une porte basse. Au dessus des murs on aperçoit les toits de bâtimens considérables, l'immense clocher de Saint-Pierre de Maguelonne et les deux tours de la citadelle qui domine toute la ville. L'exergue de ce côté du sceau municipal est celui-ci :

Sigillum duodecim consulum Montispessulani.

Chaque marchand recevait ce sceau attaché à une corde plate, de laine, et le pendait à son cou. Tout homme étranger à la ville de Montpellier qui eût voulu vendre le moindre objet sans ce signe de la permission des magistrats, pouvait être saisi sur-le-champ par les sergens d'armes, et toutes ses marchandises confisquées au profit de la ville. Cependant l'affluence diminua bientôt du côté des marchands, et chacun d'eux alla prendre la place qui lui fut assignée par les juges de la foire. Les bateleurs vinrent à leur tour demander le droit de s'établir dans les divers quartiers de la ville. Presque tous appartenaient à la race des Bohèmes, nation si souvent décrite et encore si inconnue, et qui infestait particulièrement à cette époque les provinces méridionales des Gaules. On y remarquait aussi bon nombre d'Italiens de Gênes, et particulièrement des Avignonais. Des jongleurs venus de tous les côtés de la Provence abondaient aussi dans la ville; mais, grâce à la protection que les seigneurs accordaient alors à tous ceux qui cultivaient la poésie, ils étaient dispensés de toute formalité. Une table particulière était même servie pour eux dans l'une des grandes salles de l'hôtel-de-ville. Elle était presque toujours déserte, parce qu'en général les jongleurs étaient riches des munificences des princes qu'ils louangeaient dans leurs vers. Quant à ceux qui n'avaient pas de patrimoine, ils gagnaient presque toujours assez d'argent dans les repas où ils étaient admis pour ne pas être réduits à accepter cette hospitalité.

Les places des marchands et celles des bateleurs étant distribuées, chacun d'eux se rendit en la grande place du Pré-Marie, située sur le bord de la petite rivière dite *le Merdançon*, et où s'étendait une lice immense. Cette lice était close sur trois côtés par des gradins qui s'élevaient à une grande hauteur. Le quatrième côté était bordé par la rivière. Les gradins étaient destinés aux seigneurs et bourgeois qui devaient prendre part à la fête, et de l'autre côté de l'eau se pressaient le menu peuple et les serfs accourus de tous les environs. Grâce à une petite colline qui se trouvait en face de la lice, ils pouvaient voir la fête aussi bien que les plus favorisés. Chacun des trois gradins était coupé au milieu par un pavillon plus élevé destiné à l'un des principaux seigneurs de la cour. Celui qui faisait face à la rivière était pour Pierre d'Aragon; celui de droite pour le comte de Toulouse. Roger devait occuper celui de gauche. Des deux côtés de chaque pavillon un certain espace du gradin était réservé pour la suite de ces divers seigneurs.

A dix heures, un messager vint annoncer aux consuls que le cortége du roi était prêt à sortir du château d'Omelas et que les autres seigneurs et leurs suites, les uns partis des châteaux de Lates, de Substantion, de Tortanne, les autres de l'hôpital du Saint-Esprit, seraient arrivés à midi dans le Pré-Marie. Les habitans, selon qu'ils jugeaient de la magnificence des seigneurs, se portèrent aux diverses portes par où ils devaient entrer, impatiens de voir ouvrir la foire et la cour plénière. Nous ne les suivrons pas dans leurs diverses marches, et nous resterons au centre de cet immense concours avec les plus patiens. Les gradins, tels que nous les avons décrits, ne se touchaient pas aux angles du carré qu'ils formaient avec la rivière. A cet endroit, une barrière fermée par une simple pièce de bois ou lice, maintenait une foule assez grande. C'était celle des marchands et bateleurs qui avaient la prétention d'être nommés maîtres de la fête, ou rois des jeux.

Bientôt tous les nobles de la ville et les libres

bourgeois s'emparèrent de gradins qui leur étaient destinés, et y placèrent leurs femmes et leurs filles, après avoir déclaré leurs noms aux sergens de la garde des consuls, qu'on n'ose pas appeler ici garde municipale, quoique ce fût là leur vrai nom. Enfin tous les gradins se remplirent de gens de toute sorte, magnifiquement vêtus, et l'heure de la cérémonie arriva. Les cris du peuple qui accompagnait les divers cortéges, unis aux retentissemens des trompettes, les annoncèrent enfin, et chacun se leva pour les voir passer successivement et en admirer ou en critiquer l'ordonnance. On écarta des barrières ceux qui s'y pressaient, et les trompettes du roi d'Aragon parurent les premières.

Dix arbalétriers de front, à cheval, ouvraient la marche; tous le casque en tête, la visière haute, montés sur des chevaux couverts de housses magnifiques et de diverses couleurs, qui leur revêtaient le cou, le poitrail, et descendaient presque jusqu'à leurs pieds. Après eux venaient les chevaliers de la lance du roi, c'est-à-dire ceux qui, sans autre fief que leur épée, lui appartenaient plus particulièrement, et qui étaient pour un seigneur suzerain ce que sont les cavaliers pour un simple chevalier. Les consuls de la ville de Montpellier parurent ensuite vêtus de leurs dalmatiques violettes, garnies de fourrures, et portant chacun à la main un bâton d'ivoire, au bout duquel était sculptée une petite Vierge. Le roi les suivait monté sur un cheval couvert d'un filet fait de rubans d'or qui l'enveloppait tout entier. A chaque nœud du filet était attachée une pierre précieuse; le mors de la bride était doré, les étriers de même, de façon que, lorsque le coursier entra dans la lice, piaffant et s'agitant au soleil sous la main habile du roi, il sembla voir une masse vivante de lumière et de couleurs resplendissantes qui jetait sans cesse un éclat prodigieux et varié. La reine était à la droite sur un coursier, non moins magnifiquement vêtu, et Catherine parut à sa gauche sur une haquenée blanche, toute resplendissante d'ornemens d'argent. De longues acclamations accueillirent le souverain qui, après avoir fait le tour de la lice, alla prendre place dans le pavillon du milieu. Près de cent chevaliers qui le suivaient se rangèrent de chaque côté de lui, après avoir remis leurs chevaux à leurs écuyers.

Dès que le roi eut pris place, il fit signe au comtor d'Auterive de se tenir prêt à ouvrir la barrière de droite au vicomte de Beziers, dès que Hugues Sanche, comte de Roussillon, aurait introduit Raymond de Toulouse par celle de gauche.

L'entrée du comte fut le signal des cris les plus tumultueux, car jamais rien de plus magnifique n'avait été montré aux peuples de la Provence. Dès que les trompettes furent entrés, on vit s'avancer des hommes qui portaient deux à deux des litières dont les brancards appuyaient sur leurs épaules. Chacune de ces litières soutenait l'image en relief d'un des châteaux appartenant au comte de Toulouse, les uns dorés, d'autres couverts d'argent, quelques uns en ivoire, la plupart peints de couleurs éclatantes. Il défila deux cent quatre machines aussi supérieurement travaillées. Le comte parut ensuite, non pas sur un cheval, mais sur une mule d'Espagne, blanche et sans caparaçon. Les rênes dont il se servait étaient faites de fils de soie blanche tordus ensemble, et lui venaient de Raymond II, comte de Tripoli; son oncle Saladin, le tenant enfermé dans Tyr, après la bataille de Tibériade, lui avait envoyé ce cordon comme dernier présent, et lui avait ordonné de s'en servir comme eût fait un de ses sujets, c'est-à-dire, de s'étrangler lui-même, s'il ne voulait subir un épouvantable supplice. Raymond, pour toute réponse, fit attacher ce cordon au mors de son cheval de bataille en guise de rênes, et soudainement, à la tête de quelques cavaliers, il s'élança contre l'armée de Saladin et ne rentra qu'après avoir tué plusieurs hommes de sa main. Ce trophée d'une noble répartie à une insulte cruelle était venu dans la famille des comtes de Toulouse après la mort du comte de Tripoli, dernier de sa branche. Mais revenons au comte Raymond.

Les chevaliers qui le suivaient étalaient comme lui un luxe prodigieux. Presque tous vêtus de brocards d'or ou d'argent, montés sur des chevaux couverts de housses flottantes, agitaient dans leurs mains de courts bâtons d'ivoire, étincelans de pierreries, tandis que des plumes de diverses couleurs ombrageaient leurs toques; quelques uns, comme fils de la savante ville de Toulouse, avaient pendu à leur côté une harpe à quatorze cordes. Tous ces instrumens, froissés par la marche des chevaux, contre le corps du cavalier, rendaient un gémissement harmonieux qui saisissait doucement le cœur. On remarqua que, lorsque le plus brillant d'entre eux, le comte de Comminges, passa devant le pavillon du roi, la reine Marie détourna la tête et parut très-attentive à parler à Catherine Rebuffe. Dès que le comte de Toulouse et les siens eurent pris place, le comtor d'Auterive ouvrit la barrière au vicomte de Beziers, et chacun s'empressa de regarder de ce côté, car Roger était renommé pour la pompe de ses armes et l'éclat de ses cavalcades; et l'on présumait qu'il allait, comme toujours, surpasser ceux qui l'avaient précédé.

Ce fut donc une grande déception lorsqu'on le vit entrer, lui, premier, à la tête de cinquante chevaliers, tous simplement et sévèrement vêtus. Son costume consistait en une camise de maille avec son capuchon, qu'il avait laissé tomber sur ses épaules, ce qui laissait voir sa tête nue et ses cheveux blonds légèrement soulevés par le vent. Son pantalon était d'une peau fine et souple, tel que celui sur lequel on laçait les armes d'acier un jour de combat. A sa ceinture pendaient son épée et son poignard, et presque tous les chevaliers avaient suivi son exemple dans leur habillement. Il entra au galop de son cheval, passa rapidement sous les pavillons, salua légèrement et de la tête le roi d'Aragon et le comte de Toulouse, et se mit fièrement à sa place où il se tint debout, entouré de ses chevaliers. Il parut jeter alors un regard scrutateur sur tous ceux qui occupaient les gradins. Il vit aussitôt en face de lui Aimery de Narbonne, causant confidentiellement avec le comte de Toulouse, son suzerain : Étiennette était près d'eux, et à plusieurs fois il aperçut ses regards attentivement dirigés sur Pons, qui se tenait à quelques pas de lui. A cet aspect un amer sourire agita le visage de Roger. Il eût été difficile de dire quel sentiment dominait dans son âme en ce moment; mais personne n'eût pu se méprendre à celui qui vint éclaircir sa sévérité, lorsqu'il aperçut Catherine pâle et les yeux fixés sur lui, et semblant lui demander si elle était coupable de cette tristesse. A cet aspect, il quitta son courroux pour un regard de tendresse et de protection qui devait la rassurer. Comme il s'oubliait à la regarder ainsi, il vit un léger tumulte s'élever dans le pavillon du roi d'Aragon : on s'empressait autour d'une femme qui entrait en ce moment; et bientôt une jeune fille d'une charmante beauté vint s'asseoir entre le roi et la reine Marie de Montpellier. A l'aspect d'Arnaud de Marvoill, qui l'accompagnait, à la consternation de Catherine, le vicomte devina que c'était Agnès, cette enfant détestée qu'on lui avait fait épouser et qu'il avait toujours refusé de voir.

L'idée que le roi d'Aragon avait voulu lui rendre en partie la leçon qu'il avait reçue lui eût peut-être paru plaisante en toute autre circonstance; mais, dans la disposition d'esprit où il se trouvait, il y vit une insulte, une désobéissance inouïe de son épouse, et la colère la plus violente s'empara de lui. Il se contint néanmoins, malgré les rires moqueurs d'Étiennette, qui manifestement dénonçait son trouble à ceux qui étaient assis près d'elle. Le commencement de la fête mit fin à cette position cruelle en appelant l'attention des spectateurs sur d'autres objets. Toutefois, l'arrivée de Roger en équipage guerrier, son maintien sombre, la brusquerie de son action avaient jeté une contrainte glacée sur les dispositions du peuple, et ce ne fut qu'à grande peine qu'il se remit à s'intéresser aux débats, qui d'ordinaire faisaient toute sa joie.

Il fallut d'abord élire le roi de la cour, non pas celui qui la tenait, car ce ne pouvait être que Pierre d'Aragon, mais celui qui serait estimé y faire la plus grande largesse, et mériter par là de prononcer sur les jours et l'ordonnance des fêtes et les heures des festins, celui qui devait y occuper la première place et qui était en droit d'y présider. Il est à remarquer que l'offre faite par chaque seigneur devait être exécutée, bien qu'elle ne lui acquît pas le titre de roi de la cour.

Voici comment la cérémonie se passa.

Les sénéchaux du roi et de la reine, accompagnés de hérauts, faisaient le tour de la lice, et chacun des chevaliers qui désiraient concourir pour cette place se levait à leur approche et faisait son offre, que les sénéchaux recueillaient et écrivaient sur un parchemin. Ils commencèrent par la droite du roi d'Aragon, en marchant au pas de leurs chevaux.

Le premier qui se leva fut Bernard Got, bourgeois et seigneur de Mont-à-Dieu. Il déclara qu'il donnerait un vêtement de drap de laine de Tunis à tous jongleurs assistant à la cour plénière, fussent-ils au nombre de trois mille. L'offre, quelque riche qu'elle fût, n'eut point de succès. Après lui se leva la comtesse d'Urgel, veuve et douairière: elle proposa une couronne d'or de la valeur de quatre mille sols, pour couronner le vainqueur du tournoi. De nombreuses acclamations accueillirent cette prétention ; les sénéchaux l'enregistrèrent et continuèrent leur marche le long des gradins du milieu. Personne ne se leva, et ils allaient passer du côté où se trouvait Raymond de Toulouse, lorsqu'un homme, qui se trouvait derrière la lice, se présenta hardiment, et tout aussitôt il fut accueilli de rires et d'applaudissemens; puis, quand on eut beaucoup crié: — Oh! c'est Guillaume Mite, le bateleur! on fit silence pour entendre ce qu'il allait dire. Le drôle, fier de l'accueil qu'il recevait, sauta légèrement sur le bord de la lice, et, après avoir doctoralement salué l'assemblée, il s'écria d'une voix retentissante :

— J'offre à vos seigneurs de toutes classes, ici rassemblés, une chose qui est hors du pouvoir des plus puissans : c'est de faire rire le vicomte Roger.

A ces mots, tous les yeux se reportèrent sur le seigneur de Beziers qui, la tête dans sa main, semblait absorbé dans une profonde tristesse. Le trait porta, et Roger fut tiré de sa rêverie par le bruit des rires universels. Il se vit l'objet de tous les regards sans en comprendre la cause, qu'il se hâta de demander, et qui redoubla sa fureur silencieuse. Mais il savait que la licence des fêtes autorisait ces sortes de plaisanteries, et force lui fut de se contenir.

L'enquête des sénéchaux continua. Bernard de Comminges s'engagea à faire brûler trente chevaux tout armés sur un bûcher de bois de cèdre, et Raymond annonça qu'il ferait labourer tout le Pré-Marie et le ferait semer de deniers croisés aussi drus que seigle, et que la récolte en serait ouverte trois jours aux plus besoigneux de la ville. Rien ne semblait pouvoir surpasser cette offre, et d'unanimes battemens de main l'accueillirent. Les sénéchaux longèrent la rivière, arrivèrent au côté de Roger et s'avancèrent jusqu'à lui sans que personne se levât. Quoique Roger demeurât assis, ils n'osèrent passer devant lui sans s'arrêter. Il les considéra un moment avec colère, puis il se leva soudainement, et, d'une voix menaçante, il dit alors :

—J'offre une ville, un toit, un habit et un pain à tous les proscrits qui erreront bientôt, dans la Provence, sans ville, ni toit, ni habit, ni pain.

Une singulière stupeur répondit à cette offre, et ce fut à peine si l'on entendit celle de Bozon, abbé d'Alet, qui offrit à tous les chevaliers de la cour un festin préparé au feu de flambeaux de cire. Les diverses offres furent apportées au roi d'Aragon qui jugea que le comte de Toulouse était à la fois le plus magnifique et le plus bienfaisant. Raymond fut donc proclamé roi de la cour.

A la suite de cette élection on ouvrit la barrière aux prétendans pour les autres royautés. D'abord il fallut décider quel serait le maître de la foire; cette distinction était accordée à celui qui offrait en vente la chose la plus curieuse et la plus magnifique. Dès qu'on eut annoncé que le concours était ouvert, plusieurs marchands se présentèrent à la barrière. L'un d'eux, venu de la côte d'Afrique, présenta dans la lice un lion d'une taille énorme et qui obéissait à la parole comme un chien soumis. Le second, dont l'histoire nous a gardé le nom, Amet, Grec de Candie, surnommé Upsilon, fit apporter un manuscrit des Évangiles dans un étui odorant. Ce manuscrit, roulé sur un bâton d'ivoire, se développait sur une longueur de dix pieds au moins; les coutures des peaux dont on l'avait composé étaient couvertes de dorures et de peintures si riches qu'elles les déguisaient complètement. Cet ouvrage parut merveilleux et sembla devoir emporter la balance en faveur de celui qui le présentait. Mais à l'instant parurent deux nouveaux concurrens, qui fixèrent l'attention de toute l'assemblée. Le premier était un pauvre marchand, d'une misérable apparence, qui s'avança vers le milieu de la lice au grand étonnement de tous les spectateurs. Aussitôt arrivé en présence du roi d'Aragon, il s'inclina et annonça qu'il était possesseur d'un morceau de la vraie croix, qu'il avait lui-même rapporté de la Terre-Sainte à travers mille dangers. Il raconta comment il avait été présenté au Saint-Père, qui en avait autorisé la vente par bref qu'il produisait; ce bref exprimant que le Saint-Père tiendrait pour fils chéri de l'Église le prince qui ferait acquisition et donation de cette relique à quelque monastère. A cette déclaration toute l'assemblée se signa religieusement, et le roi d'Aragon était prêt à prononcer en sa faveur, lorsque le second concurrent demanda à parler. Ce concurrent était Buat.

— J'offre en vente, dit-il en se posant fièrement au milieu de l'enceinte, pour en jouir pendant cinq ans, une compagnie de ribauds et routiers du nombre de cent cinquante hommes, tous montés en chevaux, armes et suivans.

Cette belle compagnie m'appartient, et chaque homme s'en est vendu à moi, pour une part du butin fait au château de Mont-à-Dieu, et une autre part des trésors du nommé Pierre Mauran, dont voici la donation, que je somme le comte de Toulouse, son seigneur, de reconnaître pour valide.

Cette insolente déclaration excita les murmures des chevaliers; et la fureur de Bernard Got, à la nouvelle de la surprise et du pillage de son château, s'exhala en insultes les plus amères. Le tumulte devint même si grand que l'ordre fut donné par Pierre d'arrêter le prétendant. Nul cri ne s'éleva parmi le peuple ni les bourgeois pour réclamer le privilége de la foire libre, tant l'impudence du brigand paraissait extrême, et tant ces troupes de bandits avaient inspiré d'effroi et de haine à toute la population. En ce moment Buat, sur le point d'être saisi par les sénéchaux, s'élança vers le pavillon de Roger, et, s'adressant fièrement à lui :

— Vicomte, dit-il, voici l'heure de dégager ta parole de chevalier!

— Sans doute, répondit Roger dont le visage attestait une joie amère, sans doute.

Après ces mots il se leva, et, étendant la main

au-dessus de Buat, qui était devant lui, il s'écria avec un accent presque insultant :

— Je réclame les priviléges de la foire libre. Il est singulier, Messieurs, que ceux qui en profitent les rompent et que ceux qui en souffrent y soient soumis. La ville a payé pour cette foire, et son seigneur en a reçu le prix; la ville a perçu les droits de vente des marchands, et la ville et le roi leur doivent protection.

Pierre d'Aragon, irrité de cette leçon, se leva à son tour.

— Ni le roi, ni la ville ne doivent protection à celui qui les insulte, dit-il fièrement, et c'est les insulter que de proposer en vente ce qui ne peut être vendu.

— Vous vous trompez, Sire, répliqua hautainement le vicomte de Beziers, cela peut être vendu, car je l'achète.

Ce que Roger avait remarqué, malgré la préoccupation qui l'absorbait, et qui avait échappé à tous les yeux, c'étaient le trouble de Raymond à l'aspect de Buat, son effroi et la pâleur qui couvrit son visage à la résolution soudaine du vicomte.

La fête, depuis l'entrée de Roger, avait sinistrement commencé; ce nouvel incident lui porta le dernier coup. Chacun se prit à parler bas à celui qui était à ses côtés; et, lors du choix du roi des bateleurs, Guillaume Mite et ses courtisans eurent beau se démener en tours de force et en bonds les plus extraordinaires, ils eurent beau assaisonner leurs grimaces des plus grotesques plaisanteries, ils ne purent nullement exciter l'attention. Il en fut de même pour le roi des jongleurs, et l'*abbesse* des ribaudes, qui furent nommés en hâte et sans qu'on daignât y faire attention. Celle qui fut choisie à cette occasion, et qui s'appelait la Castana, à cause de la couleur de ses cheveux, était une fille de Saverdun, dont le vrai nom était Pernette Abrial. Quoiqu'elle ne soit pas destinée à jouer un grand rôle dans cette histoire, nous ne pouvons résister au désir de la faire connaître. Étant fort jeune encore, elle avait plaidé par l'entremise de sa mère, Marthe Abrial, pour se faire reconnaître fille légitime de Guillaume de Tortose, oncle maternel de Marie de Montpellier. Si le procès qu'elle soutint à cette époque ne lui valut pas de faire reconnaître ses droits, du moins il fournit la preuve que Guillaume avait eu pour maîtresse Marthe Abrial à l'époque de la naissance de Pernette, et il passa pour certain qu'elle était sa fille naturelle.

Aussi le menu peuple l'appelait indifféremment la cousine de la reine ou la Castana. Elle-même nommait le roi d'Aragon et Roger ses cousins et alliés, dans ses orgies de la rue Chaude, où l'un et l'autre avaient souvent compromis leur dignité, comme on a pu le voir dans les reproches de Saissac au vicomte. Sa figure n'était pas citée comme très-remarquable; mais la perfection de sa taille et la beauté particulière de ses cheveux lui avaient valu une réputation qu'elle soutenait par un esprit dont on racontait les traits les plus hardis. Contre l'ordonnance des consuls, elle se montra dans la lice avec une robe fendue sur les côtés et qui laissait voir la jambe jusqu'au genou, et réclama, selon le privilége de son état, pour elle et ses compagnes, la protection particulière du roi et de la cour; et, ce qu'on ne saurait aujourd'hui croire véritable, un écuyer, ayant six sergens sous ses ordres, lui fut donné pour lui obéir et faire tous ses commandemens pendant les jours de la foire libre. Grâce à cette mesure, elle répondait personnellement de l'ordre parmi les femmes ribaudes de Montpellier. Du reste l'élection de chaque roi n'avait pas d'autre but, et chacun recevait de même un écuyer et un nombre de sergens pour la police de ceux de sa profession.

Tous les choix étant faits, on proclama la cour plénière ouverte ainsi que la foire, et l'on se rendit à l'hôtel-de-ville, où devait avoir lieu le dîner offert par la ville de Montpellier aux principaux chevaliers de la cour.

II.

Le Comte de Toulouse.

Nous n'expliquerons pas à nos lecteurs les causes de l'humeur de Roger : ils auront occasion de les apprendre bientôt de sa bouche ; mais nous dirons que cette colère qu'il avait gardée durant toute la cérémonie avait pris naissance après un entretien assez long qu'il avait eu avec Arnaud de Marvoill lorsqu'il était revenu à l'hospice du Saint-Esprit. A la suite de cet entretien il avait fait venir Kaëb, et ce que l'esclave lui avait raconté avait, à ce qu'il semble, augmenté encore cette colère. Arnaud de Marvoill, d'après les ordres du vicomte, avait interrogé Dominique et quelques chevaliers de la sainte maison. Le ton de réserve dédaigneuse qu'ils avaient gardé avec lui l'avait étonné, et il en avait fait part au vicomte. Des mots épars çà et là, des appels à l'avenir, des affectations de pitié pour la jeune vicomtesse, tout cela l'avait frappé sans qu'il pût se l'expliquer. De son côté Kaëb avait accompli déjà la promesse faite à Roger la nuit de leur départ de Carcassonne; il avait écouté et surpris des propos tenus imprudemment devant lui. Ce qui n'avait semblé que vague et incohérent à chacun d'eux s'était assemblé et coordonné dans l'esprit de Roger, et probablement il y avait compris quelque complot, quelque trahison, dont il ne pouvait cependant deviner l'auteur, lorsqu'un homme, vêtu comme un marchand, demanda à l'entretenir secrètement. Leur entrevue fut longue, et sans doute elle jeta un grand jour sur les soupçons de Roger, car ce fut alors que, contrairement à la promesse faite à ses chevaliers au moment de son départ, de donner quelques jours aux plaisirs, il avait fait dire à tous ceux de sa suite son dessein de se présenter à la lice du Pré-Marie en équipage ordinaire de guerre, et qu'il avait fait ajouter qu'il lui serait agréable que chacun l'imitât. Tous avaient obéi sans demander la cause de cette résolution. Mais, à la quantité de messagers qu'il avait expédiés dès le matin, on put juger qu'elle devait être grave.

Toutefois ni le comte de Toulouse ni Pierre d'Aragon ne soupçonnaient rien; et, quand ils virent arriver le vicomte si singulièrement accoutré pour une lice si splendide, ils supposèrent que, n'ayant pas espéré les vaincre en magnificence, il voulait les surpasser en singularité. Cependant la persévérance de son humeur et l'étrangeté de ses paroles et de ses actions avait fini par les occuper, et ce fut sans étonnement qu'ils reçurent tous deux une demande d'entrevue de la part de Roger avant l'heure du banquet. Ils se retirèrent donc dans une chambre séparée de l'hôtel-de-ville, et firent bientôt annoncer aux consuls qu'ils désiraient être dispensés d'assister au banquet. Alors les chevaliers prirent place autour de la table qu'on leur avait préparée, et le repas s'ouvrit sous une impression d'étonnement et d'inquiétude qui arrêta pendant quelques instans la gaîté des convives. Bientôt cependant le feu des vins du Midi alluma les esprits, et le festin joyeux et bruyant devint ce qu'il eût dû être dès le commencement.

Pendant ce temps Roger était enfermé avec Pierre d'Aragon et le comte de Toulouse. Quand ces derniers entrèrent dans la salle où le vicomte les attendait, ils le trouvèrent assis près d'une table qu'il battait du poing avec colère, tandis qu'il frappait de même la terre du pied. A cet aspect Raymond et Pierre échangèrent un regard. Dans celui de Raymond il y avait une véritable expression de terreur; celui de Pierre prit seulement un caractère plus sérieux. Ils approchèrent de Roger, qui de la main les salua sans relever la tête, continuant à donner des signes non équivoques d'une fureur violente. Cependant il ne leur adressa pas la parole. On eût dit qu'embarrassé parmi les flots de pensées qui se pressaient dans son esprit il ne savait par où les faire déborder. Ce fut la première question du roi d'Aragon qui détermina l'épanchement de ce courroux, et qui, pour ainsi dire, ouvrit une saignée dans cet océan turbulent de reproches et d'accusations qui bouillonnait dans l'âme de Roger.

— Quelle nouvelle étrange et quel événement soudain obligent donc le vicomte de Beziers à nous faire manquer à l'hospitalité de notre ville de Montpellier?

— Il n'y a ni événement ni nouvelle, répondit Roger balbutiant presque de rage ; il y a que la Provence est perdue, et que vous êtes des traîtres.

En disant ces paroles il se leva mesurant d'un regard terrible le roi et le comte, qui demeurèrent stupéfaits, non seulement de l'injure qui leur était faite, mais encore de l'assertion extraordinaire de Roger à propos de la Provence. Ils s'entre-regardèrent, et demeurèrent muets tant la surprise les tenait violemment. Quant à Roger, satisfait de leur avoir, d'un trait, jeté à la face le résumé de toutes ses pensées, il se croisa les bras pour attendre leur réponse. Raymond baissa les yeux, et Pierre d'Aragon soutint un moment les regards du vicomte de Beziers. Mais, sentant sa propre colère s'enflammer à l'audace insultante de ce regard, il détourna la tête comme un homme résolu à être calme, et il répondit à Roger :

— Vicomte de Beziers, voilà des paroles pour lesquelles vous nous devez une explication comme vicomte souverain, une réparation comme chevalier.

— Et je vous donnerai l'une et l'autre, répliqua fièrement Roger; mais non pas en ce lieu, mais pas à cette heure. L'explication sera donnée en face de tous les comtes et chevaliers de la Provence. La réparation, si vous l'exigez après, vous viendrez la chercher à Beziers ou à Carcassonne, ou j'irai vous la porter à Toulouse ou à Sarragosse.

— Quel est donc votre dessein, beau neveu? dit Raymond insinuant sa voix obséquieuse entre la hautaine colère de Pierre et de Roger, et quel est le sujet de vos plaintes?

Au mépris qui se peignit sur le visage du vicomte le roi devina quelque nouvelle insulte dans sa réponse, et, voulant donner à la fois un avertissement au vicomte et une excuse à sa propre patience, il se hâta d'ajouter :

— Et j'espère que notre frère n'oubliera pas qu'il parle à son seigneur suzerain, le comte de Toulouse, et à son hôte le roi d'Aragon.

— Je n'ai plus de suzerain, reprit Roger, et personne ici n'est mon hôte. A moins que le marché qui doit livrer nos comtés ne soit conclu et exécuté, et que la cellule qu'on veut bien accorder au vicomte dégradé ne soit déjà prête à l'hospice du Saint-Esprit.

Une partie de cette accusation fut comprise seulement de Pierre d'Aragon, et il s'imagina que ce qu'il avait dit au souper du sire de Rastoing avait été répété à Roger. Mais Raymond en sentit mieux toute la portée, car une rougeur pourprée couvrit son visage aux derniers mots du vicomte. Le roi, ne voulant pas laisser sans réponse ce qui le concernait, et se trouvant découvert, sinon dans ses projets, du moins dans ses vœux, répliqua aigrement :

— Il paraît que Catherine Rébuffe fait plus d'un métier.

Roger, qui avait vu les différens effets que ses paroles avaient produits, devina que le roi n'était pas autant qu'il le croyait complice des desseins de Raymond. Cette découverte, ou peut-être aussi l'importance de ses desseins, le laissa froid à cet outrage de Pierre envers Catherine, et il se contenta de répondre :

— Catherine ne fait ni métier de tromper, ni métier d'être dupe. Elle laisse le premier au comte Raymond, le second au roi d'Aragon.

— Est-ce dans le but de nous insulter tous deux que vous nous avez appelés? reprit violemment Pierre d'Aragon.

— Véritablement, reprit le comte se rassurant dans la présence du roi, quels sont vos sujets de plainte contre nous, et que prétendez-vous dire?

— Je veux dire, répliqua Roger, que je vous somme de comparaître tous deux après-demain à l'assemblée générale des seigneurs de la Provence pour y voir exposer mes griefs contre vous, Pierre d'Aragon, et contre vous, Raymond de Toulouse, dont je ne veux pas dire ce que je pense.

— En quoi, sur un pareil appel, dit Pierre d'Aragon, ceux qui relèvent de nous peuvent-ils être nos juges?

— Ils l'ont été plus d'une fois, répondit Roger; et nous n'aurions pas l'exemple des jugemens de 1202, rendus entre le comte de Toulouse et le comte de Foix, par Vital de Montaigu, Gauthier de Noë, Aymery de Vertfeuil, et autres simples chevaliers, nous n'aurions pas celui des plaids et accords passés sous l'arbitrage du comte de Comminges et du comte de Roussillon, vos vassaux l'un et l'autre, que, dans cette circonstance, il faut croire que, l'intérêt de tous étant compromis, c'est à tous à décider des mesures à prendre pour le salut commun. Si je vous ai priés de venir avant de vous faire cet ajournement par la voix de mes hérauts, c'est que j'ai espéré que vous l'accepteriez sans que je sois obligé de le faire publier à son de cor et proclamer dans les rues.

— Vous avez bien fait, répondit le roi, et je l'accepte ; mais n'oubliez pas que vous m'avez dit que j'étais un traître ; et quoique ce mot n'ait eu de témoin que le comte de Toulouse, souvenez-vous qu'il lui faudra une preuve ou une réparation.

— Il suffit, dit Roger ; puis, se tournant vers le comte de Toulouse, il ajouta : Et vous, Comte, acceptez-vous mon ajournement ?

— Je n'en reçois point de mon vassal, répondit hautainement Raymond, dont le caractère indécis se trouvait en ce moment dans un accès de fermeté.

Roger sentit sa colère renaître à cette réponse, et il se hâta d'ajouter :

— Je le supposais ; mais alors ne vous étonnez pas si je fais proclamer votre nom comme infâme dans toutes les rues de toutes les villes de mes comtés, et si j'appelle à se retirer de votre suzeraineté tout chevalier loyal et tout châtelain qui déteste la trahison.

— Raymond! dit alors Pierre d'Aragon, vous ne pouvez vouloir vous soustraire à votre justification. Le nom de traître vous a été donné ainsi qu'à moi.

— Et il va être répété dans le banquet des chevaliers, s'écria Roger en s'élançant vers la porte.

Le comte de Toulouse, à ces mots, s'approcha de Roger et lui dit, en paraissant consulter sa pensée :

— Et votre ajournement est pour après-demain ?

— Pour après-demain! dit Roger, la main sur la clé de la porte qu'il allait franchir.

Raymond réfléchit encore un moment après cette réponse, puis il dit d'un air sombre comme un homme qui a fixé ses indécisions :

— J'y serai.

Roger sortit; le roi et le comte demeurèrent seuls. Dans un nouvel entretien qu'ils eurent ensemble, Raymond eut à subir les reproches du roi; car celui-ci avait appris de Marie, sa femme, la proposition qu'elle en avait reçue; et il avait supposé, d'après les paroles de Roger, qu'il avait été beaucoup plus loin encore. Mais il ne put rien apprendre du comte de Toulouse, Raymond s'étant retiré aussi avec empressement.

A peine fut-il sorti, qu'il rentra dans la maison qui lui avait été assignée pour demeure. Il fit aussitôt appeler Aymery de Narbonne et Bernard de Comminges, et demeura long-temps enfermé avec eux. Il eut aussi une longue entrevue avec Étiennette de Penaultier. Elle l'avait à peine quitté que Dominique, qu'on avait envoyé chercher, fut introduit. Raymond le reçut avec les marques d'un respect extraordinaire; il ordonna à ses serviteurs de se retirer, ferma exactement les portes, fit signe au religieux de s'asseoir, et, lui-même ayant pris un siége, il lui dit tristement:

— Eh bien! mon père, les sacrifices nombreux que j'ai faits à la cause du triomphe de l'Église ne serviront de rien, et les mesures que j'ai prises dans son intérêt tourneront aujourd'hui contre moi.

— Comte de Toulouse! répondit sévèrement Dominique, les sacrifices faits à moitié avortent toujours dans leurs effets, et les mesures d'une ambition personnelle déguisée sous le faux semblant de la religion, ne sont pas agréés du Ciel et retombent sur ceux qui les emploient.

— Mon père! répliqua le comte, je pensais que la cour de Rome devait être satisfaite de ma condescendance à ses désirs. Tout ce que sa politique a exigé, je l'ai fait. N'ai-je pas livré Pierre Mauran à la justice de l'official, l'enlevant malgré ses droits bourgeois au tribunal des capitouls, ses seuls juges? Combien de peines ne m'a-t-il pas fallu pour que cet acte exorbitant n'excitât pas une rebellion dans Toulouse! Combien de reproches n'ai-je pas eu à subir de mes seigneurs, qui voient avec raison dans cet exemple l'introduction de la justice cléricale sur les crimes des laïcs!

— Quelle autre justice que celle des évêques, reprit Dominique, peut valablement connaître et punir les crimes contre la religion? Mais cet acte, comte de Toulouse, n'était pas ce que le Saint-Père attendait de vous en réparation du meurtre de Pierre de Castelnau, assassiné par un de vos gens.

— N'ai-je pas offert de le lui livrer? dit le comte; n'ai-je pas offert de le punir moi-même de la manière la plus éclatante? et doit-on m'imputer ce crime parce que le meurtrier s'est échappé?

— Et vous ne lui en avez pas facilité les moyens, sans doute? dit Dominique, en clignant à moitié ses yeux sombres, et en laissant percer un sourire amer sur ses lèvres.

— Par la croix du Seigneur! répliqua vivement Raymond, je ne l'ai pas fait; et fallût-il le prouver par le serment de tous mes chevaliers, je soutiens que j'ai mis la plus grande activité dans sa poursuite.

— Et vous ne savez pas ce qu'il est devenu? ajouta le religieux.

— Je le sais maintenant; mais depuis quelques heures seulement : et la meilleure preuve que je puisse donner à Innocent III de mes efforts à l'égard de cet homme, c'est qu'il est actuellement mon plus mortel ennemi, et que c'est à lui que je dois le renversement de tous nos plans.

— Dites des vôtres, comte Raymond! si vous aviez obéi aux volontés de l'Église, vous n'en seriez pas où vous en êtes.

— Et que peut-elle exiger de plus de moi? s'écria Raymond avec colère, et en se levant soudainement. Tout ce qu'elle a obtenu jusqu'à présent vous me le devez. Car enfin, les commissaires du pape prêchent depuis plus de six mois la croisade contre les hérétiques, et cependant pas un seigneur ne s'est encore levé et n'a marché à leurs voix, et aucun d'eux ne le fera tant qu'ils n'en auront pas obtenu la licence du roi Philippe II, ou de Jean d'Angleterre. Et pensez-vous que le roi de France, dont le Saint-Père a fait en 1201 casser le mariage au concile de Soissons, soit disposé à donner cette permission pour être agréable à son ennemi? Pensez-vous aussi que Jean, que la cour de Rome a forcé à rendre à ses évêques et barons les droits qu'il leur avait enlevés, consente à laisser armer les chevaliers pour sa cause? Non certes! L'un est mon souverain, et l'autre mon allié, et ni l'un ni l'autre ne le feront si moi-même je ne les y sollicite, et ne leur demande aide et appui pour l'extirpation de l'hérésie.

— Ne vous y êtes-vous pas engagé? reprit Dominique, et n'aviez-vous pas promis au légat-cardinal de lui remettre ici, à Montpellier, l'autorisation du roi de France et d'Angleterre? auquel cas il vous relèvera de l'interdiction prononcée contre vous.

— J'ai fait ce que j'avais promis, répondit Raymond; et cette autorisation, je la possède, elle est dans ce coffre; et je l'eusse remise à Milon dès son arrivée; mais ce que je n'ai pu obtenir, c'est d'entraîner le roi d'Aragon dans cette sainte ligue, et j'ai dû alors prendre une autre voie.

— Et vous avez trouvé commode, dit Dominique, celle d'une répudiation du roi, et d'un mariage avec sa femme?

— Non, dit le comte à son tour en regardant d'un œil de dédain le religieux; ce n'était pas ainsi que je comptais m'assurer le comté de Montpellier : c'était un droit plutôt qu'une possession que je voulais établir. Voici quels étaient mes projets. Le plus considérable des ennemis de l'Église est, à coup sûr, Roger; mais le plus redoutable, c'est Raymond-Roger, le comte de Foix. Chez lui, il n'y a pas seulement tolérance pour l'hérésie, il y a protection éclatante et armée. Soit qu'il s'assure dans la position presque inexpugnable de ses châteaux, soit que le courage indompté de ses montagnards lui paraisse un rempart invincible, toujours est-il qu'il brave les arrêts de Roger; et vous n'ignorez pas que, bien qu'il soit mon vassal, il m'a imposé plus d'une fois des conditions d'égal à égal. Par exemple, lorsqu'en 1202, soutenu par le vicomte de Beziers, il me fit comparaître devant des juges à lui vendus pour décider entre nous de la possession du château de Saverdun, qui lui resta. Cet ennemi, mon père, il faut que son secours soit ravi au vicomte de Beziers au moment où nous attaquerons ses terres, et pour cela il faut qu'il ait lui-même à se défendre d'un autre côté.

A cette exposition de la situation des affaires, le religieux rapprocha son siége de celui de Raymond et devint plus attentif qu'il ne l'avait été jusque-là : le comte lui-même, dominé par l'importance du secret qu'il allait révéler, baissa la voix et continua ainsi :

— Nous avions compté que Pierre d'Aragon occuperait le comte de Foix par une attaque faite à propos, tandis que nous détruirions dans les comtés de Roger le foyer d'hérésie qui y brûle incessamment ; pour cela j'ai tâché de faire entendre au roi que les comtés de Razez et de Carcassonne le dédommageraient des frais de son expédition. Mais il n'a pas voulu me comprendre, et non seulement nous ne pouvons compter sur lui, mais encore nous devons craindre qu'il n'offre à Roger son alliance et l'appui de ses armes ; ce sont donc deux ennemis à neutraliser au lieu d'un. Voici quelles mesures j'ai prises vis-à-vis de l'Aragonais. J'ai écrit nos desseins à Alphonse IX, roi de Castille, qui, vous le savez, convoite les belles provinces de l'Aragone, et je n'ai pas craint de m'engager à lui assurer la possession des villes dont il pourra s'emparer au nom de la sainte croisade. Alphonse est votre souverain, il a dans vos lumières une extrême confiance, puisque c'est à votre garde et à celle de l'évêque d'Osma, qu'il avait confié la fiancée de son fils. Un mot de vous, et il se décide.

— Je le donnerai, reprit le religieux; mais qu'avez-vous fait contre le comte de Foix?

— J'ai mandé à Locart, marquis de Barcelonne, qu'il pouvait attendre à la fois et le concours des seigneurs de toute la Provence et la protection particulière de Rome, s'il se décidait à attaquer Raymond-Roger. Leurs hommes d'armes ont la même manière de combattre; ceux de Barcelonne sont, comme ceux de Foix, accoutumés aux marches des montagnes et aux embûches derrière les rochers et parmi les sentiers : ils leur donneront beaucoup à faire; et pour peu que nous harcelions le comte du côté de ses châteaux de Saverdun, de Mirepoix et de Fanjaux, tandis que Locart, aidé de son brave comte d'Urgel, ennemi-né du comte de Foix, attaquera par les montagnes Cueil et Lordat, il est perdu. Comminges lui-même poussera le comte de Conserans sur le Mas-d'Ail, et la bête fauve sera traquée à ne pouvoir bouger.

Dominique considéra le comte Raymond, et l'astuce religieuse du moine s'étonna en elle-même de l'habileté du politique. Il demeura un instant muet, repassant en lui-même les ressources que l'intrigue avait fournies au comte de Toulouse; et, dès ce moment, il en porta un jugement qui eût flatté la vanité du comte, mais qui l'eût épouvanté, à coup sûr. Dominique estima qu'il pouvait être dangereux. Mais cette pensée, mal examinée, resta au fond de son âme; et il invita le comte, après un moment de silence, à continuer et à lui dévoiler le reste de ses plans, en le complimentant sur leur adresse.

— Eh bien! dit alors Raymond, toutes ces précautions ont échoué contre un hasard, contre un de ces accidens que nulle prudence humaine ne peut prévoir. La réponse du marquis de Barcelonne est tombée aux mains de Roger; je ne la connais pas, et ne sais si elle est favorable ou non; mais, au peu de paroles que m'a dites le vicomte, je devine qu'elle doit s'expliquer clairement sur nos desseins, car il m'a parle en termes fort clairs du projet de le reléguer dans l'hospice des chevaliers du Saint-Esprit : je crains même que Locart ne reproduise tous les articles de mon message, car Roger paraît persuadé que Pierre est ligué avec nous, et c'est une assurance que j'avais moi-même donnée au marquis de Barcelonne pour le décider, attendu que sa capitale est sous la main du roi d'Aragon, et qu'il n'eût osé remuer s'il avait craint une attaque de ce côté.

— Mais, ajouta Dominique, avec des fils si bien tendus, que vous importe que Roger sache ou ignore vos desseins, et que peut-il faire?

— Ce qu'il peut faire, repartit avec humeur le comte de Toulouse, il l'a déjà fait. Il m'a ajourné à comparaître devant l'assemblée générale de tous les nobles de la Provence. Il leur dévoilera toutes ces intrigues : et ce que chacun eût fait peut-être en particulier et dans l'ombre, aucun ne l'osera plus à la face de tous et au grand jour. Roger fera un appel à tous les chevaliers présens, il leur offrira tout haut ce que je leur offrais tout bas : le partage des domaines du vaincu; et peut-être ceux sur qui je comptais le plus seront les premiers à m'attaquer. D'ailleurs vous ne connaissez ni l'audace de Roger, ni son ascendant extrême sur tous ceux qui l'entourent : il les entraînerait contre Rome même s'il le voulait...

Et comme Raymond allait continuer, Dominique se leva soudainement et s'écria :

— Et bien donc ! c'est à Rome à se défendre.

Le comte de Toulouse tressaillit à l'aspect de Dominique debout, le poing fermé sur le bras de son fauteuil et le regard éclairé d'une sombre joie. A l'agitation des muscles du visage du moine on devinait facilement que toutes les parties d'un projet décisif se déroulaient horriblement devant lui. Raymond le considérait attentivement sans oser lui demander le fond de ses pensées, mais s'armant en lui-même de précautions et de subtilités contre tout ce que le religieux allait sans doute exiger de lui. Enfin Dominique rompit de lui-même ce silence exalté, et, comme un homme qui donne des ordres plutôt que des avis, il s'adressa ainsi à Raymond :

—Comte de Toulouse, tu viens de me développer un plan dont l'habileté humaine peut sans doute tirer vanité, et cependant il s'est brisé contre le premier obstacle qu'il a rencontré. Il n'en est pas ainsi de ceux que Dieu inspire. Engage ici ta foi et ta parole à faire ce que je vais te demander, et je t'engage ici ma parole et ma foi qu'après-demain tu n'auras rien à craindre des révélations du vicomte de Beziers.

— Un crime! s'écria vivement Raymond épouvanté du sombre fanatisme qui brillait dans les yeux de Dominique; je n'en veux pas. Étiennette de Penaultier l'a tenté, et, si je n'avais besoin d'elle pour un dessein qui peut me sauver, je l'en aurais fait punir par son seigneur le comte de Narbonne.

— Un crime peut-il être conseillé par l'Église! répondit froidement Dominique; Comte de Toulouse, cette supposition est une insulte.

— Quel est donc votre projet? demanda Raymond qui désirait le connaître avant de s'engager.

— Tu le sauras, répliqua Dominique; mais, sur ta foi, promets de me livrer l'assassin de Pierre de Castelnau, ou de faire pour lui pénitence publique et amende honorable comme son seigneur et maître.

— L'assassin de Pierre de Castelnau n'est pas en mon pouvoir, et je ne puis faire pénitence d'un crime qui n'est pas le mien.

— Tu m'as dit cependant que tu savais où il était maintenant. Songe que ton silence est une protection aussi coupable que l'asile que tu lui offrirais dans ton château narbonnais. Allons ? dis-moi ce qu'il est devenu ?

— Et si je vous le dis, vous apaiserez le ressentiment du vicomte de Beziers ; et, dans le cas où il saurait tout, vous me défendriez de sa colère ? dit Raymond.

— Roger sera abattu comme le superbe, répondit Dominique avec une sauvage espérance dans le regard.

A cette parole le comte hésita à émettre la pensée qui lui venait à l'esprit ; enfin il se décida et dit au religieux :

— Alors la récompense qui devait être divisée entre tous ceux qui sont appelés à travailler à l'œuvre de l'Église appartiendra sans doute à celui qui aura tout fait. Les comtés de Roger...

— Seront acquis au comte de Toulouse, continua le moine achevant la pensée de Raymond.

Le visage de celui-ci s'agita d'une expression de joie et de doute ; mais l'ambition l'emporta, et il dit alors en baissant la voix comme honteux de s'entendre lui-même :

— Eh bien ! c'est ce Buat qui s'est si insolemment montré dans la lice.

— Buat ! s'écria Dominique, Buat ! Ce n'était pas le nom du chevalier qu'on a dénoncé au saint-siége; il s'appelait Jehan de Verles. Buat n'est pas le nom du meurtrier de Pierre Castelnau.

— Sans doute, ajouta Raymond, et Jehan de Verles n'est pas non plus le nom qui lui appartient.

— Quel est-il donc? dit le moine.

— Que vous importe de le savoir, continua le comte avec un accent de douleur profonde, puisque je le livre à votre justice? Son nom ne serait pas un bouclier contre vous, puisqu'il n'a pas été sacré pour moi. Qu'importe donc son nom? Ce jeune homme vivait loin de ma cour, et il y arrivait à peine lorsqu'après une discussion avec le malheureux frère Pierre de Castelnau, il le frappa d'un coup de poignard. Il s'enfuit alors, et s'associa avec les routiers que commandait Perdriol. Il fallait bien qu'il fît ainsi; car il n'y avait plus d'asile pour lui sur la terre de la chrétienté. Oh! si alors je lui avais accordé la protection qu'il me demandait, le malheur qui me menace aujourd'hui n'arriverait pas; car c'est lui, mon père, qui a livré à Roger la réponse de Locart.

— Où donc l'a-t-il surprise? demanda vivement Dominique qui semblait ajouter la plus grande importance à ces détails.

— Hélas ! mon père, dans ces temps de guerres et parmi les chemins impraticables des Pyrénées, il est bien difficile d'envoyer d'un pays à un autre des messagers qui ne soient pas exposés à être égorgés ; on choisit qui l'on peut, et les plus détestables sont souvent les plus sûrs et ceux qui appellent le moins les soupçons. C'est Perdriol qui avait porté ma lettre au marquis de Barcelonne ; c'est encore lui qui me rapportait la sienne, et devait me la remettre ici.

Et je comprends maintenant comment Buât s'en est emparé après avoir massacré Perdriol et sauvé le vicomte de Beziers.

— Il a sauvé le vicomte ! s'écria vivement Raymond; puis il ajouta par réflexion et après un moment de silence : Il sait donc le secret que je n'ai pas voulu lui dire. Oh ! Adelaïde ! Adélaïde ! était-ce là ce que je t'avais promis!

Le comte eût pu ajouter encore beaucoup de réflexions capables d'éclairer Dominique sur l'histoire de Buât, que le religieux ne les eût pas entendues. Il avait repris sa singulière méditation et cette discussion intérieure du projet qu'il avait annoncé; mais cette fois on eût dit que tout lui paraissait lucide et complet. Raymond, de son côté, gardait le silence comme un homme entraîné dans une voie fatale et qui ne sait comment en dévier. Enfin Dominique lui dit pour adieu :

— Comte de Toulouse, le cardinal légat est, au moment où je vous parle, arrivé secrètement à l'hospice du Saint-Esprit. Puis-je lui dire que vous vous soumettrez à ses ordres, et promettez-vous ce que je vous ai demandé comme je vous ai promis ce que vous avez voulu ?

Raymond balança un moment. Dominique, qui le considérait comme un oiseau de proie fait de sa victime, ajouta cruellement :

— L'anathème de l'Église pèse sur toi. Avant deux jours la vengeance d'un ennemi puissant planera sur ta tête, et l'appui dont tu te sentais fort contre Rome se brisera sous ta main ; et tu tomberas alors en exécration au Ciel, en mépris aux hommes, sans asile pour ta vie mortelle, sans espérance pour ta vie future : un mot de repentir, une pénitence sincère te replacent d'un coup parmi les fils chéris de l'Église et à la tête des seigneurs de la Provence, et tu hésites !

Raymond n'était pas homme à se laisser épouvanter de ces menaces d'anathème ou d'excommunication ; mais il répugnait à son orgueil d'obéir aux exigences du moine, d'autant plus qu'il savait que c'était une vengeance de Foulques, son évêque, qui, d'intelligence avec Dominique, voulait ainsi l'humilier aux yeux de toute la Provence. Mais, tout habile qu'il fût, il avait mal deviné les projets de la cour de Rome. Il se taisait donc plus par vanité que par prudence; car, à son compte, son plus grand danger était la révélation faite à Roger. Enfin la crainte l'emporta, et, lorsque Dominique lui dit:

— Milon m'attend,

le comte répondit avec un profond soupir :

— Que la volonté de Dieu s'accomplisse! J'obéirai.

Puis il se hâta d'ajouter :

— Et vous me tiendrez les promesses faites.

— C'est le comte de Toulouse, marquis de Provence, duc de Carcassonne, et, s'il le faut, comte de Beziers, de Razez et de Carcassonne, que l'Église veut pour pénitent.

Ces paroles n'éclairèrent pas Raymond, occupé qu'il était des faux-fuyans de son étroite politique. Il ne pensait qu'à ce qu'il avait dit lui-même, et sa réponse évasive lui paraissait satisfaire à la fois à l'exigence du moine et à la retraite habile qu'il pourrait faire, si l'occasion de se rétracter se présentait favorablement. Le moine le devina, et, ne voulant pas le pousser plus loin, sûr de l'entraîner où il voudrait après tout ce qu'il lui avait déjà fait faire, ils se séparèrent. Dominique rentra à l'hospice du Saint-Esprit, et le comte de Toulouse vit entrer enfin l'homme qu'il désirait voir le plus : c'était Raymond Lombard. La première question que lui adressa le comte eût paru bien obscure à tout autre; mais Lombard l'entendit suffisamment comme on en pourra juger.

— Eh bien ! que fait-il ? dit le comte.

— Il prépare votre accusation, répondit Lombard.

— Ah ! ce Buat, reprit Raymond en se levant, il nous a perdus. Roger sait tout.

— Non pas tout, répliqua froidement Lombard, puisque je suis ici. Croyez-vous que je serais encore en liberté si Perdriol avait dit à cet écervelé de Buat que c'est moi qui l'avais prévenu du passage de ce damné de vicomte ?

— C'était toi, dit Raymond en regardant Lombard avec une surprise épouvantée. Ainsi l'arrivée d'Étiennette.....

— Simple hasard, interrompit Lombard. La bonne dame amusait sa route en faisant chasse d'hommes. Elle a rencontré le vicomte, et ajouté vingt pièces d'or à mes recommandations, pour quelque impertinence qui l'aura blessée au vif.

À cette confidence faite d'un ton bourru, le comte regarda autour de lui comme s'il craignait que l'on pût en entendre un mot, et il se rapprocha de Lombard avec une curiosité alarmée et soupçonneuse. Bien qu'ils fussent seuls, il se pencha presque à son oreille, et lui dit en pesant chacun des mots qu'il laissait échapper:

— Quoi! Béranger, son évêque!...

Puis il s'arrêta comme s'il craignait d'achever sa phrase et de prononcer le mot fatal. Lombard l'écoutait d'un air sinistre et se taisait. Raymond ajouta:

— Leur haine en est-elle arrivée à ce point qu'il ait ordonné?...

— Ce n'est pas lui, interrompit violemment Lombard, c'est moi. Ce n'est pas sa haine, c'est la mienne qui avait dressé cette embûche.

— C'est un assassinat! s'écria soudainement le comte.

— Enfin le mot vous sort de la gorge, reprit Lombard en ricanant, vous le trouvez pour moi le mot, et vous n'eussiez osé le dire si ce projet eût été conçu par une tête mitrée. Oui, répondit-il en s'animant, c'est moi qui ai tenté cette vengeance, moi dont il a permis à son esclave de souiller l'amour. Car ne pensez pas que le vicomte de Beziers ait descendu jusqu'à prendre lui-même dans le lit de son vassal la femme qui faisait sa vie et son bonheur... Non, c'eût été trop d'honneur pour le vassal qu'un affront de Roger. Il a chargé son serviteur de ce soin. Il lui a dit : Va de ta main d'esclave insulter et souffleter ce chevalier de ma comté. L'infâme ! et pense-t-il que, lorsqu'il me donnerait son Kaëb, le favori des ses débauches, à torturer et fouler sous mes pieds, ce serait vengeance pour moi ! non, par l'enfer ! non. C'est lui qu'il me faut vivant, à égorger ; mort, à traîner dans la boue.

— Pauvre Roger, s'écria le comte à cette violente imprécation ; pauvre Roger, répéta-t-il, que d'ennemis ! et comment y échappera-t-il ?

Singulier sentiment de pitié qui s'éleva alors dans l'âme de Raymond. Il conspirait la perte de son neveu ; mais tous les détours par où il voulait y arriver lui cachaient pour ainsi dire son but ou le lui déguisaient sous un aspect d'habile politique ; et il s'épouvanta presque de tout ce qu'il faisait lorsqu'il en vit le résultat si horriblement exposé par la colère de Lombard. Après cette exclamation, le comte continua :

— Mais comment se fait-il que Roger se soit mêlé à cette affaire ? et d'où le sais-tu ?

— Je l'ai deviné à un mot imprudent du maître, à un regard involontaire du serviteur; et puis n'ai-je pas reconnu l'esclave, lorsqu'il emmenait Foë comme s'il l'avait liée à lui? et Perdriol ne les a-t-il pas vus passer ensemble? Depuis deux jours que ma vengeance m'est échappée, je cherchais comment je pourrais la ressaisir, lorsque j'ai reçu votre invitation de vous venir voir, et j'ai espéré que je trouverais ici ce que je cherchais vainement.

— Une vengeance, dit le comte en consultant de son regard furtif l'effet de ses paroles sur le viguier; une vengeance! je n'en ai point à exercer contre Roger. Je puis vouloir apprendre tout ce qu'il fait et dit, afin de me tenir sur mes gardes pour ma défense et celle de mes terres. C'est pour cela que je te paie, maître Lombard, et non pas pour une vengeance.

— Appelez votre but du nom qu'il vous plaira, répliqua Lombard; il est le même que le mien : vous voulez ses comtés, et moi son sang; vous par ambition, moi par vengeance;

vous, quoiqu'il soit votre neveu, moi, parce qu'il m'a outragé. S'il y a un crime juste des deux, c'est le mien.

Raymond qui voulait tirer de cet entretien un tout autre parti que d'entendre les doléances et les menaces de Lombard, ne répondit pas tout de suite. L'inimitié d'un homme comme le viguier n'était pas pour lui d'un secours important, assuré qu'il était de sa vénalité. Quant au moyen de se défaire du vicomte par un coup de poignard, il n'entrait ni dans les sentimens ni dans l'esprit du comte de Toulouse de l'employer. Son honneur de suzerain et de chevalier s'y refusait absolument; et son naturel rusé, et qui se plaisait aux difficultés d'une intrigue, l'eût dédaigné comme indigne d'un homme politique. Pour lui, l'intrigue était presque un combat loyal, parce que, disait-il, chacun a les mêmes armes pour se défendre et pour attaquer; et il considérait les maladroits qui y succombaient, comme fait un guerrier des faibles qui périssent sur un champ de bataille : c'est que les uns et les autres ont rencontré des adversaires supérieurs. Ce fut dans cette disposition d'esprit qu'il reprit la parole après un moment de silence.

— Il n'est pas question, dit-il, de vengeance ou d'ambition : il s'agit de me défendre. L'accusation sera portée après-demain, et j'ai besoin de connaître ceux des chevaliers de la Provence qui seront pour moi ou contre moi. Comminges s'est chargé de visiter secrètement tous ceux de mes comts et des comts de Foix qui pourraient être douteux, et Narbonne en fait autant pour ceux de l'Aragon. Mais on ne peut voir ni moi ni un de mes hommes dans le quartier du vicomte, et cependant il faut que je sache quelles sont les dispositions des siens.

— Bonnes et mauvaises, répondit Lombard ; les trois quarts de ses châtelains le maudissent, et le défendront si on le menace.

— Ce n'est pas lui, mais moi qu'il faut défendre.

— A ce compte, dit le viguier, vous ne manquerez pas d'appui, ne fût-ce que pour lui donner une leçon et rabattre son orgueil. D'ailleurs, je crois que notre aiglon a arraché la meilleure plume de son aile : il s'est brouillé avec le vieux Saissac, et toutes les moustaches grises du comté en murmurent ; ajoutez à cela que le vieux Pierre de Cabaret est malade, et qu'il n'assistera pas à l'assemblée. Si l'on pouvait le dégarnir aussi de quelques jeunes lances, vous le laisseriez débiter sa harangue, et il en serait comme des sermons de monseigneur Béranger qui donne envie de l'enfer quand il vante le paradis.

— Crois-tu, dit Raymond, que si Pons de Sabran était à nous ?....

— Pons de Sabran ? répliqua Lombard en souriant ; c'est un enfant, à la vérité, un enfant d'un air d'intelligence doux et facile comme une jeune fille ; mais son âme appartient à Roger comme les nonnes au diable. C'est prétendre détacher le bras du corps, c'est vouloir désunir l'or et l'argent fondus dans le même vase.

Raymond sourit à son tour à la comparaison de Lombard, et se hâta d'ajouter :

— Je ne veux pas savoir si c'est possible, mais si c'est utile. Comment est considéré Pons de Sabran parmi les jeunes lances ?

— Comme un chevalier aussi dur que l'acier, dont la parole est vraie comme le diamant, et l'âme pure comme le cristal. Certainement dans une discussion où il donnerait un démenti au vicomte, il s'en trouverait et des plus dévoués qui tiendraient pour Pons de Sabran.

—C'est bien, dit Raymond d'un air satisfait. Et quels sont ceux qu'on pourrait encore tenter par un appât ou d'ambition ou de cupidité?

A cette question, Lombard se prit à réfléchir; puis, se grattant le front et parlant lentement comme un homme qui tire de son cerveau ses souvenirs un à un, il répondit :

—D'abord, Amard Pelapoul est en ce moment à court de dix marcs d'argent. Il emprunte à monseigneur Béranger au denier quatre : en lui prêtant à un intérêt judaïque, c'est-à-dire au denier dix, nous l'aurions dans une heure. Pierre d'Hosloup doit se souvenir des éperons dorés qu'il a trouvés dans la chambre de sa femme; celui-là, j'en réponds. Galard Dupuy en veut encore à Roger du coup de bois de lance dont celui-ci l'a jeté au bas de son cheval à la cour plénière de Beaucaire; un souffle de rien sur ce vieux ressentiment, et il se rallumera bien vite. Bernard de Campendu enrage de ce qu'il lui prend toutes les recluses de sa seigneurie. Arnauld de Verfeuil le hait, parce qu'il ne sait faire autre chose pour personne. Ugo Mir, Raymond de Roca, Étienne d'Agen, Goadalbert Nolit, sont vendus corps et âme à l'évêque de Carcassonne. Que je leur dise un mot, et ils sont à vous ; puis nous verrons les douteux.

— Tous les noms que tu viens de me citer, répondit le comte en secouant la tête tristement, sont écrits au bas du serment de fidélité fait à Roger sous l'ormeau de son château de Carcassonne.

Et le comte, dominé par ce souvenir, répéta la formule bien connue de ces sortes de sermens ! *Et isti juraverunt in castro de Carcassonna sub ulmo.*

— Oui, dit Lombard avec un regard de démon, c'est moi qui tenais la plume ce jour-là, et je la tenais aussi le jour où vous signâtes dans votre château narbonnais l'engagement de défendre les comtés de votre neveu.

Et Lombard, imitant le comte de Toulouse dans ses souvenirs textuels, répéta les mots consacrés dans ces sortes d'engagemens qui, on le voit, étaient tantôt écrits en latin barbare et tantôt en langue d'oc :

— *E le defendren, ab tant de companhos, ab tant d'armaduras, ab tant de monda che ne caldra en la defensa* [1].

(1) Et nous le défendrons avec autant de compagnons, avec

Raymond n'entendit pas ou ne fit pas semblant d'avoir entendu; mais, ayant ouvert la précieuse cassette qui était près de lui et où se trouvaient les lettres des rois de France et d'Angleterre, il en tira un parchemin scellé de son sceau croisé, et, le donnant à Lombard, il lui dit:

— Tu m'as nommé huit chevaliers sur lesquels je puis compter, voici pour mon argentier.

— C'est bien, dit Lombard en ricanant; mais à propos il faut que je vous dise que Peillon, l'argentier du vicomte, est à nous, et qu'au premier ordre qu'il vous plaira de donner, le trésor et le trésorier disparaîtront. Ne serait-il pas plaisant d'acheter les chevaliers de Roger avec son argent, et puis de juger le voleur et de l'innocenter avec la justice que monseigneur lui a achetée avec ce même argent?

Raymond sourit à cette singulière proposition, et il dit à Lombard d'un ton moitié gai, moitié sérieux:

— C'est une pauvre conquête, je pense, que

autant d'armures et autant de monde qu'il en faudra pour la défense. »

celle du trésor de Roger, et je n'en serai guère plus riche pour l'avoir pris.

— Je le crois, répliqua le viguier en reprenant sa sinistre figure; mais il en serait beaucoup plus pauvre.

A ces mots, ils se séparèrent.

III.

Etiennette.

Ce qui nous reste à raconter de cette journée est assurément fort embarrassant, car, pour montrer à nos lecteurs toutes les intrigues qui complotaient la perte de Roger, il faudrait à la fois accompagner Raymond-Lombard dans sa visite aux chevaliers qu'il avait promis de livrer au comte de Toulouse, assister à la conférence de Dominique avec le légat Milon et suivre Pons de Sabran dans la rue étroite et sombre où il était guidé par une femme inconnue. Or, dans l'impossibilité où nous sommes de faire jouer à la fois comme sur un théâtre tous les acteurs de ce drame, choisissons les aspects les plus marquans de cette histoire; prenons surtout ceux qui caractérisent le mieux l'époque dont nous essayons de donner une esquisse; laissons de côté la vénalité honteuse de quelques chevaliers, car à toutes les époques les hommes qui se vendent le font à peu près de la même manière; mais tâchons de montrer ce que la barbare somptuosité des mœurs de ce siècle prêtait d'armes aux séductions des femmes, et ce que la politique de Rome avait alors d'astucieux et de voilé.

Ce serait du reste une singulière comparaison à faire que celle des moyens par lesquels, à des époques éloignées, on arrive au même but, non pas à propos de faits politiques, ni de discussions dans lesquelles l'esprit des siècles entre pour beaucoup, mais dans les choses du cœur et de la beauté qui, à ce qu'il semble, devraient être invariables. En effet, c'est un singulier tableau à montrer aux vices délicats de notre temps que les vices agrestes et cependant fastueux du douzième siècle. Comment persuader à une femme de nos beaux salons, dont la séduction n'a besoin que d'un regard ou d'une larme pour attendrir, d'un sourire ou d'un serrement de main pour enivrer, qu'une autre femme belle et aimée fût forcée d'appeler à son aide le pouvoir de tant de soins étrangers pour obtenir ce que la moins habile de nos coquettes saurait emporter en une heure de bouderie habilement arrangée. Mais il nous vaut mieux raconter ce qui se passait dans la rue Chaude de Montpellier, que de disserter sur des sentimens qui demanderaient un œil de femme pour être profondément aperçus, une plume de femme pour être légèrement dessinés.

Or, quand la dame de Penaultier eut quitté le comte de Toulouse, elle rentra dans sa maison et demeura long-temps en consultation avec elle-même. Quelquefois elle se promenait à grands pas, soucieuse et triste, puis elle semblait tout à coup prendre un violent parti : mais ce parti l'épouvantait sans doute, car elle s'arrêtait soudainement, puis elle reprenait sa marche taciturne. Enfin il paraissait douteux qu'elle le suivît, tant elle avait l'air épouvanté de ce qu'il lui fallait faire; lorsqu'une des femmes de son service entra dans l'appartement où elle était et lui remit un message cacheté du sceau du légat Milon qu'un hospitalier venait d'apporter; elle le reçut en se signant dévotement, et le lut d'abord avec un simple mouvement de curiosité. Mais bientôt son visage devint pâle à mesure qu'elle lisait; un tremblement d'indignation fit frémir ses lèvres, et elle écrivit au bas du message ces seuls mots : « Oui, je puis le jurer. »

Ce message, outre la colère qu'il fit naître dans l'âme d'Étiennette, eut encore pour résultat de faire cesser ses irrésolutions. Dès qu'elle eut remis sa réponse à la femme qui lui avait apporté la lettre, elle fit appeler sa nourrice. Celle-ci la considéra quelque temps pendant qu'elle murmurait tout bas :

— Oui, il me l'a préférée! c'est vrai, une esclave, une fille noire et hideuse, oui, je le jurerai devant les hommes, je le jurerai devant!.....

Elle n'osa achever et mêler le saint nom de Dieu à ses furieux transports; mais elle ordonna à sa nourrice de se rendre chez Pernette Abrial, et de lui acheter à prix d'or, et pour cette nuit, le droit d'occuper sa maison de *l'Incantada*, ou de la fée, qu'on disait merveilleuse à voir, pour toute la magnificence et les surprises amoureuses dont elle était ornée. C'était dans ce logis que la belle fille recevait les hauts seigneurs des comtés de la province. Pierre d'Aragon et Roger y avaient passé plus d'une joyeuse nuit. On raconte que Bernard Got fut si émerveillé de ce qu'il y vit qu'il donna à Pernette une sainte vierge d'argent : cette statue avait une couronne de fleurs faite de perles blanches, et était posée au dessus de la porte d'entrée de la plus belle salle de la maison. Du reste, les moines qui la fréquentaient souvent, nous en ont laissé une description assez exacte pour que nous en donnions quelque idée à nos lecteurs.

A l'extérieur, la maison, comme toutes celles qu'on bâtissait à cette époque, était formée d'un rez-de-chaussée et d'un premier qui s'avançait de plus de trois pieds en avant. Ce premier, dont la saillie servait d'abri aux passans soit contre le soleil, soit contre la pluie, et dans lequel l'on pratiquait des ouvertures pour voir ceux qui frappaient et aussi pour se défendre des attaques nocturnes des voleurs, était soutenu par une quantité de poutrelles transversales appuyées sur le mur inférieur. Ces poutrelles étaient le plus souvent carrées et simplement arrondies des bouts, mais dans la maison de Pernette elles étaient magnifiquement chargées de sculptures, et l'extrémité de chacune représentait une figure grotesque. C'était tantôt un diable qui faisait la grimace aux passans; ailleurs, c'était un animal fabuleux; plus loin, un saint en dévotion. On y remarquait surtout un Loth se peignant avec ses ongles et qui passait pour un chef-d'œuvre. La porte, comme d'ordinaire, était à un côté de la maison; mais, par un luxe inusité, cette porte tenait la moitié de la façade et s'ouvrait à deux battans réunis sur un montant qui se dressait au milieu de la porte et la séparait en deux, même quand elle était ouverte, ce qui ne rendait nullement cette magnificence plus commode. Dès qu'on était entré, on rencontrait l'escalier qui, par un raffinement déjà ancien, à ce qu'on voit, était couvert de tapis. Chez Pernette c'était à la fois luxe et prudence, car le silence était une des merveilleuses choses de cette demeure où nul bruit ne trahissait jamais le secret de ce qui s'y passait. Aussi, quoi qu'eût pu faire l'official de l'évêque qui prétendait qu'on y accomplissait des sorcelleries abominables, jamais les consuls ne voulurent consentir à ce qu'on fermât la maison, disant pour raison que jamais le scandale de ses forfaits n'avait blessé les yeux ni les oreilles de personne. Il faut avouer qu'il y avait de jeunes consuls qui avaient un intérêt particulier à cette tolérance, et que la courtisannerie des plus âgés trouvait son compte à ne pas contrarier les délassemens de Pierre d'Aragon.

Mais continuons à visiter cette demeure et montons-en l'escalier avec Pons; il suivait dans l'obscurité une femme voilée qui était venue le chercher dans la maison du sire de Rastoing où il logeait avec Roger. D'abord le jeune amoureux avait refusé de se rendre au galant rendez-vous qui lui avait été proposé. Sa passion pour Étiennette était si profonde, que, bien qu'elle fût sans espoir, il lui demeurait fidèle. Mais l'adroite messagère lui avait dit qu'il s'agissait d'une affaire où son honneur de chevalier était surtout engagé; et que la dame qui désirait le voir avait encore plus besoin de son courage que de son amour. Il s'était donc décidé à la suivre, et, à la nuit close, il s'était trouvé au coin de la rue des Pontifes. Cette rue s'appelait ainsi parce qu'il s'y trouvait une maison de religieux de ce nom. Quant à ce nom de Pontifes, il n'était point dérivé, comme on pourrait le croire, du mot latin *pontifex*, mais il était une corruption des deux mots *pontis fratres* (frères du pont), attendu que la première maison de cet ordre avait été établie par le pape Célestin III, pour le service de l'hospice qui était en tête du fameux pont d'Avignon bâti par le pâtre Benezet, qui fut depuis canonisé comme saint.

Pons, étant arrivé au coin de cette rue, fut abordé par la même femme qui lui avait apporté le message inconnu. D'abord, elle voulut lui persuader de se laisser bander les yeux; mais, sur l'assurance qu'il lui donna que c'était la première fois qu'il venait à Montpellier, elle le conduisit par plusieurs détours dans une rue étroite et longue d'un aspect singulier. En effet, toutes les fenêtres laissaient passer l'éclat des lumières intérieures, mais cette clarté ne frappant que la partie la plus élevée des maisons, il en résultait que la rue semblait partagée d'un bout à l'autre, dans sa hauteur, en deux zones, l'une supérieure et lumineuse, l'autre basse et obscure. Dans cette zone lumineuse on voyait sur la transparence des vitraux se dessiner des figures étranges, des bras entrelacés, des mains armées de coupes. Puis on entendait des cris joyeux et des rires infinis. Dans la partie obscure, c'est-à-dire dans le bas, se mouvaient dans l'ombre de rares figures qui marchaient avec précaution, heurtaient furtivement à une porte et se glissaient discrètement dans l'huis entr'ouvert. Un peu plus d'expérience eût dit à Pons le nom de cette rue. Mais, quoique cet aspect ne l'eût pas éclairé, il s'étonna, et il allait adresser quelques questions à sa conductrice, lorsqu'elle frappa elle-même un léger coup à la maison dont nous avons parlé, et, sur son invitation, Pons monta à tâtons l'escalier qui se présenta devant lui. Ainsi il arriva au premier étage de cette maison.

Alors sa conductrice le fit entrer dans une première pièce, où elle lui dit d'attendre un moment. Il profita de l'absence de cette femme pour tâcher de deviner où il pouvait être ; mais il ne put en concevoir aucune idée, car l'endroit où il se trouvait ne ressemblait en rien aux demeures qu'il avait vues. Cette pièce était revêtue de marbre blanc, sur les murs et sur le sol; au milieu se trouvait une profonde baignoire, blanche également; et si la chaussure de Pons ne l'eût interceptée, il eût senti la chaleur douce du sol sur lequel il marchait. Cette salle avait été construite sur les modèles de Mercurius vulgairement appelé Togatus, à cause de la toge antique qu'il portait, et qui avait été si long-temps en usage dans la province, qu'elle-même en avait reçu le surnom de Togata. La lubricité des bas-reliefs qui ornaient les murs eût alarmé le pudique amour de Pons, s'il n'eût été plus occupé d'admirer la singulière construction de cette chambre que d'en observer les détails. Bientôt, cependant, il entendit marcher près de lui, et une femme, autre que celle qu'il avait vue, lui fit signe de la suivre. Quand il s'approcha d'elle, cette femme le considéra avec une curiosité étonnée; lui-même sembla se rappeler avoir vu son visage; mais ni l'un ni l'autre ne se communiquèrent leurs observations. De la part de Pernette Abial, c'était habitude de son métier; de la part de Pons, ce fut qu'il n'eut point le loisir de s'arrêter à un souvenir vague, qui ne prit aucun caractère précis dans son esprit. La maîtresse du lieu le fit passer par un endroit obscur, et le fit entrer dans une pièce brillamment éclairée, où elle le laissa seul.

Jamais Pons n'avait rien vu de si surprenant que l'aspect de l'endroit où il se trouvait. Cette chambre était presque circulaire et formait un décagone parfait; chacun des côtés était séparé par un faisceau de colonnelles élancées, qui s'épanouissaient, à leur sommet, en fleurs sculptées, sur lesquelles semblait s'appuyer la voûte, également divisée en huit parties, qui se réunissaient au centre en angles aigus. Chacun des dix côtés compris entre les colonnes était occupé par un panneau entouré d'un cadre de cuivre superbement doré, et ce panneau était lui-même d'une étoffe de laine précieusement teinte en pourpre. Du centre de la voûte, pendait une lampe merveilleuse. C'était la représentation exacte et en ivoire de la chambre même, les ornemens en dehors. Au milieu de cette lampe brûlait une lumière qui suffisait à dessiner sa transparence et à faire saillir les couleurs brillantes dont elle était peinte. Du reste, la chambre était éclairée par de grands flambeaux de cire fichés sur les pointes de fer de chandeliers dorés. Une quantité de coussins étaient répandus dans la chambre, et il n'y avait pas d'autres siéges.

Pons n'était pas revenu de la surprise où le plongeait ce spectacle inouï, lorsqu'il vit entrer une femme voilée comme la première qui l'avait amené. Il semblait que la pompe éclatante de l'endroit où il se trouvait dût se retrouver dans les vêtemens de celle qui en était la souveraine. Aussi Pons fut-il singulièrement étonné de l'aspect simple de la femme qui se présenta à lui. Elle était d'une taille élevée, et avait pour tout vêtement une blanche robe de lin, faite comme celles que prescrit la règle des nonnes de Fenouillèdes, attachée au cou, et pendante jusqu'aux pieds; mais, contre la règle, elle était serrée à la taille avec une ceinture flottante, et la dessinait assez pour en faire deviner la beauté. Quelle que fût l'ampleur de ce vêtement, il était si léger, qu'il suivait les moindres mouvemens du corps, et qu'en s'appuyant sur ses formes, il en décelait la superbe élégance.

A cet aspect, Pons se sentit l'esprit et le cœur saisis d'un tremblement singulier, car il vit bien, malgré son voile, que cette femme était belle; il comprit qu'elle voulait le séduire et il voulut penser à lui résister. Dès qu'elle fut entrée, elle se laissa tomber sur une pile de coussins. Elle tremblait aussi comme une femme qui n'est pas sûre de ce qu'elle va faire, et qui cède à une passion plus violente que sa raison. Elle essaya de parler à Pons; mais sa voix altérée ne put articuler que quelques mots sans suite, et ce fut Pons qui lui adressa alors la parole le premier. Il lui dit:

— Une femme est venue à moi; cette femme m'a dit qu'une noble dame réclamait de moi un service d'honneur, et je l'ai suivie. Est-ce vous, Madame, à qui je me suis ainsi engagé?

— C'est moi, reprit d'une voix profondément émue la femme voilée.

Cette voix fit tressaillir Pons, il devint pâle et muet. Alors elle continua avec plus d'assurance, et avec cet instinct admirable d'une femme à qui sa puissance vient de se révéler :

— Pons, vous m'avez reconnue.

Et elle écarta son voile, et Pons vit en effet Étiennette de Penaultier, jamais si belle à ses yeux, jamais si séduisante pour lui, jamais rêvée si près et si doucement rencontrée. Un moment de doute traversa son esprit; il ferma les yeux comme pour garder son illusion, et tomba à genoux presque évanoui. Étiennette s'élança près de lui, et, l'appelant doucement, le soutint dans ses bras. Certes, elle ne l'aimait pas; son amour forcené pour Roger ou sa haine ne laissait place dans son cœur à aucune autre affection; mais elle ne put s'empêcher d'éprouver quelque pitié ou quelque reconnaissance pour le pauvre Pons en le voyant ainsi éperdu à ses pieds. Ce n'était pas pour l'amour qu'il avait pour elle, mais pour la joie qu'elle venait de lui jeter au cœur. Car quelle femme osera assurer qu'elle ne se laissera pas séduire souvent au bonheur qu'elle donne, plutôt qu'à l'amour qu'elle ressent ou qu'elle inspire? Pour elle, il est bien plus aisé de ne rien accorder que de refuser quelque chose, quand pour celui qui reçoit chaque faveur est un délire. Quelle vanité de femme, une fois engagée dans cette épreuve, résistera à ce témoignage de son pouvoir? Aussi fut-il vrai qu'en ce premier instant, il y eut une pensée commune d'amour entre ces deux âmes si différentes.

Cependant, Pons se remit de ce premier trouble; et, du moment qu'il fut bien assuré que c'était Étiennette, il perdit toutes les espérances qu'il avait conçues en voyant entrer une femme voilée. Étiennette le comprit bien : elle comprit qu'il lui serait d'autant plus difficile d'égarer l'âme de Pons, que cette âme était plus amoureuse et accoutumée à voir dédaigner cet amour, et qu'elle n'accepterait les faveurs dont elle voulait l'enivrer que comme un jeu dont il devait être la dupe; mais elle n'était point femme à se laisser arrêter par un obstacle, quel qu'il fût, et tout ce qu'elle avait prêté déjà d'inattendu et de singulier à cette aventure prouve qu'elle avait calculé toutes les difficultés de son projet. Étiennette de Penaultier, la plus hardie débauchée de la Provence, devait être assurément la plus astucieuse de celles de son espèce, pour avoir recouvert sa vie honteuse d'un surnom qui donnait à sa vertu toute la sauvagerie d'une louve. Elle fit asseoir Pons près d'elle, et, le regardant avec une confusion feinte ou véritable, elle lui dit :

—Je m'en veux, marquis de Sabran, d'avoir douté de votre empressement à vous rendre aux vœux d'une dame inconnue.

—On m'a sollicité au nom de l'honneur, Madame, répondit Pons, et si vous avez douté que je vinsse à cet appel, c'est que vous ne connaissez rien de mon âme.

—Vous vous trompez, reprit-elle doucement, puisque, voulant absolument vous avoir, je vous ai fait quérir au nom de ce noble sentiment : bien m'en a pris de ne pas avoir essayé, à ce que je vois, d'un autre pouvoir.

—Je ne vous comprends pas, Madame, reprit Pons en la regardant avec crainte.

—Mais, continua Étiennette en baissant les yeux, si l'on vous eût prié d'un rendez-vous d'amour, je vois que vous ne fussiez pas venu.

Pons, que jamais un langage si direct n'avait frappé au cœur, la regarda tristement, et lui dit plus tristement encore :

—Ah! vous me raillez sans pitié, et je ne sais comment répondre à vos paroles. Oui! il est vrai que, si quelqu'un fût venu me dire : Une femme, la plus belle du monde, t'aime et t'attend; cette femme eût-elle été reine ou impératrice, je ne fusse pas allé à son rendez-vous; et si une autre m'avait dit seulement : Étiennette veut te voir, je ne l'eusse peut-être point suivie non plus, car je ne l'eusse pas crue.

—J'ai donc bien fait ce que j'ai fait? reprit Étiennette d'un air froid et réservé.

Il se fit entre eux un moment de silence. Étiennette était embarrassée. Elle avait tant de dédains à faire oublier, et ce qu'elle avait à demander à Pons était si extraordinaire qu'elle ne pouvait espérer l'obtenir que de la conviction où il serait d'être aimé d'elle. Pons lui-même ne savait que dire. Les paroles de Roger lui revenaient bien quelquefois à l'esprit, mais il était trop amoureux, même lorsqu'il n'eût pas été timide, pour ne pas demeurer au moins maladroit; il essaya cependant de sortir de cette étrange position, et il se hasarda de dire à Étiennette:

— Que pouvez-vous exiger de moi? et quelle action puis-je faire pour vous qui puisse me mériter un de vos regards?

Cette question pénétrait trop vivement dans les projets de la dame de Penaultier pour qu'elle ne l'embarrassât pas. Elle considéra un moment le jeune Sabran, et ce moment détermina la résolution qu'elle prit. Le visage de Pons avait, dans sa passion, quelque chose de si noble et de si pur, qu'elle sentit que ce serait tout perdre que de dire un seul mot de ce qu'elle voulait exiger de lui. Comme un trait de lumière éblouissante, cette pensée lui vint au cœur qu'à l'âge de Pons on n'achète pas une femme par une lâcheté; mais que, pour la femme qui s'est donnée à nous, le cœur se crée des devoirs de reconnaissance si puissans qu'ils peuvent alors aller jusqu'au crime. Ainsi Étiennette était venue pour dire à Pons : — Fais cela, et je me donne à toi.

A ce moment, elle pensa qu'il ferait bien mieux ce qu'elle voulait, quand elle se serait donnée à lui; et qu'ainsi peut-être, il le ferait de lui-même. Sous l'empire de cette pensée, elle lui répondit avec un embarras adorable.

— Tenez, Pons, je veux être franche avec vous; je n'ai rien à vous demander. Puis elle ajouta avec un feint désespoir : Ah! je me suis trompée.

Ceci passerait pour folie, si quelques hommes de ceux qui à dix-huit ans ont eu dans l'âme une religion d'amour, ne l'attestaient aux cœurs froids et libertins; mais rien n'est difficile à une femme comme de se donner à celui qui l'aime avec crainte et superstition. A Roger ou à Pierre d'Aragon, il en eût moins fallu pour qu'il fût assuré de son triomphe, et la présence d'Étiennette seule le lui eût appris; mais à Pons dont l'amour était toujours resté si loin de la superbe châtelaine, toutes ses paroles arrivaient comme un doute : et, sans vouloir dégrader par une abjecte comparaison leur position à tous deux, il y avait, entre les projets d'Étiennette et le cœur de Pons, la même distance qu'entre les désirs d'une grande dame qui veut se faire comprendre à quelque beau garçon de son antichambre et l'intelligence de celui-ci. Quelque impertinent que soit l'Antinoüs domestique, il lui faut de rudes avances pour le déterminer à ne pas voir un piége dans ce qui est si loin de ses espérances. Étiennette vit bien que Pons n'osait pas la croire. Aussitôt, elle parut revenir de la tristesse où elle s'était laissée aller, et dit avec un sourire familier :

— Vraiment je ne sais ce que je dis, et j'ai un grand service à vous demander; mais votre embarras me gagne, et je ne sais plus ce que j'ai à vous conter. D'ailleurs, ce sera long : il s'agit de mon château de Penaultier que je désire retirer de la suzeraineté du vicomte Roger pour le mettre avec celui d'Alargue que j'habite sous la protection d'Amery de Lara, comte de Narbonne.

— Ah! Madame, s'écria Pons, quelle plus

noble épée pourra vous protéger que celle du vicomte de Beziers?

— Marquis de Sabran, répondit sérieusement Étiennette, l'épée d'un chevalier n'est pas la plus sûre protection d'une femme, car une femme a à défendre quelque chose de plus précieux que son corps et que ses domaines, et on peut la frapper de blessures que la plus vaillante épée ne peut prévenir.

— Elle peut du moins les venger, répliqua Pons.

— Les venger! dit Étiennette comme si elle suspendait sa pensée sur ce mot; les venger!! Puis elle ajouta tristement : Cela se peut, mais non pas quand c'est le coupable qui tient l'épée. Quel homme se dira à lui-même : Tu as menti?

La première phrase d'Étiennette avait suffi à Pons pour lui faire comprendre les motifs qui la faisaient agir. L'indiscrétion de Roger était la cause de cette résolution. Les derniers mots qu'elle venait de prononcer le frappèrent singulièrement, et la pensée que Roger avait pu mentir lui passa dans l'esprit. Étiennette, contente de ce premier doute habilement jeté, changea brusquement la conversation.

— Pons, lui dit-elle, acceptez mon hospitalité pour quelques heures : notre conversation doit être longue, et j'ai besoin que votre cœur généreux me conseille. Oubliez donc le banquet somptueux qui vous attend sans doute chez Bozon ou chez Bernard de Goth, et demeurez avec moi.

Au même instant elle frappa avec un marteau d'argent sur un timbre, et une femme parut : c'était celle qui avait apporté le message à Pons : elle lui fit un signe, et aussitôt d'autres femmes entrèrent portant une étroite table couverte de mets délicats. Cette table était basse, et, pendant qu'on la disposait auprès d'Étiennette, elle chercha et atteignit quelques coussins qu'elle attira sous sa tête, et, se reposant alors avec un abandon plein de grâce, elle s'y étendit en disant :

— J'admire comment les hommes les plus faibles en apparence résistent mieux aux fatigues que nous autres femmes ; ainsi vous, Pons, un enfant presque, n'est-ce pas ? car à peine avez-vous dix-huit ans ; vous avez fait peut-être le voyage de Carcassonne ici, à cheval et sous vos armes, et vous n'en ressentez nulle lassitude ; tandis que moi, ma litière m'a tellement brisée que je ne puis supporter aucun vêtement pesant : aussi me pardonnerez-vous de vous offrir mon frugal banquet dans cette misérable parure.

Et, tout en parlant ainsi, elle arrangeait d'une main négligente les longs plis de sa robe de lin, et chaque mouvement décélait une grâce ou une beauté. Puis elle ajouta avec un air d'indifférence :

— Mais le temps des frivoles plaisirs est passé et les graves intérêts de la politique y vont succéder.

Pons l'écoutait en suivant d'un œil passionné chacun de ses gestes.

Cependant la table était servie, et tous deux, l'un près de l'autre, semblaient s'oublier. Étiennette le rappela au jeune chevalier en lui demandant quelques uns de ces services intimes que l'on n'exige que de ceux qu'on traite en esclaves ou en amis ; elle le pria d'approcher la table, d'arranger un coussin ; puis ce fut une amphore ou une coupe qu'il fallut lui donner, ou un biscuit de miel qu'elle désirait ; et chaque service était récompensé d'un sourire adoré.

O dix-huit ans, âge facile à vivre, où tout espoir est doux, où nul mensonge, quelque grossier qu'il soit, ne peut être soupçonné; beau printemps où l'amour a des palpitations de bonheur qui font pleurer, si puissantes qu'elles battent encore dans le souvenir, long-temps après que le cœur est glacé! O jeune cœur, c'est une de tes émotions que je voudrais trouver : l'émotion d'un enfant qui dévore de l'œil une femme belle à faire sourire un vieillard, couchée nonchalamment sur d'épais coussins, pressée dans toutes les sinuosités de ses formes riches et pures par un vêtement si léger que ses plis n'en altèrent rien, si transparent que sa blancheur se teint de rose; et, à cette émotion dont on frissonne, je voudrais joindre cette fascination d'un regard qui joue l'indifférence, qui s'arrête sur le trouble de votre visage, et semble d'abord s'en étonner, puis le comprendre, et qui se baisse alors confus et troublé à son tour; et puis, je voudrais vous faire entendre ce murmure enivrant d'une respiration qui s'embarrasse; je voudrais vous faire voir cette agitation fébrile d'une poitrine haletante, et vous faire concevoir ce vertige qui prend au cœur lorsqu'à ces délirantes provocations vient se joindre l'accent doux et rude à la fois que donne à sa voix une femme qui se prend d'humeur contre elle-même et contre sa faiblesse, et qu'elle se dit comme distraite en secouant la tête :

— Ah ! j'ai eu tort...

— Pourquoi ? s'écria Pons presqu'à genoux devant Étiennette, car elle avait fait tout ce que je viens de vous dire ; pourquoi avez-vous tort ? et que veulent dire ces paroles ?

Et à ce moment l'amant est fier, car il croit que c'est lui qui domine, que c'est lui qui trouble, et quelque confiance le gagne, et il prendrait audacieusement une main si elle n'était déjà armée du marteau d'argent, et si elle n'avait frappé le timbre qui va appeler quelqu'un. Alors le cœur se serre, on craint d'avoir été trop loin, et on attend en tremblant les paroles qui vont vous renvoyer. Voici celles que dit Étiennette à la femme qui entra à son signal :

— Mon Dieu, les lumières vacillantes de ces flambeaux fatiguent le regard et le blessent : il faut les remplacer ; puis les vapeurs impures de la rue pénètrent jusqu'ici : prenez-y garde.

Et cette parole n'était pas prononcée que quelques servantes avaient enlevé tous les flambeaux. Aussitôt, comme par une magie qui justifiait le nom de *l'Incantada* donné à la maison, tous les panneaux, dont nous avons parlé, disparurent, et les cadres ne furent plus occupés que par une légère étoffe blanche, peinte des plus vives couleurs. Une vive lumière extérieure en éclairait nettement les dessins, tandis que le tissu ne laissait pénétrer dans la chambre qu'un jour faible et assombri; et comme Pons s'étonnait, jetant un regard d'admiration sur cette merveille, les plus doux parfums flottèrent dans l'air se déroulant, à travers les fleurs à jour des colonnelles, en filets d'une fumée blanche et soyeuse, et comme l'œil égaré du jeune amant semblait douter de cette réalité, Étiennette, lui prenant la main, le ramena vers elle en lui disant:

— Pons, n'est-on pas mieux ainsi?

A ces mots il reporta sur elle son regard enivré. Alors, par un hasard ou par un jeu infernal, les beaux cheveux d'Étiennette flottaient dénoués sur son cou et ruisselaient sur ses épaules; et, comme ils s'éparpillaient jusque sur son visage, elle rejeta vivement sa tête en arrière pour les écarter de son front, et, dans ce mouvement, son corps tendu dans son vêtement délicat, se modela aux regards de Pons dans son enivrante beauté. Oh! cette fois il tomba à genoux devant elle; cette fois, elle eût été la dernière des femmes, elle eût été Pernette Abrial, que Pons eût succombé à cette délirante tentation. Ils étaient seuls; qui pouvait empêcher ce qu'ils voulaient tous deux?

Personne.

Mais était-ce là le but de la dame de Penaultier? Voulait-elle ainsi se livrer à Pons pour son amour, et rien de plus? non certes. Pourquoi donc alors ne pas ménager le pouvoir des désirs qu'elle inspirait, et demander d'abord ce qu'elle voulait, pour prix de sa possession? C'est qu'elle avait audacieusement jugé qu'un homme comme Pons devait être plutôt son esclave quand il serait son amant, que dans l'espoir de l'être. Écoutons-la, et jugeons de toute la ruse qu'elle mit dans cet abandon hardi.

Elle était assise sur les genoux de Pons et le contemplait avec orgueil; une larme arrivait jusqu'à ses yeux, mais elle l'essuyait furtivement, et Pons, qui s'en aperçut, lui dit alors:

— Tu pleures, Étiennette: regrettes-tu de t'être donnée à moi, à moi qui serai ton esclave?

— Oh! répondit-elle, je ne regrette pas d'avoir été heureuse, car vois-tu, Pons, je t'aime avec une passion que tu dois comprendre maintenant. D'ailleurs, je ne veux pas te le dissimuler; je ne suis pas une de ces filles timides qui consentent à mourir d'un amour caché. Non, mon ami, non! depuis que je t'ai vu, j'ai senti que je t'appartenais. J'ai senti que tu étais mon bonheur; si je t'ai repoussé long-temps, si je t'ai fui, ce n'est point vaine pudeur, c'est que je prévoyais les pleurs que je verse dans ce moment, c'est que je calculais que cette heure de félicité me coûterait une vie de larmes.

— Oh! pourquoi des pleurs, Étiennette? lui dit Pons en l'entourant de ses bras; tu m'estimes bien peu de prévoir le malheur lorsque je puis t'en défendre...

— Enfant, lui dit Étiennette en jouant avec ses cheveux, que t'importe ce malheur puisqu'il n'est que pour moi? Va, je le savais bien; mais mourir sans être à toi, oh! j'aime mieux mourir à présent. Et se prenant à regarder Pons avec des yeux où la tristesse et l'amour se confondaient, elle ajouta en laissant tomber sa tête sur l'épaule de Pons : — Et c'est pourtant maintenant qu'il serait doux de vivre.

Puis elle sanglota.

— Étiennette! Étiennette! s'écriait Pons en

séchant ses larmes de ses baisers : ah! si tu m'aimes, et je le crois, dis-moi quel est ce malheur, ce danger qui te fait pleurer?

— A quoi bon? dit Étiennette en se remettant, je suis une folle; je trouble par une douleur le peu d'heures que le ciel nous a départies pour être ensemble. Ne me demande rien, je ne te dirai rien, je n'en ai plus le droit : je consulterai un ami.

— Un ami, lui dit Pons; ah! ne suis-je pas le tien, le plus dévoué, le seul à qui tu doives tout demander maintenant : amour, protection, bonheur?

— Non, beau sire, répliqua Étiennette avec un doux sourire où il restait encore une larme, non, vous n'êtes pas mon ami : un ami est un homme grave, prudent, sage, qui me donnera de bons et sévères conseils. Et, parcourant alors son beau front d'un baiser qui ne fit que l'effleurer, elle ajouta : Tu es mon amant toi, n'est-ce pas?

Pons lui dit alors :

— Et sur quel objet si grave vous faut-il des conseils, que l'amant ne puisse les donner? cet objet est donc beaucoup au-dessus de mon savoir et de ma sagesse?

— Mais non, répondit négligemment Étiennette, puisque je t'avais fait demander pour te consulter.

— C'était donc pour cela, reprit Pons en souriant à son tour.

— Tiens, lui dit Étiennette en le regardant doucement : franchement je ne sais pas. Écoute Pons, je veux te montrer tout le secret du cœur des femmes; je veux, enfant, te dire tout de suite ce que tu n'apprendrais que bien tard, si je ne trahissais pour toi les mystères de nos calculs; il y a long-temps que je te connais, plus long-temps que tu ne crois; et depuis que je te connais, je t'aime. Te dire qu'une femme qui aime ne désire pas être à celui qu'elle aime, ce serait te mentir pour moi, te mentir pour toutes; mais ce qu'il faut que tu saches aussi, c'est que ce désir est la dernière chose qu'écoute une femme. Son existence est si esclave qu'elle ne jette pas à plaisir des chagrins dans sa vie; que fait-elle donc? elle renferme et domine long-temps ses plus secrètes pensées, jusqu'à un jour fatal, où un hasard les protége et la force, pour ainsi dire, à s'y livrer. Ainsi, Pons, mon amour te fût demeuré étranger si je n'avais eu besoin d'un intermédiaire entre moi et Roger. J'ai prié Pierre d'Aragon de m'en servir, mais il en veut tant au vicomte de son tour de l'autre nuit, qu'il m'a refusée. Aujourd'hui même j'ai demandé ce service à Raymond de Toulouse : il m'a fort surprise en m'apprenant qu'il serait peut-être en guerre avec Roger avant deux jours, et il m'a refusée de même ; mais ce qui m'a troublée étrangement, c'est que tous deux m'ont dit formellement : Adressez-vous au sire de Sabran : il est tout-puissant sur l'esprit du vicomte.

— Et c'est pour cette raison que vous m'avez mandé ?

— Oui, beau sire, continua Étiennette, oui, c'est pour cette raison ; parce qu'aux yeux de Pons, en lui disant de venir trouver la dame de Penaultier, ce n'était pas lui dire : Cette femme se meurt d'amour pour vous et veut se donner à vous ; parce que, si rien ne palpite pour elle au cœur du sire de Sabran, elle le consultera gravement, et qu'elle y aura gagné, au moins, d'avoir pour messager le plus noble chevalier de la chétienté ; parce que ce n'est plus une folle qui se perd, mais une châtelaine qui réclame assistance d'un châtelain, et qui accomplit un devoir que lui impose l'intérêt de ses vassaux; et il arrive que l'on se trompe soi-même avec les mensonges qu'on prépare aux autres : il est vrai qu'on peut craindre que le chevalier ne parle d'amour, s'il est encore aussi enflammé qu'on le dit, et alors il n'est peut-être pas prudent de le voir; mais on n'y pense pas, ou, si l'on y pense, c'est pour le souhaiter; on s'exagère son propre courage pour avoir le droit de braver le danger, puis on sent qu'on y succombera, et l'on se résout à choisir un autre arbitre; mais au moment de donner l'ordre, on a oublié tous les noms, excepté un, et on garde celui qu'on voulait chasser, et l'on a tort, vous le voyez bien, car vous ne pouvez plus être mon arbitre, ce me semble.

En finissant cette longue énumération des petits artifices que le cœur d'une femme se crée pour se tromper, elle fit une moue de reproche à Pons en baissant les yeux; et lui, stupéfait, la regarda comme un ange de franchise, amoureux qu'il était, amoureux comme un enfant de dix-huit ans dans les mains d'une femme de trente. Oh! se créer une fausseté pour l'avouer, et mieux cacher ainsi celle qui nous mène, c'est à y prendre les plus rusés. Aussi Pons appartenait à Étiennette à cette heure, comme un aveugle à son guide. Et puis cette femme était belle, belle comme on s'imagine la beauté à dix-huit ans, superbe et provocante. Cependant Pons ne voulait pas paraître renoncer aux droits dont on l'avait jugé digne d'abord, et il reprit après quelque silence:

— Allons, belle châtelaine, je vais baisser les yeux, ne point te regarder, et ainsi je serai calme, grave, et vous pourrez me consulter.

— Non! non! c'est impossible, répondit Étiennette. Moi! te parler de cela maintenant! je n'oserais pas..! je n'en ai plus le droit.

— Oh! si je t'en priais à genoux?

— Je refuserais.

— Si je le voulais absolument?

— Pourquoi le vouloir, dit Étiennette la tête baissée, puisque tu m'aimes ainsi; puisque tu crois tout, et que tu m'aimes.

— Oh! que veux-tu dire? s'écria Pons en la pressant avec ardeur dans ses bras.

— Rien... rien.. mon âme... tiens, parlons d'amour, de bonheur..., parlons de toi, dit-elle en essuyant une larme.

— Non, je veux savoir..., reprit Pons vivement.

— Quoi? s'écria Étiennette en l'interrompant

violemment et en éclatant en sanglots... que je suis une femme perdue. Eh bien! c'est vrai... car je viens de me donner à toi, et je l'ai voulu; et pourquoi ne l'aurais-je pas fait? Un homme n'a-t-il pas osé dire qu'il m'avait traînée folle d'ivresse et de désirs de la salle d'un festin sur ma couche nuptiale? Ne l'a-t-il pas dit, et ne l'a-t-on pas cru, parce que c'est un homme dont l'épée est terrible? Et moi ne suis-je pas la châ- telaine prostituée qui s'est ruée dans le vice comme la dernière des ribaudes? N'y a-t-il pas un homme qui l'a dit, et ne l'a-t-on pas cru? Eh bien, puisqu'on l'a dit et qu'on l'a cru, ce sera vrai, et c'est vrai maintenant. Oui, il y a maintenant quelqu'un à qui je me suis livrée, comme une fille perdue, un homme à qui j'ai donné tout. C'est juste, je suis une adultère, j'ai un amant! C'est toi, Pons..., c'est toi, tu peux aller le dire, et je le dirai après toi... je dirai que je t'aime, que je suis ton esclave, et je te suivrai comme une servante. Je t'appartiens, tu es mon amant : tu peux t'en vanter, Pons, car c'est vrai ceci! Mais le vicomte Roger! ah!!!

Et, à ce dernier mot, un affreux sourire d'indignation parcourut ses lèvres; elle sem- bla en appeler au ciel : sa voix prit un accent terrible de menace, et elle frappa la terre au pied avec violence.

— Quoi! ce serait une lâche calomnie?

— Ah! tais-toi, dit-elle avec un cri: voilà ce que je craignais, un doute! Oh! tu me crois une infâme. Malheureuse! malheureuse! je ne voulais pas te le dire, j'avais raison, et je sentais que tu me briserais le cœur. Il ne fallait pas parler de cela.

— Moi, s'écria Pons enivré! te croire une infâme, t'outrager par un doute! oh! non, Étiennette, non, ce n'est pas là ce que j'ai au cœur; ce que j'ai, c'est de l'amour pour toi, de la haine pour Roger... de la vengeance.

— Grand Dieu! que prétends-tu? dit Étiennette alarmée en l'entourant de ses bras. Oh! tu me fais peur!

— Je veux lui dire qu'il a menti... et lui faire avouer...

— Enfant! enfant, dit Étiennette rapidement, et de quel droit me venger? tu ne le peux pas sans remplacer une calomnie par une affreuse vérité: on dira que c'est mon amant qui me venge, et cette fois on aura raison.

— Oh! que faire alors?..

— Eh bien! ce que j'avais résolu, reprit-elle, tristement, de retirer mes châteaux de la suzeraineté du vicomte, protester ainsi, autant que le peut une pauvre femme, contre sa calomnie, et surtout m'épargner le désespoir d'être enchaînée par quelque lien que ce soit à cet homme. J'ai voulu le faire amiablement, et j'avais compté sur toi pour cet arrangement; je le ferai de vive force, s'il le faut, dussé-je y perdre mes domaines entiers; dussé-je les voir ravager par sa lance et la tienne...

— La mienne, s'écria le sire de Sabran, la mienne te protégerait contre lui s'il osait t'attaquer.

— Enfant, lui dit sans le regarder Étiennette, comme si elle répondait à un propos en l'air : c'est ton suzerain.

— C'était le tien, et ne le quittes-tu pas?

— C'est ton ami.

— Non, c'est un infâme.

— O Pons, mon ami, mon amour, lui dit Étiennette en le caressant, ne fais pas cela, on dirait que c'est moi que t'ai entraîné..., que c'est moi... Non, je ne le veux pas...

Et comme il allait insister, elle lui dit tout bas :

— Demain, demain, nous parlerons de cela :

la nuit prochaine, ajouta-t-elle en baissant les yeux..., nous trouverons un moyen... Mais jusque-là tais-toi, ne dis rien, je t'en prie...

— Je te le jure, répondit Pons dans un baiser.

— Non! non! reprit-elle en se dégageant, le jour va venir : ami, il faut partir, vous en aller... On vous reconduira comme vous êtes venu...

Une heure après, ils se disaient encore à demain, et l'on n'avait plus parler ni de Roger ni des châtellenies. Enfin, Pons quitta sa belle maîtresse avec un bonheur au cœur qui l'enivrait et le faisait joyeusement marcher et regarder d'un air de dédain les chevaliers qui rentraient dans l'ombre, se disant à lui-même :

— Il sort de chez quelque ribaude, le sale! où de chez quelque coquette, le niais! au lieu que moi!!!

Pauvre Pons! Il revint le soir dans la rue Chaude.

Qu'avait-il promis le matin lorsqu'il en sortit pâle et soucieux!!

IV.

Le Légat.

Pendant que ceci se passait dans la rue Chaude de Montpellier, une scène d'un aspect bien différent, mais dont le but était le même, se développait dans une étroite cellule de l'hospice du Saint-Esprit. Trois hommes y étaient réunis et y discutaient vivement ensemble. L'un était Guy, recteur de l'hospice; l'autre, Milon, légat du pape; et le troisième, Dominique. Au moment où il nous plaît de pénétrer dans le secret de leur entretien, c'était Guy qui parlait.

— Ce que vous tentez est impossible, disait-il, et la gravité de votre accusation la fera échouer. Non, Roger n'est pas coupable de tout ce que vous osez lui imputer, et s'il est vrai qu'il ait blessé l'institution de cet ordre en y cherchant un abri pour des infidèles, il n'a point poussé la profanation jusqu'à en faire un lieu de débauche avec une fille de Mahom.

— Cette accusation sera prouvée, répondit froidement Dominique.

— Personne pourra-t-il en témoigner? reprit Guy vivement; car je vous en préviens, mon frère, il suffira d'une dénégation du vicomte Roger pour que chacun le croie.

— Ma parole vaut la sienne, répondit encore Dominique, et, s'il le faut, j'y joindrai celle d'une femme qui se trouvait près de cette cellule.

Interpellé sur la valeur de ce témoignage, c'est alors que Dominique produisit la réponse d'Étiennette dont nous avons parlé dans le chapitre précédent. Il en savait trop sur le caractère de cette femme pour n'être pas sûr de sa réponse en excitant à la fois son orgueil et sa vengeance. Ce premier point posé, on parcourut tous ceux de l'accusation que Dominique comptait fulminer contre Roger; mais à chacun il trouvait dans Guy la même résistance et les mêmes scrupules; quant à Milon, il finissait presque toujours la discussion en se rangeant de l'avis de Dominique dès que celui-ci l'y invitait avec un geste particulier.

A chaque fois Guy cédait, mais alors qu'il fallut lire l'ensemble de cette accusation, elle lui parut en tout si grave et si terrible, qu'il se refusa nettement à l'appuyer, et qu'il déclara que ni lui ni ses chevaliers ne suivraient le légat, et ne participeraient à cet ajournement : Milon lui-même, ébranlé par les longues objections du recteur et ses refus obstinés, n'osait plus interposer son autorité, bien que Dominique le pressât de prendre une résolution. Le moine alors se levant et jetant sur eux un regard irrité, s'écria :

— Oh! la maladie est plus grave que je ne pensais, et à leur insu les meilleurs chrétiens en sont affligés : l'hérésie gagne les uns par l'ambition, les autres par la pitié.

Le recteur, à qui ses fonctions ecclésiastiques n'avaient rien ôté de sa rudesse militaire, répondit à Dominique :

— Si quelque fâcheux esprit gagne les bons chrétiens, mon frère, c'est celui de l'accusation, et non de l'hérésie : les yeux s'habituent à avoir des coupables quand ils en cherchent, et si quelque chose m'étonne, c'est que ce soit à Roger que l'on s'adresse pour punir la protection accordée à l'hérésie, lorsque Pierre d'Aragon et le comte de Toulouse sont à Montpellier, et lorsque Raymond-Roger de Foix tient des conciliabules, où sa sœur, Esclarmonde se fait vanité d'appartenir à cette secte infame. La volonté de notre Saint-Père ne peut pas être que l'on punisse au hasard et selon le caprice d'un homme.

Et en disant ces mots, la fière figure du recteur s'anima d'une noble expression qui contrastait avec le cruel et fauve sourire de Dominique qui répondit :

— La volonté du Saint-Père a fait de ce caprice sa volonté, et de ce hasard son choix. La justice viendra pour tous, et ceux qu'elle ne frappe pas aujourd'hui ne seront peut-être pas les moins cruellement atteints. Quant à ce que j'avais espéré de vous par la conviction, je l'exige de votre obéissance.

Et comme à ce mot la fierté du recteur avait tressailli sur son visage, Dominique le répéta insolemment et en élevant la voix :

— De votre obéissance, entendez-vous, lui dit-il, et ne me forcez pas d'écrire au saint père que je l'ai trouvée lente et incomplète.

— Obéissez, obéissez, mon frère, dit alors Milon d'une voix triste, c'est ma volonté. Et vous savez, ajouta-t-il, que je suis le représentant du vicaire de Dieu.

Dominique lui versa un regard de mépris, et le recteur comprenant que Milon, vieillard sans force, était sous la domination du moine, crut trouver dans cette découverte un nouveau motif de résistance au désir de Dominique; il s'adressa donc au légat.

— Mon père, lui dit-il, vous ne savez pas tous les dangers de l'entreprise que l'on veut nous faire tenter : si j'en crois mes faibles lumières, c'est donner à l'hérésie la seule puissance qui lui manque, celle d'une persécution injuste; c'est associer tous les chevaliers de la Provence à la désobéissance du vicomte de Beziers; c'est tuer, dans un danger commun, les causes de désunion qui existaient entre eux, et qui les soumettaient ainsi séparément aux volontés du Saint-Siége : qu'une ligue se forme, et que parmi les horreurs de la guerre, l'hérésie grandisse à leur abri, et la Provence est perdue pour la chretienté.

Le légat, malgré la faiblesse de son caractère, supportait impatiemment l'insolente supériorité de Dominique ; il se hasarda à profiter de l'appui qu'il rencontrait dans le recteur pour poser quelques objections aux volontés du moine.

— Prenez garde, mon frère, dit-il doucement, que votre zèle ne vous entraîne au-delà de ce qui est possible ; prenez garde que l'autorité du Saint-Siége ne perde dans cette lutte tout ce qu'elle espérait y gagner. Notre frère Guy sait mieux que nous la disposition des chevaliers, et n'oubliez pas que je suis responsable aux yeux du monde des mesures que vous prendrez contre ce malheureux pays. Dominique se leva alors, et assombrissant encore de plus en plus la dure expression de son visage, il répondit au vieillard :

— Est-ce pour mériter l'applaudissement du monde que vous êtes venu dans ce lieu et que je vous y ai suivi, et faut-il, pour la récompense d'une mission de salut, autre chose que l'applaudissement de la conscience et l'approbation de notre saint-père ? Mais les pensées mondaines dirigent seules les actions des hommes, à ce que je vois. Écoutez-les donc si vous le voulez, mais n'oubliez pas que c'est moi qui prépare l'auréole de gloire dont le monde chrétien ceindra votre front ; n'oubliez pas non plus le serment fait par vous de suivre ma volonté en toute chose et de la revêtir de votre commandement.

Aussitôt il tira de son sein un bref du pape Innocent III qui ordonnait à Milon de se soumettre, dans tous les cas épineux, à la direction de Dominique, et qui avertissait en même temps tous les fils de l'Église que le moine était le seul dépositaire de ses pensées secrètes. A l'aspect de cet important message, le recteur et le légat se signèrent, et Dominique leur en ayant donné lecture, le recteur des hospitaliers, après l'avoir attentivement écouté, dit à Dominique :

— Et maintenant qu'attendez-vous de moi ?
— Qu'à l'exemple de tous ceux de l'Église vous soyez prêt à me suivre après-demain, là

où il me plaira de porter l'accusation que vous venez d'entendre.

— J'obéirai, répondit tristement le recteur.

Et après s'être mis à genoux pour recevoir la bénédiction du légat, il se retira. Dominique et Milon restèrent seuls. Le malheureux vieillard, comme un enfant qui sait qu'il va recevoir une réprimande, et qui voit sortir celui dont la présence la suspendait encore, devint tremblant et embarrassé dès qu'il se vit face à face avec Dominique; il le suivait d'un œil inquiet pendant que celui-ci posait devant lui une petite table, rapprochait la lampe à pied qui brûlait dans un coin, et plaçait sous ses yeux un parchemin écrit.

— Voici, lui dit-il, l'accusation telle qu'elle devra être prononcée par vous ; étudiez-en les moindres parties, pénétrez-vous de chaque pensée et de chaque parole afin qu'au moment où vous la direz, on puisse vous croire véritablement inspiré, et que vous ne sembliez pas un écolier comme il est arrivé à Lyon, quand vous avez dû lancer l'anathème sur les partisans de Vadius.

— C'est bien long, répondit Milon en parcourant le parchemin d'un œil d'ennui et de dégoût.

On ne saurait dire quelle expression de mépris et d'impatience anima la figure de Dominique à cette puérile et stupide réponse; cependant il se résigna, car il pensait bien que, pour trouver un homme qui voulût bien jouer le rôle qu'il avait imposé à Milon, il fallait qu'il n'eût rien dans la tête ni dans le cœur, ni intelligence, ni dignité; il se contenta donc de lui répliquer son ordre, et il laissa le légat dans la cellule pour aller nouer ailleurs les fils de son audacieuse intrigue.

V.

Trois Femmes.

Pour ne pas interrompre notre récit, nous voudrions arriver sur-le-champ à ce grand jour de l'assemblée des chevaliers si solennellement proposée. Mais ce serait laisser dans l'obscurité quelques points nécessaires, sinon marquans[1], de cette histoire. Ce serait nous forcer à revenir plus tard sur les causes des évènemens que nous rencontrerons. Autant vaut donc en finir dès à présent pour nous trouver à l'aise dans les récits qui nous restent à faire. Cette manière d'ailleurs nous semble préférable en ce que le lecteur, tout impatient qu'il puisse être, vaut mieux qu'un lecteur dégoûté; et c'est ainsi qu'est celui qui, après avoir vu se développer un événement devant lui, est forcé d'en entendre expliquer les ressorts secrets. Continuons donc, et disons que tout était aussi en grand trouble dans la maison de Roger pendant que ces intérêts s'armaient contre lui. Aussitôt la lice finie, Agnès et Arnauld étaient rentrés sans que la jeune vicomtesse voulût céder aux instances de sa sœur et se rendre à ses invitations, pour le festin qui devait avoir lieu dans ses appartemens; elle s'imaginait que la colère du vicomte venait de ce qu'elle avait assisté à la lice sans sa permission, et elle tremblait en pensant à l'instant où il rentrerait. Elle se retira donc dans sa chambre et là se laissa aller à pleurer amèrement. Une femme était à côté d'elle qui la regardait avec attendrissement; cette femme était Foë. Il ne pouvait y avoir de consolation entre une jeune fille qui s'appelait la vicomtesse de Beziers et une esclave noire. Cependant la douleur de l'une était si grande qu'elle appela les larmes dans les yeux de l'autre. Agnès en les voyant ne se sentit pas humiliée d'exciter la pitié d'une si pauvre créature, celle de sa sœur, celle d'une châtelaine peut-être l'eussent blessée parce qu'elle eût peut-être établi une comparaison entre leur sort et le sien; mais il ne pouvait y avoir d'offense dans la pitié de Foë, pas plus que dans les caresses du chien qui gémit doucement lorsqu'il voit souffrir son maître.

Il en résulta une sorte de confidence qui commença par le regard et dans lequel la pauvre jeune vicomtesse semblait dire —: Oui, tu as raison, bonne esclave, oui je suis bien malheureuse. Cependant il est probable que nulle conversation ne se fût établie entr'elles si un accident imprévu ne les y eût amenées. On annonça la visite de Raymond Lombard, et à ce nom Foë, tombant à genoux devant la vicomtesse, le visage altéré d'une profonde terreur, incapable d'articuler une parole, mais tournant convulsivement la tête et agitant la main, lui cria par cette expression muette, mais puissante, de son effroi — non! non! ne le recevez pas! — et la jeune vicomtesse, l'œil fixé sur l'esclave, obéit, sans y songer, à cette prière ardente; et fit répondre qu'elle ne pouvait voir personne.

La curiosité fit place ensuite à ce sentiment, et elle interrogea Foë sur les causes de son épouvante, et celle-ci lui raconta de son histoire ce qu'elle devait raconter. Ce récit rendit à la vicomtesse toute sa douleur, et lorsqu'il fut terminé, elle ne put s'empêcher de dire avec une larme :

— Ainsi il est noble et généreux pour tous, excepté pour moi !

— Pour vous, dit Foë, pour vous, son épouse et son égale !..

— Hélas ! répondit Agnès, je ne suis l'épouse de Roger que de nom, et s'il ne me chasse bientôt, comme le comte de Comminge a fait jadis de ma sœur, je ne le serai jamais autrement ; car il ne m'aime pas.

— Il ne vous aime pas ? répéta lentement l'esclave, en parcourant d'un œil curieux cette douce et touchante beauté ; oh ! il ne vous aime pas !

Et la vicomtesse ajouta, en fondant en larmes :

— Il en aime une autre...

— Qui donc ? s'écria vivement Foë, l'œil ouvert, les narines gonflées, le sein haletant :

non qu'elle espérât que ce fût elle, mais jalouse de savoir qui Roger préférait à sa jeune et belle épouse.

—Qui? reprit celle-ci, une fille de Montpellier, une bourgeoise qu'on appelle Catherine Rebuffe, celle qui a ensorcelé aussi mon frère d'Aragon; je l'ai vue aujourd'hui à la lice, insolente et fière de sa beauté; elle était dans le pavillon du roi, l'impudente, qui donne des rendez-vous de nuit, saluée et honorée par tous les seigneurs et consuls; et moi, c'est à peine si j'ai trouvé une place, que m'a offerte la courtoisie banale du roi d'Aragon.

Et la pauvre vicomtesse finit sa longue phrase dans ses sanglots, tandis que Foë, le front appuyé sur une de ses mains, sentait toutes ces paroles lui tomber sur le cœur, brûlantes et acérées; alors il se passa une étrange chose dans cette âme de femme, une fatale jalousie s'y éleva : elle prit en haine la prétendue maîtresse du vicomte, et en pitié celle qui était sacrifiée comme elle. Mais, à vrai dire, si la vicomtesse eût été l'objet de l'amour de Roger, ce sentiment n'eût point pénétré dans l'âme de l'esclave. La misérable Foë fût restée résignée dans sa douleur et son abandon, si ce malheur et cet abandon fussent venus d'un amour légitime pour une femme si haut placée au-desus d'elle. La pauvre fille noire n'eût jamais agité en elle la pensée qu'elle pût détourner le vicomte de Beziers d'un tel devoir; mais du moment qu'il y manquait, du moment qu'il se jetait dans le désordre, elle se trouvait digne d'être celle qui le causait; la maîtresse du vicomte Roger, quelle qu'elle fût, lui parut son égale. Cependant comme elle n'espéra pas pouvoir ni la faire oublier, ni l'atteindre, elle mit furtivement sa cause dans celle de l'épouse; elle rêva le triomphe de sa haine cachée dans celui des droits sacrés d'Agnès et pensa qu'en rendant le cœur du vicomte à son épouse, elle jetterait dans l'âme de Catherine le même désespoir qui rongeait la sienne. Ce fut sous cette pensée qu'elle répondit à la vicomtesse:

— C'est que pour le séduire elle a des secrets que vous ne connaissez point : c'est qu'elle lui prodigue sans pudeur des caresses qui de vous seule pourraient être innocentes.

La jeune vicomtesse ne comprit point ce que voulait dire Foë; mais celle-ci, ardente Africaine, qui savait de sa propre expérience combien le vicomte pouvait se laisser aller à une surprise de sens, et qui l'avait vu troublé si vivement de ce qu'elle avait osé, ne recula pas devant l'idée d'aborder avec cette jeune fille un sujet si étrange pour elle.

— Est-ce que le vicomte, lui dit-elle, ne vous trouve point belle ?

— Hélas! reprit Agnès, il ne me connaît pas, et s'il m'a vue aujourd'hui à la lice, c'est sans doute bien malgré lui.

— Et vous ne cherchez jamais ses regards ? lui dit l'esclave.

— Je sais que ma présence lui est odieuse, et je lui donne au moins ce témoignage de mon amour de lui épargner ma rencontre, répliqua Agnès.

— Oh! reprit Foë, ce n'est pas ainsi que vous le ramènerez; il faut vous montrer souvent à lui, gracieuse, prévenante, toujours belle et parée; il faut, s'il entre jamais dans votre appartement, l'accueillir avec transport et vous jeter avec amour dans ses bras.

— Moi! dit Agnès, dont le visage se couvrit de rougeur.

— N'est-il pas votre époux? dit Foë, et les hommes n'aiment-ils pas qu'on les prévienne dans leurs désirs?

Avec toute autre qu'une enfant, Foë eût trouvé mille obstacles avant de lui persuader que c'était là le vrai moyen de reprendre le cœur de son époux; mais pour Agnès, si ignorante et si faible, les raisonnemens de l'esclave devaient paraître sans réplique, d'ailleurs on lui assurait que c'était ainsi que Catherine avait sans doute acquis son pouvoir, et la jeune épouse le crut. Foë le croyait de même. La furieuse Africaine n'avait pas compris que ce qui, dans sa nature brûlante et passionnée, pouvait sinon séduire, du moins troubler, serait gauche et peut-être répugnant dans une enfant timide et faible.

Une demi-heure à peine après cet entretien, une femme vint annoncer le vicomte Roger, et immédiatement après il entra; la pauvre Agnès, poussée par les conseils de Foë, ne le vit pas plus tôt pénétrer dans sa chambre, qu'elle se jeta à son cou et que l'embrassant tendrement, elle lui dit :

— O mon époux! que je suis heureuse de vous voir!

La surprise de Roger fut grande, et soit que dominé par sa sombre humeur, il n'eût d'autre soin en tête, soit qu'il s'irritât même d'une caresse qu'il n'avait point désirée, il la repoussa rudement en lui disant :

— Voilà d'étranges transports, Madame, et vous êtes heureuse à bon marché ; puis se tournant vers Arnauld de Marvoill qui était entré en même temps que lui, il lui dit aigrement, comme en faisant allusion à un entretien qu'ils avaient eu ensemble :

— Est-ce à ce manége que vous avez dressé cette perle de beauté et d'innocence ?

La honte et la douleur qui se peignirent à la fois sur le visage d'Agnès, la stupeur où elle demeura en face de son époux, ne le frappèrent point, tant son humeur était grande et tant elle avait encore été augmentée par ce nouvel incident. Arnauld lui-même en demeura fort surpris. La pauvre vicomtesse se prit à fondre en larmes. Roger continua.

— Ah! Madame, cessez vos larmes, je les crois de même franchise que vos caresses. Ce n'est pas le moment des enfantillages ni des comédies. Il faut que vous m'écoutiez, et que vous me répondiez sur des affaires d'une gravité au-dessus de votre âge peut-être, mais sur lesquelles vous consulterez ceux en qui vous avez confiance, votre frère d'Aragon, par exemple, qui vous donne place à ses côtés dans son pavillon. Mais, pour Dieu! ne pleurez plus ainsi et ne sanglotez pas si fort.

— Je me tais... je me tais, répondit la vicomtesse en essuyant ses pleurs et en dévorant ses sanglots... parlez... parlez.

Et comme elle pleurait encore plus fort en parlant ainsi, le vicomte Roger s'écria :

— Venez, Arnauld, sortons, nous n'en finirions pas!

Mais comme il allait partir, Agnès s'écria :

— Seigneur, monseigneur, Roger, restez, je me tais.

Et serrant alors ses dents avec violence, regardant avec fixité devant elle, elle arrêta soudainement sanglots et larmes qui retombaient sur son cœur et le dévoraient.

— Agnès, dit le vicomte, il y a quelques jours je suis venu à Beziers et je vous y ai amenée dans le dessein de vous y présenter comme mon épouse devant Dieu et devant les hommes.

La figure d'Arnauld témoigna de la surprise, mais celle d'Agnès garda son immobilité.

— Oui, messire Arnauld, continua dédaigneusement le vicomte, tel était mon projet. Je connaissais ceux de mon oncle et de mon frère Pierre mariés chacun selon son gré et sa volonté, et j'espérais leur faire honte de leurs infâmes répudiations en leur montrant mon respect pour un lien qui m'avait été imposé. Une autre mesure a déjoué leurs complots contre des femmes, et moi-même je ne suis plus en position de faire ce que j'avais projeté pour Agnès.

—Je comprends, répondit Arnauld, cela ne vous est plus nécessaire.

—Arnauld, dit le vicomte, sans s'irriter de cette amère réflexion, Dieu vous garde d'un ami tel que vous. Puis il ajouta en s'adressant de nouveau à la vicomtesse :

—Maintenant, Agnès, voici ce qui arrive, demain, peut-être, je serai en guerre avec la moitié de la Provence, je serai en guerre avec l'armée des légats et je n'aurai d'autre asile à donner à ma femme qu'une tour armée ; peut-être bientôt ne sera-ce qu'une tente errante qui n'aura d'autre défense que mon épée. Qui peut prévoir jusqu'où iront les malheurs de cette époque et de cette lutte? Eh bien! je n'ai pas le droit de vous la faire partager. Vous n'êtes mon épouse que par un nœud sacré, que peut rompre celui qui l'a formé. Vous êtes jeune et belle, et vous trouverez parmi les plus nobles chevaliers de la Provence un plus heureux époux, car il estimera mieux que je ne fais le bonheur de vous posséder. Et puis, je ne vous rendrai pas votre liberté comme vous l'avez perdue, dénuée de fortune et de domaines. Ce qui peut vous convenir dans mes quatre comtés, au choix de vos amis, je vous le donnerai, tandis que je le puis encore, pendant qu'il me reste une ville où je pourrai vous signer cet acte de donation.

La vicomtesse ne comprenait pas, et Arnauld, frappé de l'air de profonde tristesse de Roger, ne put s'empêcher de s'écrier :

—Est-ce là ce que prévoit le vicomte de Beziers? son courage n'a-t-il pas d'autre espérance?

—Oui.. une autre, dit amèrement Roger, mais si éloignée que si j'y arrive ce ne sera que lorsque mes cheveux blanchiront peut-être, et que veux-tu que devienne une femme pendant ce temps? Voyons, Agnès, que prétendez-vous faire?

—Puis-je répondre, et qui peut m'éclairer sur ce qui est mon devoir, répondit Agnès? ne suis-je pas orpheline? Je vous obéirai, Monseigneur.

— Non, Agnès, reprit Roger; ce n'est point un ordre que je vous veux donner; c'est à vous à décider ce que vous voulez faire; du reste, je vous le dis encore, consultez vos amis.

— Eh bien! dit la vicomtesse avec une dignité timide, je prendrai et je suivrai un conseil : si je ne puis dire que ce soit celui d'un ami, du moins sera-ce celui du plus brave chevalier de la Provence. A ce chevalier, je demanderai de me faire agir comme il ferait une sœur et je le supplierai de prendre en considération l'honneur de mon nom plutôt que le bonheur de ma vie, et je ferai ce qu'il me dira, parce que je le tiens pour loyal et que je suis assurée qu'il sera pour moi comme pour tous.

— Vous avez raison, répondit le vicomte qui l'avait écoutée avec intérêt, il faut le consulter.

— Alors, reprit la jeune fille en levant les yeux sur lui, alors, vicomte de Beziers, que conseillez-vous à Agnès de Moutpellier?

Ce simple appel à son honneur toucha vivement le vicomte. Il considéra Agnès un moment avec incertitude; puis, s'adressant à Marvoill, il lui dit :

— Non, non, je ne veux pas l'enchaîner à moi. Je n'ai à lui offrir aucun bonheur, ni puissance, ni amour; non, il vaut mieux nous séparer. Mais je lui garderai cette part d'honneur qu'elle réclame. Je ne lui donnerai pas la honte d'avoir quitté le vicomte Roger quand il était menacé de toutes les infortunes. C'est moi qui la quitterai. C'est moi qui la renvoie et qui la chasse. Vous la ramènerez chez Pierre d'Aragon, Marvoill, vous la remettrez à sa sœur, et nous briserons plus tard le nœud misérable qui nous lie.

En disant ces paroles, le vicomte sortit laissant Arnauld et Agnès dans la stupéfaction de cette résolution soudaine.

Presque aussitôt, il se rendit chez Catherine; le soir était venu et la ville de Montpellier resplendissait comme si un incendie terrible l'eût éclairée. Les milliers de flambeaux qui brûlaient aux portes des maisons rougissaient au-dessus des toits les flots de fumée noire et épaisse qui s'échappaient des branches de résine et des cuisines en plein air où se régalaient les étrangers. Roger se glissa dans la foule qui encombrait les rues. En écoutant les propos qui y circulaient, il entendit souvent prononcer son nom. Sa conduite à la lice était l'objet de mille suppositions contradictoires, mais un accord unanime de désapprobation représentait cette conduite comme celle d'un jeune homme qu'il fallait enfin morigéner : et l'on accusait déjà de faiblesse le roi d'Aragon et le comte de Toulouse pour ne pas avoir puni, l'un l'insolence de son hôte, l'autre celle de son vassal. Quelques uns allaient plus loin et appelaient leur retenue du nom de lâcheté.

— C'est la lourde épée du vicomte qui leur fait peur, disait l'un. — Un freluquet, ajoutait un second, que j'écraserais entre mes deux poings comme une amande entre deux doigts. — Un hérétique enragé, continua un troisième, que le pape devrait excommunier. — Un trouble-fête qui fera quelque esclandre avant la fin de la foire.

Roger poursuivait sa route, et partout son nom, accompagné de quelque remarque fâcheuse, de quelque malédiction ou de quelque souhait de malheur, l'avertissait des mauvaises dispositions du peuple à son égard; il en ressentit un cruel mécontentement, et la colère qui l'avait tenu toute la journée, se changea peu à peu en une profonde tristesse. Il arriva ainsi chez Catherine. Comme à l'ordinaire, il entra par la porte du jardin : mais il ne trouva point Catherine, comme à l'ordinaire, l'attendant impatiemment près de cette porte. Dans sa préoccupation, il avait oublié qu'elle devait assister à la fête que donnait le soir la reine d'Aragon. Il traversa le jardin et monta dans la chambre de Catherine; il entendit sa voix fraîche et joyeuse courant capricieusement sur les deux ou trois notes graves d'un chant d'église, de manière à ce qu'elle semblait chanter une gaie chanson.

— Enfant, dit-il, après s'être arrêté un moment pour l'écouter, c'est une prière des morts avec laquelle sa voix joue ainsi. Oh! n'est-ce pas de même que l'homme fait souvent dans sa jeunesse; et les plus sérieuses choses, les plus solennelles et les plus terribles ne se plient-elles pas ainsi au gré de sa frivolité et de son insouciance, jusqu'à ce que tout reprenne sa place et son vrai sens, et que les prières retentissent sur un cercueil!

Oppressé par cette pensée, il laissa échapper un profond soupir, et souleva la portière qui fermait la chambre de Catherine. A ce bruit, elle poussa un cri et se retourna vivement; elle était presque nue, et jeta rapidement sur son cou la toile de lin avec laquelle elle essuyait ses bras qu'elle venait de laver dans une eau embaumée de rose; elle reconnut Roger, et plus honteuse d'être surprise par lui dans cet état que si un étranger fût arrivé, elle devint rouge d'une pudeur divine, et, cachant modestement ses bras nus derrière elle, elle dit avec une voix plus tremblante que fâchée :

— Ah! Roger, ce n'est pas bien. Allez-vous-en.

Le vicomte demeura immobile à la regarder. Jamais il n'avait vu Catherine en cet état. Souvent, il avait couvert ses blanches mains de baisers, quelquefois il avait senti son jeune sein battre contre sa poitrine, il avait respiré sa fraîche haleine; mais jamais ni ce cou d'ivoire, ni ces épaules fluides et pures, ni ces pieds nus et délicats n'avaient appelé et retenu son regard. Catherine confuse lui répétait avec prière de sortir. Mais lui la regardait toujours. Cependant son œil n'avait pas cette animation du désir, cette joie que donne au cœur une beauté rêvée si belle, et découverte plus belle encore et qui semblait devoir palpiter en lui à ce moment; il regardait Catherine, mais d'un air de profond attendrissement; sans doute, il avait vu toutes ces grâces parfaites, mais ce n'était pas l'heure où il eût été heureux de les voir, car en venant chez Catherine, il n'avait pensé ni aux douces caresses qu'il avait coutume de lui donner, ni à ces longues contemplations de l'amour où il noyait son âme dans ses souvenirs du passé et ses espérances de l'avenir; il avait pensé à la jeune fille timide et frêle, dont il avait lié la vie à la sienne, le sort au sein, et il avait pensé que l'avenir qui s'assombrissait pour lui devenait triste pour elle; et en la trouvant si belle pour être heureuse, il ne put s'empêcher de laisser échapper une larme, lui qui venait lui parler de malheur. Catherine vit cette larme, sa pudeur s'échappa devant sa crainte, elle devint pâle et courut vers Roger.

— Ami, lui dit-elle, qu'as-tu? tu pleures, Roger, tu pleures?

— Ne te préparais-tu pas pour la fête de la reine? lui répondit tristement le vicomte.

— Oui, sans doute, dit la jeune fille reprenant sa confusion à ce mot qui lui rappelait en quel état elle avait été surprise.

— Eh bien! va, répliqua Roger en lui serrant tristement la main; va, je reviendrai demain; va ce soir être heureuse et parée, pauvre Catherine.

— Roger, lui cria-t-elle en le retenant, comme il voulait sortir; es-tu fâché, que t'ai-je fait? si tu veux, je n'irai pas à cette fête?

A ces mots, il jeta encore sur elle un regard plein d'une émotion douloureuse, et il l'attira dans ses bras.

— Catherine, lui dit-il, va à cette fête, sois-y joyeuse et belle, efface toutes les femmes qui y seront; je le désire, je le veux.

— Eh bien! reprit la jeune fille en souriant doucement, ce sera comme tu veux, car lorsque je t'y verrai, toi le plus beau des chevaliers, je sens que je serai si fière et si heureuse que je serai aussi la plus belle.

— Je n'irai pas à cette fête, répondit Roger, dont les paroles de Catherine n'avaient point effacé la tristesse.

La jeune fille à son tour se prit à le regarder avec attention, elle remarqua davantage la sombre préoccupation qui absorbait le vicomte; elle éprouva un effroi invincible à l'aspect de cette sévérité inaccoutumée, et s'écria soudainement:

— Roger, il y a un malheur, un malheur pour toi!

— Et, si c'était vrai, lui répondit le vicomte en cherchant à lui faire comprendre le sens intime de ses paroles, si c'était vrai, que dirais-tu, Catherine?

— Ah! que c'est un malheur pour nous deux.

— Et que ferais-tu, enfant?

— Tout ce que tu voudras, si tu ordonnes; tout ce je pourrai si tu ne veux rien.

— Tu as donc bien du courage, Catherine?

— Ce malheur, ce n'est pas la mort, tout le reste a de l'espérance.

— Oui, dit le vicomte en entrant tout-à-fait dans la chambre et en s'asseyant près de Catherine qui ne prenait plus garde à la nudité de ses épaules et de ses bras, voilée pour ainsi dire par sa douleur. Oui, de l'espérance, ton regard me la fait luire encore dans ma vie. Mais il y aura bien des traverses avant le bonheur, il y aura des dangers que tu courras seule, si tu n'oses pas faire ce que je vais te demander.

Et comme elle écoutait Roger sans répondre, il continua :

— Catherine, si Montpellier n'était plus un asile sûr pour toi, si une plaisanterie que je croyais sans danger t'exposait à la colère du roi d'Aragon, si moi-même, bientôt en guerre avec lui, je ne pouvais plus t'y protéger ; oserais-tu venir te mettre à l'abri de ma main ? Oserais-tu te confier à Roger ?

— Roger, dit la jeune fille, je ne crains pas la colère du roi d'Aragon ; la ville de Montpellier est puissante, je suis sa pupille, et elle me protégera ; que veux-tu que le roi d'Aragon fasse contre une faible femme ? qu'il me prenne mes biens ; est-ce pour des biens misérables que le vicomte de Beziers aime Catherine ? si riche que je sois, ne suis-je pas toujours pauvre à côté du suzerain de quatre comtés ?

— Ah! c'est que tu n'es pas seulement à la merci de Pierre, reprit Roger ; le légat du pape est à Montpellier, ta maison a servi de refuge à Ma͟ ͟an.

— Est-ce un crime ? s'écria Catherine.

— Ils en feront un, reprit Roger. Écoute, enfant, je ne sais si la tristesse de mon cœur est un affreux pressentiment, mais j'ai peur. Après-demain, il peut arriver tel événement qui jette nos belles contrées dans une guerre de désolations. Si cela est ainsi, chacun frappera ses ennemis comme il pourra, avec le fer, avec la trahison, avec le désespoir. Je crois Pierre d'Aragon un assez noble cœur pour ne marcher contre moi qu'avec sa lance et son épée. Mon oncle de Toulouse croira m'avoir fait tout le mal qu'un homme peut souffrir, quand il aura semé la désunion parmi mes chevaliers; mais Rome est plus habile, elle sait mieux qu'eux tous les chemins par où l'on arrive à tuer un homme; elle pensera peut-être à te condamner.

— Moi, moi, reprit Catherine avec un doux sourire d'incrédulité, une pauvre fille, qu'ils ne connaissent pas !

— Un homme te connaît, un homme dont je ne puis m'expliquer la puissance, mais dont l'aspect m'avertit qu'il me sera fatal.

Catherine regardait Roger sans le comprendre. Cet abattement dans un si énergique courage lui semblait inexplicable; enfin elle lui dit :

— Eh bien ! si tous ces dangers sont réels, que faut-il faire ?

— Il faut, Catherine, que tu me promettes de venir dans une de mes villes, à Carcassonne ou à Beziers, sous la protection de mon épée. Ne t'alarme pas ainsi : il se peut que toutes mes craintes s'évanouissent bientôt; et même, je dois l'espérer, la raison le veut. Cependant, si après-demain je te fais dire de quitter Montpellier, n'hésite pas, Catherine, et fie-toi à ma prudence pour ne pas te faire faire une démarche inutile.

— Une démarche après laquelle, dit la jeune fille les yeux en larmes, après laquelle il ne me restera que ton amour.

— Et c'est parce que cet amour ne te manquera jamais, reprit Roger, que j'ose t'offrir de t'associer à tout mon sort. Ton amour m'est si puissant et me tiendrait si bien lieu de fortune et presque de gloire, qu'il me semble que le mien te remplacera tout ce que je te ferai perdre.

— Tout, dit Catherine, tout, mon Roger, je suis ton esclave et t'obéirai : mais ils m'appelleront une fille perdue.

Et en prononçant ces dernières paroles, elle se laissa aller avec des sanglots dans les bras de Roger, et comme il cherchait à la calmer la portière se souleva, et le sire de Rastoing parut devant eux.

— Dieu vivant! s'écria-t-il, voilà donc la fête pour laquelle vous oubliez celle de notre reine!

A son aspect, Catherine se leva, et reconnaissant son tuteur, elle poussa un cri et s'enfuit dans une pièce voisine.

— Sire de Rastoing, lui dit Roger, ne prononcez pas trop vite sur ce que vous avez vu. Catherine est pure comme les anges du ciel.

— Une fille demi-nue qui s'échappe des bras du vicomte de Beziers n'a pas d'ordinaire ce renom : gardez-la maintenant, puisque vous êtes si assuré de sa pureté; mais la ville de Montpellier ne demeurera pas un jour de plus la tutrice d'une fille perdue.

Roger eût peut-être puni le vieux consul de cette cruelle parole; mais un second cri parti de la chambre voisine appela son attention : il s'y précipita et trouva Catherine qui suffoquait de larmes et de sanglots en répétant, — une fille perdue! — une fille perdue!!! Le vicomte se mit à genoux devant elle. Il lui prodiguait les plus tendres caresses.

— Catherine, lui disait-il, que t'importent les propos de ce vieillard brutal? Catherine, tu seras mon épouse, j'en jure Dieu! tu seras vicomtesse de Beziers, et les misérables courberont devant toi leurs insolences. Écoute-moi, Catherine.

Il lui parlait; mais elle, domptant ses larmes et ses sanglots, ne semblait écouter que sa pensée; enfin elle se leva avec l'expression amère d'une résolution désespérée.

— Eh bien! soit, s'écria-t-elle, ils ont rompu le dernier lien. Je suis une fille perdue. C'est dit : je te suivrai, Roger.

— Oui, tu me suivras; mais je détromperai le sire de Rastoing; ai-je le droit de te laisser soupçonner?

Et tout aussitôt, l'âme de la jeune fille rentrant dans sa faiblesse pudique, elle laissa échapper encore de nouvelles larmes, et dit rapidement :

— Oui, mon Roger, dis-lui que je suis innocente; que je t'aime, mais que je suis innocente; tu le sais bien, toi; tu le lui jureras sur ta foi de chevalier, sur le Christ mourant, et il te croira, n'est-ce pas?

— Oui, oui, dit Roger; j'y vais. Il ne faut pas que, dans un premier moment de fureur aveugle, un seul mot s'échappe de sa bouche.

— Va, va, lui cria Catherine en le serrant contre son sein; puis elle s'arracha de ses bras, et tombant à genoux : — Va, Roger, continua-t-elle; moi, je vais prier Dieu.

Le vicomte la quitta; il repassa par la porte du jardin. Il l'avait laissée entr'ouverte; il la trouva fermée. Il marcha rapidement vers la maison du sire de Rastoing. Au moment où il était sur le point de l'atteindre, il aperçut, près de la porte, le consul causant avec Dominique. Il s'élança vers eux; mais au moment où il approchait assez près pour leur parler, ils se séparèrent, et il n'entendit que les dernières paroles de Rastoing :

— Oh! mon frère, que ne m'avez-vous averti plus tôt?

Roger comprit alors l'apparition subite et inattendue du consul secrètement averti par Dominique; il devina que c'était une lutte acharnée qu'il aurait à soutenir contre cet homme inconnu, qui se jetait téméraîrement au travers de toutes ses actions; et, malgré lui, il en éprouva une terreur que n'avait jamais pu lui inspirer la vue d'un danger si grand qu'il fût, dès qu'il était nettement posé, dès qu'il pouvait le combattre par les forces de l'esprit ou celles du corps. Un moment, l'idée d'atteindre Dominique, de le forcer à une explication, s'empara de lui : mais, avant tout, il était venu pour parler au sire de Rastoing. Le vieux consul était là; Roger l'entraîna dans sa maison. Long-temps, le vieillard refusa de croire à ses protestasions ; mais enfin, vaincu par cette persuasion que la vérité porte en soi, il ne fit plus qu'accuser l'imprudence du vicomte, et jura de garder son secret et de pardonner à Catherine. Tout aussitôt, même, dans son indulgence paternelle, il retourna près de la pauvre fille qu'il trouva à genoux et en larmes. Il la consola, et, pour se faire pardonner de l'avoir soupçonnée, il exigea qu'elle se préparât pour la fête, et l'y conduisit bientôt après. Arrivé chez la reine, il s'en échappa un moment pour aller jusqu'à l'hospice du Saint-Esprit. Mais il y demanda vainement le frère Dominique ; il n'était pas rentré et le bon consul se dit paisiblement, en retournant à la fête :

— Demain, il sera temps de prévenir le bon frère qu'il se trompait et qu'il doit se taire comme je ferai.

FIN DU TOME PREMIER

TABLE DES MATIÈRES.

LIVRE PREMIER.

I.	Le Marché.	3
II.	La vicomtesse de Beziers.	29
III.	L'Esclave.	47
IV.	Le Loup.	57
V.	Les Routiers.	83
VI.	Le Moine.	110

LIVRE DEUXIÈME.

I.	Catherine.	139
II.	L'Africaine.	175
III.	La comtesse de Montpellier.	195
IV.	Le Rendez-Vous.	216
V.	Hérétication.	237

LIVRE TROISIÈME.

I.	La Lice.	267
II.	Le comte de Toulouse.	291
III.	Étiennette.	329
IV.	Le Légat.	363
V.	Trois Femmes.	375

FIN DE LA TABLE.

LIBRAIRIE DE DUMONT.

EN VENTE :

VEILLÉES D'HIVER, par MM. A. Dumas, C. Nodier, Michel Raymond, F. Soulié, P. Chasles, le Bibliophile Jacob, L. Gozlan, Barginet, E. de Pradel, A. de Calvimont, G. Arago, F. Hennequin, A. Urbain, Charles Rabou, E. Morice et mesdames Desbordes-Valmore, Élisa Mercoeur, 4 vol. in-12, papier des Vosges satiné. 10 fr.
CATHERINE II, par la duch. d'Abrantès, 1 vol. in-8. 7 fr. 50 c.
LE COMTE DE TOULOUSE, par Frédéric Soulié, auteur du Vicomte de Béziers et du port de Créteil, 2 vol. in-8. 15 fr.
ANNUAIRE CHRONOLOGIQUE UNIVERSEL, par M. C. Cauchois, in-8. 6 fr. 50 c.
LE BON VIEUX TEMPS, par P. L. Jacob, bibliophile, 2 vol. in-8. 15 fr.
LE JUSTICIER DU ROI, par V. P. de la Madeleine, 2 vol. in-8. 15 fr.
HISTOIRES CONTEMPORAINES, par la duchesse d'Abrantès, 2 vol. in-8. 15 fr.
ISABEL DE BAVIERE, par Alexandre Dumas, 2 vol. in-8. 15 fr.
SCÈNES POPULAIRES, par Henri Monnier, 2 vol. in-8. 3e édition. 15 fr.
MONSIEUR LE MARQUIS DE PONTANGES, par madame de Girardin (Delphine Gay), 2 vol. in-8. 15 fr.
LE CAFÉ PROCOPE, par Roger de Beauvoir, 1 vol. in-8. 7 fr. 50 c.
MEMOIRES D'UN CAVALIER, par James, auteur de Richelieu, traduits par M. Defauconpret, 2 vol. in-8. 15 fr.
SAVINIE, par madame Bodin. — Jenny Bastide. — 2 vol. in-8.
LAUZUN, par M. Paul de Musset, 2 vol. in-8. 15 fr.
JEAN ANGO, par Touchard-Lafosse, 2 vol. in-8. 16 fr.
MÉDIANOCHES, 2 vol. in-8. 15 fr.

SOUS PRESSE :

Le 3e et 4e des **IMPRESSIONS DE VOYAGE,** par A. Dumas.
SCENES DE LA VIE ANGLAISE, par madame Desbordes-Valmore, 2 vol. in-8.
SCENES DE LA VIE ESPAGNOLE, par la duchesse d'Abrantès, 2 vol. in-8.
SCENES DE LA VIE HOLLANDAISE ET BELGE, par MM. Alphonse Royer et Roger de Beauvoir, 2 vol. in-8.
UN ÉTÉ A MEUDON, par Frédéric Soulié, 2 vol. in-8.

OUVRAGES DE P.-L. JACOB.
(BIBLIOPHILE)

UNE FEMME MALHEUREUSE, roman de mœurs :
   Première partie. — Fille et Femme, 2 vol. in-8.
   Deuxième partie. — Amante et Mère, 2 vol. in-8.
PHYSIOLOGIE DE LA LITTERATURE CONTEMPORAINE, suivie de l'*Histoire des Acrobates littéraires*, 2 vol. in-8.

Lagny. — Imp. d'A. Le Boyer et Comp.

www.ingramcontent.com/pod-product-compliance
Lightning Source LLC
Chambersburg PA
CBHW050909230426
43666CB00010B/2081